*Молодое поколение ожидает
худшая судьба, чем военное
поколение 1939-45 годов,
если мы не будем опротивляться.
У судьбы есть имя:
Трансгуманизм и 5G.*

Все, что описано в этой книге, реально:
- искусственный интеллект,
- трансгуманизм,
- контроль над разумом,
- манипуляции с погодой,
- хемтреллы,
- HAARP,
- биооружие,
- моргеллоны,
- 5G .

Судебный пересмотр
"Оружие против человечества"
уже начался. Это отражено в обвинительном заключении
в отношении агентов "Глубокого государства".
Номер ссылки: '19CV2407CAB AHG,
подано 16 декабря 2019 года в
Верховный суд Калифорнии.

Обвинения:
(1) ЗЛОУПОТРЕБЛЕНИЕ ИСКУССТВЕННЫМ
ИНТЕЛЛЕКТОМ, КИБЕРНЕТИКА, РОБОТОТЕХНИКА,
БИОМЕТРИЯ, БИОИНЖЕНЕРИЯ, 5G И КВАНТОВАЯ
КОМПЬЮТЕРНАЯ ТЕХНОЛОГИЯ
(2) УГРОЗА ЧЕЛОВЕЧЕСКОЙ РАСЕ ОТ
ЗЛОУПОТРЕБЛЕНИЯ ТЕХНОЛОГИЕЙ
ИСКУССТВЕННОГО ИНТЕЛЛЕКТА.
(11) ПРОМЫВКА МОЗГОВ ЧЕЛОВЕЧЕСТВА С
ПОМОЩЬЮ КИ-КОДИРОВАНИЯ & БИАСЫ-
АЛГОРИТМА.
(12) КУЛЬТУРНЫЙ ГЕНОЦИД ПОСРЕДСТВОМ
ЗЛОУПОТРЕБЛЕНИЯ ИСКУССТВЕННЫМ
ИНТЕЛЛЕКТОМ
(и 22 других обвинения[1])

Д-р Иоахим Зоннтаг

2025

финальная игра

или

путч сверху

3-е, расширенное и обновлённое издание
Перевод с немецкого

3-е, расширенное и обновлённое издание
Опубликовано самим автором

www.sonntag-physik.de
https://joachim.jugnw.org.uk/

Переведено с немецкого

Название немецкого оригинала (ISBN 9783751936330):
„2025 - Das Endspiel oder Der Putsch von oben"

Эта книга также доступна в виде перевода на языки:
English: „2025 – The Endgame ..."   ISBN 9783751930024
Français: „2025 – Fin de partie ..."   ISBN 9783751935708
Español: „2025 – El Final juego ..."   ISBN 9783751935586

ISBN 9783751935548

Производство: Books on Demand GmbH, D-Norderstedt

Библиографическая информация Немецкой
Национальной Библиотеки: Данная публикация
зарегистрирована Немецкой Национальной Библиотекой
в Немецкой Национальной Библиографии; подробные
библиографические данные доступны в Интернете через
dnb.dnb.de

"Разделяй и властвуй".

—

Когда еще было время все повернуть вспять, люди боролись:
Правые против левых,
"Молодые против старых",
патриоты против "добрых людей",
местные жители против мигрантов,
мусульмане против христиан и иудеев,
бедные против богатых,
теоретики заговора против верующих в
правительство,
сторонники вакцинации против тех, кто
отказывается от вакцинации.

Возможно ли еще спастись из адского мира, в котором нет надежды?

Об авторе

Доктор Йоахим Зоннтаг изучал физику в Техническом университете Дрездена. До конца 1989 года он работал в Центральном институте физики твердого тела и материаловедения, специализируясь на структуре электронов в металлических сплавах. Затем он переехал в Дортмунд и работал в HL-Planartechnik GmbH в качестве разработчика датчиков температуры и радиации. Он специализируется на радиационной физике, многофазных сплавах и наноматериалах, о которых он опубликовал ряд фундаментальных работ в ведущих международных журналах. Он разработал формулы / теория термоэлектрической силы (2005; 2017), эффекта Холла и эффекта Гиганта Галле (2016) и перераспределения электронов в композитах (1989) (подробности: *www.sonntag-physik.de*). В начале 2019 года вместе с двумя другими коллегами он опубликовал свою последнюю статью – обзорную статью под названием «Электронный транспорт в сплавах с фазовым разделением (композиты)».[2]

"В целом, я бы сказал, что ваша книга помогла мне сохранить здравомыслие во время коронавирусного ужаса, и за это я всегда буду вам благодарен."[*] (Stephen Philp, Корреспондент английского перевода этой книги)

---

[*] *"All in all, I would say that your book has helped to keep me sane during the Coronavirus horror, and for that I will always be grateful to you."*

Оглавление   страница

Разделы, выделенные курсивом, являются новыми по сравнению с немецким 1-м изданием 2019 года.

Пролог - Дорога к тирании

О чем идет речь? Речь идет о прибыли, власти и порабощении. Это не что иное, как уничтожение демократии и создание нового общества рабовладельцев.

Для достижения этой цели элита, то есть правящая верхушка ("DEEP STATE"), запланировала несколько промежуточных шагов: разрушение национальных государств, искоренение народов, разделение населения, разрушение сплоченности семьи и самого института семьи, понижение уровня образования, нагнетание страха (перед террором, климатической катастрофой, вирусом Короны), массовой миграции, расового смешения[3,4,†], экспроприация собственности, полный контроль над всеми людьми, отмена денежных средств, ликвидация различий между мужчинами и женщинами[‡], сокращение населения мира до 500 миллионов, ослабление здоровья выживших. Эти утверждения и должны быть доказаны. Кроме того, эта книга серии / трилогии с всеобъемлющим названием "2025". Название первой части – «2025 – Предпоследний акт»; она была опубликована в апреле 2019 года (краткое резюме в конце этой книги). Третья часть имеет рабочее название «2025 – последний акт» и находится в стадии подготовки. Кто или что олицетворяет элиту и правящую верхушку, выделено в эпилоге.

Центральная тема этой второй части трилогии - "оружие против человечества" и то, как оно используется власть имущими для того, чтобы привести человечество в полную зависимость. Они используют новейшие разработки в области

[†] Nicolas Sarkozy (2008): *«Цель - смешать гонки!»*
[‡] Это звучит абсурдно, но это - конечная цель проекта гендерного подхода (см. раздел "Гендерный подход и трансгуманизм").

искусственный интеллект, трансгуманизм, контроль над разумом, манипуляции с погодой, хемтреллы, HAARP, биооружие, моргеллоны, 5G .

С помощью этих "инструментов" планируется:

1) генетическое изменение человека,

2) чей тотальный контроль и

3) Сокращение мирового населения до 500 млн. человек.

Трансгуманизм и 5G играют ключевую роль в этих "оружии против человечества", перечисленных здесь, тема главы "5-й контроль разума и трансгуманизм".

«С целью сохранения власти население планеты будет сокращено до минимума. Это делается с помощью искусственно созданных болезней. Здесь биооружие выявляется как эпидемии, а также в результате целенаправленного голода и войн. Причиной является осознание того, что большинство людей больше не могут финансировать свою собственную еду, теперь богатые будут вынуждены принимать меры по оказанию помощи, в противном случае у них будет огромный, опасный потенциал для конфликта».[5,6] Это пункт 10 из 12 пророчеств Карла Фридриха Вайцзеккера о будущих тенденциях развития мира. Как указано в блоге "falschzitate.blogspot.com" 1 мая 2018 года, эта цитата и 12 основных пророчеств[7] должны исходить не от Карла Фридриха фон Вайцзеккера, а от неизвестного автора предположительно в 2007 году. Тем не менее, я был очень осторожным в своих исследованиях, особенно в отношении таких порталов для проверки фактов, как CORRECTIC или MIMIKAMA, но также и в отношении Википедии[8], которые по моему опыту не являются независимыми, равно как и общественных СМИ. Например, исследователя мира Даниэле Гансера называют "теоретиком заговора"[9] в Википедии, чтобы он не выглядел убедительно. Даже "Новый мировой порядок" все еще называют "теорией заговора" в Википедии, и его достоверность ставится под сомнение.[10] А МИМИКАМА, например, утверждает вопреки имеющимся бесчисленным свидетельствам: *"Уже более 20 лет циркулирует теория заговора хемтреллов (хемтреллы — следы ядовитых*

химикатов, распыляемых с самолетов). – И по сей день нет ни одной заслуживающей доверия улики." (Подробнее об уликах см. "Хемтреллы – ´Химический суп´ в небе"). И большинство людей верят в эти, казалось бы, независимые СМИ.

Мое недоверие к политике, общественным СМИ и порталам для проверки фактов возникло в связи с событием 11 сентября и односторонним репортажем об этом, где главное противоречие было сметено под ковер: Как возможно, что три (!) высотных здания были снесены двумя самолетами? Вместо этого государственные СМИ неукоснительно придерживаются официального тезиса о том, что группа исламских террористов-смертников в заговоре планировала и осуществила теракт 11 сентября. Противоречия между официальной версией и традиционными фактами[11] до сих пор открыто не обсуждаются. Кроме того, лживые войны MENA и, наконец, клеветнические кампании и кампании доноса против AfD политиками старых партий и общественными СМИ, а также промывка их мозгов в публичных новостных выпусках, ток-шоу и аналитических материалах. Мое впечатление сводится к утрированному знаменателю: ложь становится правдой, а правда - ложью.

Вернемся к цитате: Даже если эта цитата не принадлежит Карлу Фридриху фон Вайцзеккеру, возникает вопрос, в какой степени эти 12 пророчеств описывают нашу реальную жизнь и будущие события в мире? Если мы посмотрим хотя бы только на пункт 10, мы обнаружим, что он уже имеет пугающую реальность сегодня; военные и разведывательные лаборатории десятилетиями занимались разработкой биологического оружия, и похоже, что оно уже покинуло лаборатории и привело к гибели и обнищанию многих людей во всем мире. Но об этом подробнее в главе «6. Биологическая война». Голод и войны также являются частью нашей реальности сегодня. Если бы политики в богатых промышленно развитых странах были на самом деле заинтересованы в том, чтобы детям больше не приходилось голодать в мире, эта проблема давно бы была решена путем значительной экономической помощи. И они могли бы также решить проблему перенаселения гуманными средствами, сформировав и отойдя от практики кляповых контрактов со странами третьего мира, то есть соглашений о свободной торговле, которые делают эти страны еще беднее. Вместо этого их рынки наводнены дешевыми продуктами из богатых промышленно развитых стран, а их сырье эксплуатируется.

Остальные 11 пунктов[12] сегодня также имеют угрожающую реальность или уже пугающе указывают на их основные тенденции. Любой, кто критически и бдительно следит за социальным развитием нашей страны, узнает предвестников, точно указывающих направление, в котором эти прогнозы учитываются. Эта книга об этих предвестниках, которые скоро могут стать горькой реальностью.

Читая следующие главы, вы всегда должны помнить содержание этого предисловия, особенно тогда, когда здравый смысл считает, что что-то невозможно, или это противоречит гуманистической идее, когда мы думаем, что другие люди не способны на такое. Потому что здесь мы имеем дело с психопатами, которым чужда эмпатия.

Когда я закончил книгу, а затем просмотрел серию цитат, я обнаружил, что некоторые из них больше не доступны, поэтому они были удалены. Некоторые из этих цитат стали жертвами цензуры, которая, похоже, становится все сильнее и сильнее сегодня. *"Только ложь нуждается в поддержке цензора; истина стоит сама по себе"*.[13]

Я считаю, что это цензура нежелательного контента, узаконенная недавно принятыми новыми законами, такими как так называемый "Закон о сетевом правоприменении (NetzDG)", который вступил в силу 1 октября 2017 года. Прокурор Штайнхофель называет его "Закон о борьбе со свободой выражения мнений".[14] Действительно, *«мы сталкиваемся с резким посягательством со стороны*

политической и медийной элиты на одно из наших важнейших фундаментальных прав посредством законодательного предложения, которое является неконституционным, незаконным для Европы и просто ненужным».[§] Этот закон призван заставить замолчать критиков правящих партий.
Цитаты в тексте были переведены на русский язык. Оригинальные цитаты можно найти в немецкой версии этой книги.

Будет много читателей, которые поместят содержание этой книги в угол теории заговора и будут судить о цитировании видео на YouTube как о ненаучном. Эта книга – не научный трактат, а предупреждение о том, что элита давно планирует для нас, и что они намерены сделать к 2025 году. Я надеюсь, что большинство людей проснутся и выйдут из своей зоны комфорта, чтобы дать отпор. Если вы хотите ознакомиться с моими научными работами, рекомендую посетить мой сайт www.sonntag-physik.de.

И если вы думаете, что то, что описано здесь в этой книге, преувеличено и невообразимо, то поставьте себя мысленно в то время до 11 сентября: Могли ли вы тогда представить себе, что правительство отправит тысячи человек из числа своего собственного народа в ад, и все средства массовой информации поддержат ту же версию 11 сентября, даже если она будет неверной?[15,16]...невообразимо, что такое возможно?

[§] Это видео от Steinhöfel, цитируемое здесь, также больше не доступно: *«Это видео больше не доступно, потому что аккаунт YouTube, связанный с этим видео, был удален»,* часто используемая формула в качестве причины.

1. Повестка дня на 2025 год

«Из-за своей невероятности истина ускользает от признания».
(Гераклит Эфесский около 500 г. до н.э.)

Три документа с одинаковой конечной целью "2025"

«Разрушения были настолько велики, что это оружие было запрещено ООН в 76-77 годах. Было достигнуто соглашение (конвенция ENMOD[**]) о том, что климатическое оружие не может использоваться для вооруженных конфликтов. Но на самом деле это все еще используется. Что вы можете сделать и что вы делаете с этим оружием? С помощью этого оружия вы можете создавать дожди, бури, облака, молнии, грозы, в любой точке мира или наоборот, вы можете растворять фронты дождя, останавливать град и снегопад, а также вызывать засухи. Что случилось? Это оружие контроля климата, и кто им владеет, имеет абсолютный контроль над мировыми ценностями. Особенно над продуктами питания. Говоря открытым текстом, когда страна обладает этой технологией, она контролирует водопроводный кран в мире. Делайте то, что вам говорят, и вы получите воду, а если вы будете сопротивляться, ваша страна будет недостаточно обеспечена водой, облака будут разрушены, вследствие этого возникнет продолжительная

[**] Конвенция ЭНМОД (Конвенция о запрещении военного или любого иного враждебного использования средств воздействия на природную среду) является международным договором, разработанным Комиссией ООН по разоружению, который запрещает военное или иное враждебное использование средств воздействия на природную среду (Википедия)

засуха, которая приведет к невозможности прокормить население этой страны, так возникает голод. Такое существует. Есть страны, которые имеют эту технологию, и в Соединенных Штатах она стала частью их внешней политики. Доклад североамериканских ВВС называется - обратите внимание на название! - «Владеть климатом[††] до 2025 года» (см. рисунок 1). Этот заголовок, который говорит сам за себя, оставляет нас без слов и без воздуха. Тот факт, что человек может настолько самонадеянно хотеть контролировать водопроводный кран в мире, не приходит в голову большинству людей. В этом отчете также говорится, что изменение климата является частью американской внешней политики, хочет этого мир или нет. И эта политика осуществляется с помощью двусторонних соглашений через такие организации, как НАТО, которые несут ответственность за нас, или через Организацию Объединенных Наций. Фактически, в последней части Генеральной Ассамблеи Организации Объединенных Наций, раздел D 5-го доклада об изменении климата, МГЭИК[‡‡] более или менее было узаконено то, что называется геоинженерией».[17]

[††]Хотя этот перевод (с испанского) говорит о *климате, климатическом оружии* и *климат-контроле*, термины *погода, погодное оружие* и *управление погодой*, по-видимому, более точно характеризуют ситуацию в немецком языке.

[‡‡] Межправительственная группа экспертов по изменению климата (МГЭИК) является учреждением Организации Объединенных Наций, короче говоря, Всемирным климатическим советом.

Weather as a Force Multiplier:
Owning the Weather in 2025

A Research Paper
Presented To

Air Force *2025*

by

Col Tamzy J. House
Lt Col James B. Near, Jr.
LTC William B. Shields (USA)
Maj Ronald J. Celentano
Maj David M. Husband
Maj Ann E. Mercer
Maj James E. Pugh

August 1996

Рисунок 1: Титульный лист документа о метеорологической войне «Погода как усилитель власти: владение погодой к 2025 году»

Точно так же, как людей сегодня клеймят как «теоретиков заговора», когда они утверждают, что геоинженерия распыляет при помощи авиации тысячи тонн ядов на наши головы, так же и с людьми, которые утверждают, что погода управляется военными, спецслужбами или другими властями так, что можно искусственно вызвать засухи, наводнения, землетрясения, ураганы или цунами. Поскольку эта стигматизация поддерживается и подпитывается в средствах массовой информации так называемыми «экспертами», никто не верит этим столь стигматизированным «теоретикам заговора». Однако именно потому, что человечество было технически способно спровоцировать такие стихийные бедствия еще в 1970-х годах, международное сообщество воспользовалось этим как возможностью для создания конвенции ENMOD. Соглашение о толковании Конвенции ENMOD четко гласит, что использование метеорологического оружия запрещено, с явным упоминанием о цунами, землетрясениях и изменении экологического баланса. Это означает, что техника погодных манипуляций была известна еще до 1976 года (подробности в разделе «HAARP – слайсер в небе»).

Год «2025» в названии этой книги заимствован из документа, упомянутого в приведенной выше цитате (рис. 1), чей заголовок в оригинальном тексте: **«Погода как силовой множитель: владение погодой в 2025 году»**[18,19], именуемая в дальнейшем «Метеорологический военный документ». На рисунке 1 показана титульная страница документа.

Этот документ о метеорологической войне был подготовлен Министерством обороны США и выпущен 17 июня 1996 года. В свободном переводе:[20] *В 2025 году аэрокосмические силы США могут контролировать погоду, извлекая выгоду из новых технологий и сосредотачиваясь на разработке этих технологий для ведения войны. Такая возможность предоставляет вооруженным силам инструменты для проектирования района боевых действий таким образом, который никогда прежде не был возможен. Современные технологии, которые будут развиваться в течение следующих 30 лет, предоставят всем, у кого есть необходимые ресурсы, возможность изменить погодные условия и связанные с ними последствия, по крайней мере, на местном уровне. Текущие демографические, экономические и экологические тенденции создадут глобальную напряженность, которая даст многим странам или группам импульс для превращения этой способности изменения погоды в практические действия »*. В этом тексте излагается программа разработки метеорологического оружия, и появляются следующие важные вопросы:

1) Есть ли связь с документом «Будущие стратегические вопросы / будущая война [около 2025 года]» (см. Рисунок 2)? То есть, стоят ли за обоими документами одни и те же силы? Этот вопрос очевиден, поскольку оба документа показывают одинаковую дату «2025» в качестве базовой даты. Каковы последствия этого?

2) Как далеко продвинулись эти события, как описано в документе о метеорологической войне, до сегодняшнего дня? Каковы текущие возможности управления погодой военными, и как они уже используются?
Первый вопрос подразумевает другой вопрос:

3) Является ли документ о метеорологической войне частью проекта, запланированного правящими кругами, который характеризует переход от постепенного процесса глобализации к глобальному поглощению?[21]

Ответ на вопрос 3), скорее всего, будет ДА. Потому что есть третий документ с ключевой датой 2025 год. Этот документ предсказывает резкое сокращение населения в западном мире к 2025 году.

Этот документ (Рисунок 5 показывает отрывок, прогнозирующий численность населения на 2025 год) принадлежит компании «Дигель»,[22] занимающейся информацией военного характера, которую она получает непосредственно из ЦРУ, ФБР, АНБ, армии США, Моссат,

НАТО, ЕС (подробнее см. раздел «Сокращение мирового населения»).

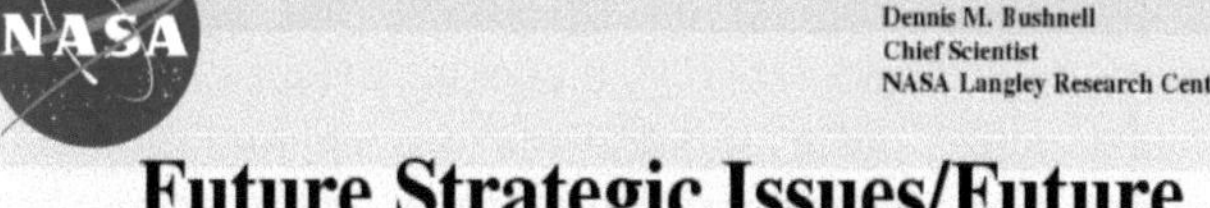

Future Strategic Issues/Future Warfare [Circa 2025]

The Future Is Now!

Page 4
The presentation is based in all cases upon existing data/trends/analyses/technologies (No PIXIE DUST) Robots - Cyborgs and Humans

Page 93
Exploit "CNN" Syndrome
-- Sink Carrier(s) via "swarm attacks"
-- Capture/torture Americans in living color on prime time
-"Terror" attacks within CONUS (binary bio, critical Infrastructure "takedown, " IO/IW, EMP, RF against Brain, etc.)
-- Serious "Psywar" (collateral damage exploitation, etc.)

Page 9
Humans Have "Taken Over" and Vastly Shortened "Evolution"
-- "Directed Evolution"

Page 14
KEY "FUTURE TECHNOLOGIES"
-- Automatic/robotic "everything"
-- Genetic engineering before birth

Page 66
Increasingly Critical Human Limitations/Downsides
-- Large
-- Heavy
-- Tender
-- Slow (physically, mentally)
-- Require Huge Logistic Train(s) i.e., Humans have rapidly decreasing-to-negative "Value Added"

Page 67
ROBOTICS "IN THE LARGE"
(saves lives, enhances affordability, redefines risk/threat environment, enhances effectiveness)

Page 35
Examples: Confluence of IT/Bio/Nano
-- Brain of a sea lampry inserted/connected to body of a robotic fish (an initial cyborg)
-- "Chew-Chew" -- a flesh/plant eating robot that hunts/bio-digests "natural foods" to "live off the land" (Chew-Chew robot inventor: Stuart Wilkinson expresses concern about the dangers of the robots eating humans)

Page 43
Micro Dust Weaponry
-- A Mechanical Analog to Bio, Micron sized mechanized "dust" which is distributed as an aerosol and inhaled into the lungs. Dust mechanically bores into lung tissue and executes various "Pathological Missions."
-- A Wholly "New" class of Weaponry which is legal.

Page 45
Beam Weapons Increasingly Prevalent

Page 50
EFFECTS OF LOW POWER MICROWAVES (U.S. ARMY, SRI, WALTER REED)
-- Behavioral performance decrements
-- Seizures
-- Gross alteration in brain function
-- 30% to 100% increases in brain blood flow
-- Lethality
-- Interactions between low power (microwatts per sq. cm./.4 to 3 GHz) MW and brain function

Page 55
What Is Apparently "Legal"
-- Microwave/RF Anti-Functional and Anti-Personnel Weaponry
-- Chemical Anti-Functional Weaponry
-- Chemical "Psychological Effects" via Sensory Organs Weaponry (e.g. smell)
-- Chemical Personnel Incapacitation Weaponry ["Non-Warfare" (e.g. Hostage Terrorism) only]
-- PSYWAR
-- Acoustic Weaponry
-- Mechnical Micro Dust

THESE ARE JUST A FEW EXAMPLES OF WHAT IS IN THE N.A.S.A. DOCUMENT THAT ARE HAPPENING NOW !
www.StopTheCrime.net/nasaframe.html

Рисунок 2: Документ о будущей войне НАСА 2001, утвержденный НАСА, США. ВВС, ЦРУ, ФБР, ...[23]: «Будущие стратегические вопросы / будущая война [около 2025 года] - Будущее сейчас!»

Таким образом, очевидно, что существует план, повестка дня, назовем ее Повестка дня на период до 2025 года, которая нацелена на развал стран западного мира, на его великий кризис, на руинах которого он предназначен для создания Нового мирового порядка (НМП), в соответствии с заявлением Дэвида Рокфеллера: «Мы находимся на грани глобальной трансформации, все, что нам нужно, – это правильный всеобъемлющий кризис, и страны согласятся на новый мировой порядок».[§§]

На рисунке 2 в документе НАСА описан план перехода от постепенного процесса глобализации (в котором мы сейчас находимся) к захвату глобальной власти. Чтобы этот план сработал, и ожидаемое сопротивление населения не ставило под угрозу этот план, элите нужен этот «настоящий всеобъемлющий кризис». Число «2025» является синонимом дня X, в который должно произойти поглощение. И этот захват произойдет одновременно в США, Германии и других странах ЕС.[24]

Бывшие американские президенты Эйзенхауэр и Кеннеди уже предупреждали в 1961 году об опасностях все более мощного теневого правительства, инициируемого все более сильным военно-промышленным комплексом.[25] Кеннеди сказал в своей исторической программной речи 27 апреля 1961 года: *«Мы имеем дело с монолитным и гнусным всемирным заговором, который распространяет свое влияние тайными средствами: с проникновением вместо вторжения, со свержением вместо выборов, с запугиванием вместо самоопределения, с партизанами ночью вместо армий днем. Это система, которая, обладая огромными людскими и материальными ресурсами, создала сложную и эффективную машину, объединяющую военные, дипломатические,*

разведывательные, экономические, научные и политические операции. Их планы не выявлены, но скрыты, их неудачи похоронены, а не опубликованы. Несогласных не хвалят, а заставляют замолчать… ».[26] Поскольку Кеннеди объявил, что он раскроет эти махинации элиты, его убили.[27]

Есть сайты, которые *«заигрывают и насмехаются над теми, кто серьезно относится к программе ВВС США 'Владение погодой 2025'. Как обычно, мы теоретики заговора. Отсюда и заявление бывшего госсекретаря США Коэна:*[28] *«Другие (террористы) даже практикуют экологический терроризм, в котором они могут изменять климат с помощью электромагнитных волн, вызывать землетрясения и извержения вулканов на расстоянии. Так что есть много блестящих умов, которые ищут способы распространения террора среди других народов. Это реально, и именно поэтому мы должны наращивать наши усилия».*[***] И это то, что представляет данная программа, как это сформулировано в документе о метеорологической войне, рис. 1.

Как в случае с документом о метеорологической войне (рисунок 1) и документом НАСА[29] (Рисунок 2), информация от компании «Deagel» (DEAGEL.com) также подвергается сомнению с разных сторон или высмеивается. Тем не менее, если вы примете во внимание исследование, проведенное авторами видео на YouTube[30], то было бы неплохо уделить все наше внимание информации с DEAGEL.com.

Эта **«Повестка дня на период до 2025 года»** является долгосрочным проектом, направленным на то, чтобы принести глобальную власть элите, и была принята много десятилетий назад, как это видно, например, из документа **«Тихое оружие**

[***] Английский оригинальный текст: *"Others (terrorists) are engaging even in an eco-type of terrorism whereby they can alter the climate, set off earthquakes, volcanoes remotely through the use of electromagnetic waves … So there are plenty of ingenious minds out there that are at work finding ways in which they can wreak terror upon other nations … It's real, and that's the reason why we have to intensify our efforts."*

для тихих войн»[†††,31], который датируется 1986 годом и берет свое начало в 1954 году, году, когда была основана группа Бильдербергского клуба.[32] Так что если вы ответите на третий вопрос ДА, это может означать, что **«День Х, в который ... произойдет глобальный захват власти элитой»,**[33] должен иметь место не только для западной сферы влияния, но и во всем остальном мире. Потому что методы изменения погоды, описанные в документе о метеорологической войне, уже достигли такой степени развития, что их воздействие может достигнуть любой точки на земле с разрушительными последствиями для соответствующей страны (подробности в главе «Уничтожение наших средств к существованию»). Глобальная метеорологическая война сегодня кажется более вероятной, чем глобальная ядерная война. Потому что ядерная война оставила бы и для правящей верхушки планету, «загрязненную» на длительное время.

В обход международных соглашений параллельно с этой "программой геоинженерии" осуществляется разработка нового биологического оружия, а также разработка нового радиационного оружия, разрушительное воздействие которого на человечество будет гигантским. «Метеорологическое оружие», биологическое и радиационное оружие являются частью плана, целью которого является сокращение населения земли до уровня ниже 500 миллионов человек[‡‡‡], а также воздействие на здоровье выживших и манипулирование нашими мыслями и чувствами, для того, чтобы иметь возможность безопасно контролировать выживших. (Подробности в главе «Биологическая война»).

С наночипами и пылевыми частицами (Smart Dust), которые вводятся в наше тело различными способами без нашего

[†††] *„Бесшумное оружие для тайных войн"*
[‡‡‡] *„BE NOT A CANCER ON THE EARTH – LEAVE ROOM FOR NATURE – MAINTAIN HUMANITY UNDER 500.000.000 IN PERPETUAL BALANCE WITH NATURE"* (Inschrift in den Georgia Guide Stones)

ведома, интеллектуальная сеть IoT[§§§] может использоваться для считывания мозга каждого человека, а также для манипуляции и управления его мыслями и чувствами извне.[34] Кроме того, с помощью синтетической биологии была создана совершенно новая категория форм жизни, называемая волокнами Моргеллона[35], которые воспроизводят себя и могут использоваться в качестве передатчиков и приемников посторонних сигналов или информации, с помощью которых регистрируются мысли, чувства и поведение людей, и которые также могут управляться дистанционно.

Конечная цель – дистанционно влиять и контролировать население, переписывая мысли людей (и программируя их мышление), и контролируя чувства и действия масс. Это звучит невероятно, но «теория заговора» должна быть доказана, вот почему появилась данная книга.

Если рассмотреть технологические возможности, которые есть у военных сегодня, можно выявить следующие проблемы:
-чрезмерная эксплуатация нашего сырья,
-засорение морей,
-вырубка тропических лесов.

Эти проблемы, которые до сих пор игнорировались правительствами, имеют второстепенное значение. Потому что эти проблемы были бы решаемы, если бы воля к их решению наконец-то возобладала среди правящей верхушки. Но что делают политики и бизнесмены с этой угрозой? Даже если кажется, что отдельные правительства решают проблему (ключевое слово устойчивость), продолжается чрезмерная эксплуатация сырья, а также засорение водоемов, вырубка тропических лесов, эксплуатация жителей стран 3-го мира, голод в мире и войны, см. рисунки 3 и 4. Военные сегодня являются крупнейшим источником загрязнения в мире, особенно вооруженные силы империи США. *«Гигантская*

[§§§] IoT = Internet of Things – Internet der Dinge, für dessen Realisierung das sogenannte 5G-Netz geschaffen wird.

военная машина является крупнейшим в мире потребителем нефтепродуктов. Официально ежедневно на 7000 военных базах по всему миру потребляется 320 000 баррелей нефти. Это вызывает большинство выбросов так называемых парниковых газов и выбрасывает мегатонны токсичных загрязнителей в окружающую среду каждый день. Но Пентагон, как правило, исключен из всех международных соглашений по климату и окружающей среде ... Пентагон производит более высокотоксичные отходы, чем пять крупнейших американских химических компаний вместе взятых. Токсичные вещества включают пестициды, свинец или радиоактивные материалы производства оружия, и это лишь некоторые из них. Например, Ирак был засыпан обедненным ураном во время обоих вторжений ... До сегодняшнего дня большая часть Вьетнама загрязнена диоксином».[36]

Что касается рисунка 3: *«Крайний столбец справа вызывает беспокойство. Хотя в настоящее время войска США выводятся из Сирии и Афганистана, что в действительности должно привести к значительной экономии средств, США увеличили свой военный бюджет на 2019 год больше, чем за последние шесть лет. Вопрос в том, есть ли деньги для большой войны? Может быть, даже за войну против ШОС?»*[37]

Не менее 2200 разрушительных испытаний ядерного оружия с 1945 года, которые в общей сложности имели взрывную силу как минимум в 6000 раз больше, чем у атомной бомбы в Хиросиме[38], так же опасны с точки зрения разрушения окружающей среды. Воздействие этих испытаний атомной бомбы, возможно, оказало гораздо более длительное воздействие на глобальный климат, чем влияние всего гражданского населения, вместе взятого, выброс метановых газов коровами, выхлопные газы от автомобилей, самолетов, кораблей, электростанций, работающих на угле.

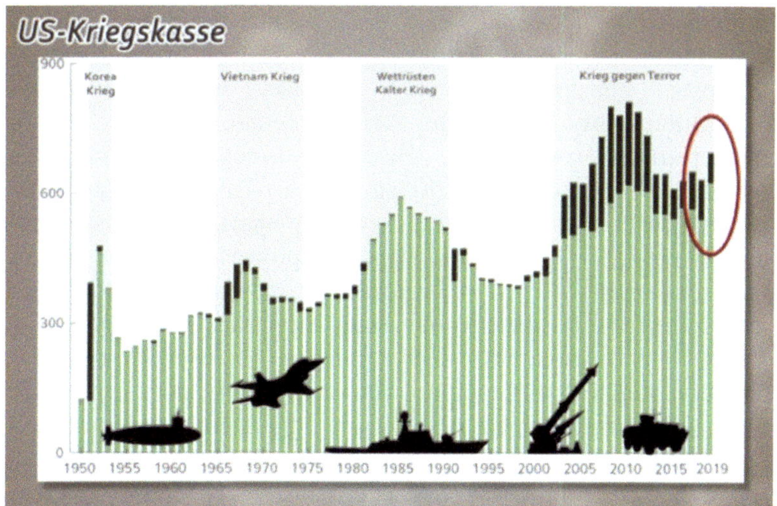

Рисунок 3: Разработка военного бюджета США (в млрд. долларов США).[39] Максимумы соотносятся с войной в Корее и войной во Вьетнаме, а также с гонкой вооружений / холодной войной и войной с террором.

Рисунок 4: ШОС (Шанхайская организация сотрудничества), ассоциация стран, отмеченных зелёным цветом, основанная в 2001 году в окружении вооруженных сил США и НАТО, показанных темно-синими символами.[40]

Войны ведутся за сырье и электроэнергию, заключаются соглашения о свободной торговле со странами третьего мира, которые делают их еще беднее и препятствуют экономическому развитию этих стран, вместо этого поддерживая коррупцию. Вырубка лесов[41] продолжается благодаря погоне за прибылью, и загрязнение океанов не прекращается. Вместо того чтобы решать эти проблемы, ответственные лица пытаются привлечь внимание к искусственной и пропагандистской проблеме, «искусственному изменению климата». Как мы покажем в следующих главах, это «искусственное изменение климата» является не только разрушительным оружием, но и огромным обманом, который делает богатых еще богаче, а остальной мир беднее. Под «разрушительным оружием» понимается «программа геоинженерии», с помощью которой, согласно официальной точке зрения, должна быть предпринята попытка остановить глобальное потепление, но на самом деле реализуется гигантская программа по управлению климатом, погодой, ионосферой и возникновением искусственных землетрясений. Это так называемое «метеорологическое оружие» будет в значительной степени доминировать в будущей войне, но уже используется сегодня. Эта «геоинженерная программа» в основном осуществляется военными и секретными службами, финансируемыми в основном деньгами налогоплательщиков, а также пожертвованиями частных инвесторов, группы сверхбогатых людей – назовем их элитой.

Если вы хотите получить представление о том, что означает геоинженерия, вы можете узнать больше на веб-сайте Бундесвера,[42] в отделе планирования Бундесвера. Там геоинженерия представлена как технология будущего, направленная на борьбу с глобальным потеплением. Тем не менее, эта геоинженерия использовалась в течение десятилетий, в частности американскими военными в Германии, но это официально не подтверждено для предотвращения жалоб на ухудшение состояния окружающей среды. В случае обвинений в загрязнении, причина должна быть ясна вне всякого сомнения, что тем более сложно, если применение геоинженерии официально отрицается. Отдел планирования Бундесвера[43] четко заявляет, что геоинженерия – это технология будущего. Так что это уже есть в заголовке: «Геоинженерия – перспектива политики безопасности», а один из подзаголовков гласит: «Как можно было бы использовать геоинженерию?», сформулированный в форме опции.

На NEW.EURO-MED.DK[44] вы можете прочитать: *«С тех пор, как ВМС США и ВВС в 1996 году запустили программу «Управление погодой к 2025 году», наше небо перестало быть тем же: воздух переполнен токсичными химическими элементами и облаками HAARP - и «наши» идеологические метеорологи постоянно пытаются представить несуществующее искусственное глобальное потепление».*

Роль ЕС в процессе глобализации

2025 год также предстает в другом контексте: отмена европейских национальных государств, точнее, стран-членов ЕС. 7 декабря 2017 года тогдашний лидер СДПГ Мартин Шульц призвал к созданию Соединенных Штатов Европы к 2025 году и, таким образом, к принятию решений европейскими национальными государствами.[45] Таким образом, в 2025 году закончится всякий государственный суверенитет Германии. ***«Придет день, когда правительства будут вынуждены признать, что интегрированная Европа - это совершенный факт, не сказав ничего с точки зрения определения своих основ. Все, что им оставалось сделать, - это объединить все свои автономные институты в единую федеральную администрацию и затем объявить Соединенные Штаты Европы ».***[46] Германия тогда объединится «в демократически необоснованную, контролируемую лоббистами демонстрацию бюрократии под названием ЕС. ... Это конец свободной и демократической Европы ... »[47] Это тот же год, когда, согласно планам глобалистов, НМП также должен стать реальностью. Создание государства ЕС является обязательным условием для создания НМП. Мы уже заметили это в первой части трилогии «2025»: *«И это поглощение (со стороны НМП) будет происходить одновременно в Германии и других странах ЕС».*[48]

2. Уничтожение наших средств к существованию

«Давным-давно мировая структура власти решила подвергнуть нашу планету (и всю сеть жизни, которую она поддерживает, включая человечество) невообразимо массивной и разрушительной атаке климата / погодной войне».[49]

Психопаты

Не прощайте их, потому что они знают, что делают!

«Пока миром правят психопаты, мы всегда, к сожалению, должны исходить из наихудшего: войны, манипуляции с погодой, контроль сознания».[50]

То, что мы освещаем в этой книге, настолько невероятно и чудовищно, что выходит за рамки человеческого воображения. Мировая верхушка хочет создать всемирную организацию, в которой доминирует «единое мировое правительство» и абсолютное банковское правило. Она поставила перед собой задачу поработить население и, таким образом, получить абсолютную власть над ним. Это звучит невероятно. И поскольку эти вещи настолько невероятны, их невероятно трудно увидеть. *«Из-за своей невероятности истина ускользает от того, чтобы быть известной»* (Гераклит). Многочисленные дискуссии с друзьями и коллегами, например, по вопросу: «Есть ли вообще какие-нибудь хемтреллы в атмосфере?» показали мне, что большинство из них либо никогда не слышали о хемтреллах и недоверчиво слушают мои аргументы, доказывающие их существование, либо моя аргументация постоянно громко прерывается и не имеет никакой возможности вообще быть представленной. Они требуют доказательств, но в то же время мешают мне предоставить их, постоянно перебивая меня. Соответствующий комментарий к статье, опубликованной в 2017 году, которая посвящена хемтреллам и HAARP:[****][51] «… *Почти невозможно поверить в происходящее. Если вы упомянете эту тему еще где-нибудь, вы будете восприниматься как ненормальный и заговорщик».* Это именно то, что происходит со мной снова и снова. Это показало мне, что люди не могут представить даже отдаленно и не готовы поверить, что могут быть люди и учреждения, которые намеренно уничтожают основы нашего существования и хотят отравить нас. Аналогичная ситуация возникает, когда встает вопрос: «Существуют ли системы HAARP и для чего они используются?» Общий встречный аргумент звучит так: «Как верхушка защищает себя от этого?» *«Эти люди защищены. Все остальное население… нет. Фармацевтические боссы сидят где-то далеко, в горах, где-то на чистом воздухе … У них есть возможность защитить себя, а у глупых людей ее нет».*[52] Существует еще один аспект: мотивация делать такие вещи, даже если это может быть направлено против самого себя, также основана на психике таких людей. За проектами, обсуждаемыми в этой главе, стоят недобросовестные и нечуткие люди, свойства личности, характерные как для психопатов, так и для некоторых политиков, занимающих высокие посты. Обе категории могут сделать карьеру до **высших** руководящих должностей.

Говорят, что от 1 до 15% человечества являются психопатами.[††††] Системный анализ выявляет, что в организациях со структурой пирамиды высшие руководящие

[****] Программа высокочастотных активных авроральных исследований (**H**igh **F**requency **A**ctive **A**uroral **R**esearch **P**rogram.)
[††††] Сегодня психопатия описывает серьезное расстройство личности, которое сопровождается в основном или полностью отсутствием эмпатии, социальной ответственности и совести. (Википедия)

должности постепенно заполняются психопатами. Иерархические структуры тем более восприимчивы к этому, чем старше и крупнее организация. Примерами таких пирамидальных структур являются Ватикан, Всемирный банк, ООН, Siemens, UBS и Deutsche Bank.[53] И если в какой-то момент уровень управления такой организацией в основном занят психопатами, это развивает огромный потенциал для уничтожения всех и всего, что противоречит их целям, влиянию, притязаниям на власть и максимизации прибыли. Давайте рассмотрим ответственные стороны в фармацевтической промышленности, медицине и животноводстве. *«По данным Института Роберта Коха, в Германии ежегодно умирает от 1 000 до 4 000 человек от инфекции патогенными микроорганизмами. В Европе их насчитывается 25 000. В Соединенных Штатах около 23 000 человек регулярно становятся жертвами этих так называемых супермикробов каждый год»*.[54]

Согласно исследованию 2016 года,[55] которое проводилось в 30 странах, около 91 000 человек умирают от больничных инфекций каждый год, в Германии 15000 человек. Цифры из этих двух источников значительно отличаются от Германии. Тем не менее, эти тысячи смертей от мультирезистентных микробов являются следствием того факта, что микробы развили устойчивость за те годы, в которые доступные антибиотики стали неэффективными. Одной из причин является безответственное массовое использование антибиотиков при откорме животных. Это позволило держать животных в замкнутом пространстве и, таким образом, значительно сократить расходы по сравнению с животноводческим хозяйством и тем самым увеличить прибыль. Им не приходит в голову, что сами ответственные стороны подвергаются риску заразиться мультирезистентными микроорганизмами и преждевременной смерти от них. Или они мысленно подавляют опасность. Потому что, как сказал Карл Маркс,[56] капитал становится смелым с соответствующей прибылью; на 50% становится смелым; на 100% игнорирует все человеческие законы; и с

300% прибыли нет преступления, которого нельзя было бы совершить, даже рискуя самому быть уничтоженным![‡‡‡‡]

Другим примером является внедрение и распространение по всему миру синтетических химических веществ в сельском хозяйстве и пищевой промышленности – токсины окружающей среды, такие как пестициды и инсектициды, – например, те, которые используются для борьбы с сорняками или для более длительного срока хранения пищевых продуктов, которые некоторые медицинские эксперты определили как причину[57], например, быстрого развития рака. Этот повышенный риск для здоровья, естественно, также угрожает тем, кто несет ответственность за распространение этих ядов по всему миру или ничего не делает, как руководителям, так и политикам. Против тех, кто указывает на невероятные вещи, которые происходят вокруг нас, часто используется броская фраза «теоретики заговора», которая с самого начала душит содержательную дискуссию.

Люди, которые не согласны с утверждением о том, что глобальное потепление вызвано деятельностью человека, теперь преследуются так же, как и те, кто обращается к хемтреллам (Chemtrails) и HAARP, идеологическими политиками и общественными СМИ, и фактически «экспертами по СМИ», включая целую серию видео на YouTube. Вот как модератор Маркус Ланц говорит нам в ток-шоу:[58,59,60] «На Северном полюсе в эти дни было теплее, чем в Берлине». И гость его ток-шоу Дирк Стеффенс ответил: «Да, и если все с нами будет хорошо, то мы сможем еще перебраться

[‡‡‡‡] Эта цитата на самом деле из P.J. Даннинг (1860), но об этом сообщил Карл Маркс в сноске в «Капитале»: *«Капитал ужасает отсутствием прибыли или очень маленькой прибыли, подобно природе из пустоты. С правильной прибылью капитал становится смелым. Десять процентов безопасно, и вы можете использовать его где угодно; 20 процентов, и он оживляется; 50 процентов, он позитивен и смел; 100 процентов, и он попирает все человеческие законы; 300 процентов, и нет никакого преступления, которое нельзя было бы совершить, даже рискуя виселицей».*

через Северный полюс на надувной лодке, потому что он когда-нибудь летом будет свободен ото льда». Маркус Ланц, очевидно, прав в своем заявлении. Тем не менее, он пренебрегает тем, что таяние Арктики не имеет ничего общего с глобальным потеплением, а связано с тем, что оно спровоцировано человеком, причем не из-за выброса CO_2 человеком, а из-за бомбардировки так называемыми ELF-волнами. Этот проект вытекает из контракта, который был подписан между США и СССР в 1974 году с целью добычи полезных ископаемых под арктическим льдом.[61,62]

В этом контексте также следует упомянуть электронную книгу «Ложь правды»[63], написанную автором Томасом Бесчорнером, *«онлайновую коллекцию взрывоопасных и деликатных тем. Эти статьи призваны подчеркнуть плюсы и минусы отдельных точек зрения населения».* В первой статье этой очень обширной работы подчеркивается, что HAARP - это чисто научный проект, осуществляемый многими международными учеными и не подлежащий секретности. И подчеркивается, что в теориях заговора HAARP упоминается как *«´секретный проект´ и связан с такими стихийными бедствиями, как землетрясения, наводнения и извержения вулканов, которые происходят во всем мире. Иногда также предполагается манипулирование умом с помощью ELF-волн».* Во второй статье тех, кто делает такие заявления, называют «фантазерами». С другой стороны, в третьей статье противоположный взгляд. Вы можете прочитать там: *«Подробности и предыстория безумного проекта, который долгие годы разрабатывался на Аляске американскими военными в строжайшей тайне. Так называемый проект HAARP (Программа высокочастотных активных исследований) нагревает ионосферу гигантскими излучателями энергии (до 100 миллиардов ватт), чтобы воздействовать на поверхность Земли и сознание человека с помощью пресловутых волн ELF.»* Два противоречивых взгляда на проект HAARP. Кто врет? Авторы первых двух статей? Или авторы 3-й статьи? В какую статью вы бы поверили, дорогой читатель, в последнюю или в две предыдущие? Я предполагаю, в первые две; потому что идея из 3-й статьи настолько бесчеловечна, настолько чудовищна, что вы не можете поверить в то, чтобы люди могли проводить такие исследования против человеческого существования.

Однако точки зрения, представленные в 1-й и 2-й статьях, точно соответствуют цели дискредитации теорий заговора (теория заговора как концепция борьбы). Далее мы покажем, что мы не советуем исключать 3-ю статью из приведенной выше «лжи правды»[64], а самим активно искать независимые источники.

Был запущен ряд проектов, направленных на то, чтобы 1) добиться значительного сокращения населения мира и 2) добиться абсолютного господства и контроля над ним. Отдельные проекты могут быть кратко озаглавлены следующим образом:
а) войны и гражданские войны
б) роспуск национальных государств / этническое смешение населения
в) снижение среднего IQ
г) уничтожение семей
д) разрушение здоровья человека
е) абсолютный контроль над людьми.

Целью этих проектов является:
i) массовое сокращение населения мира
ii) люди, лишенные воли, умственно, физически и психически ослабленные, которые больше не способны понять политический контекст и не имеют силы сопротивляться.

Как работает правящая верхушка ("DEEP STATE")? Важной вехой в реализации этих проектов стало распространение глобального потепления и утверждение, что оно было вызвано людьми. Между тем, многие серьезные ученые опровергают это утверждение и называют их «климатической ложью» (подробности см. ниже). Тем не менее, оно продолжает пропагандироваться политиками и общественными СМИ и служит причиной ряда геоинженерных проектов, которые ведут к разрушению условий жизни и здоровья людей. Одним из таких геоинженерных проектов является распыление высокотоксичных химикатов, тяжелых металлов, алюминия, стронция и бария в форме наночастиц, а также пластиковых волокон через хемтреллы (факты и источники см. в разделе «Хемтреллы – *Химический суп′* в небе»). Распространение этих токсичных веществ (Chemtrails) либо отрицается средствами массовой информации, либо утверждается, что оно служит для уменьшения солнечного воздействия. Но в действительности это представляет чрезвычайно высокий риск для здоровья человека, отчасти из-за высокотоксичных материалов, которые после распространения по всему миру накапливаются в водах и в продуктах питания, производимых сельским хозяйством, отчасти из-за того, что эти вещества вдыхаются людьми. Также происходит уменьшение выработки витамина D из-за снижения уровня естественной солнечной освещенности. *«Я замечаю, что они забирают у нас свет. А свет необходим для функционирования репродуктивной системы и иммунной системы в целом. Это основа всего. Солнечный свет уменьшается. Мы больше не замечаем весь спектр. Очевидно, что это оказывает влияние на репродуктивную функцию следующего поколения».*[65] Это утверждение, что *«они забирают у нас свет»*, не является преувеличением, см. видео[66] (с минуты 14:26)

Сокращение мирового населения

Если вы сосчитаете всех людей в мире,
То вы обнаружите, что их меньше на треть,
Из тех, что остались в каждой стране,
Половина сошла с ума.
(из "Песни о липе"[67], 1850)

Всем известно, что рост населения мира является одной из самых серьезных проблем нашего времени. Чтобы ограничить рост населения, в прошлом был предпринят ряд мер, например, введение противозачаточных таблеток или политика в отношении одного ребенка в Китае, но эта проблема еще не решена. Элита, с другой стороны, проводит совершенно другую, более эффективную стратегию, которая была названа под разными именами в Интернете. На «News-for-Friends.de» вы можете прочитать: Повестка дня на XXI век, Повестка дня на период до 2030 года, Повестка дня на период до 2050 года. Общим для них является то, что на их основе население мира должно быть сокращено на 95%. Средства для обеспечения этого: «Хемтреллы (или« геоинженерия »), вакцины, облученная пища, ГМО[§§§§] (Codex Alimentarius[*****]), интеллектуальные счетчики, использование 5G, ...»[68] Кроме того, следует упомянуть массовую миграцию населения из Африки и с Ближнего Востока в Европу, что, по официальным данным, должно противодействовать ее «сокращению населения». Однако массовая миграция ни в коей мере не является решением проблемы перенаселенности Африки, поскольку прирост населения значительно превышает потери

[§§§§] ГМО: генетически модифицированные организмы
[*****] Codex Alimentarius: *«**Codex Alimentarius** - это свод стандартов безопасности пищевых продуктов и качества продукции Организации Объединенных Наций, который был впервые опубликован Продовольственной и сельскохозяйственной организацией (ФАО) и Всемирной организацией здравоохранения (ВОЗ) в 1963 году ...»* (Википедия)

населения в результате эмиграции. Потому что население Африки растет намного быстрее: в течение двух недель оно увеличивается примерно на миллион жителей. Если бы кто-то серьезно хотел сократить рост населения на Земле, очевидным и более гуманитарным способом было бы поддержать страны с высоким приростом населения таким образом, чтобы повысить уровень образования и уровень жизни в этих странах до сопоставимого с европейскими условиями уровня. В Европе больше не наблюдается чрезмерного прироста населения, что связано с высоким уровнем образования и высоким уровнем жизни. Вместо того чтобы идти по пути повышения образования и уровня жизни в Африке, Европа дестабилизируется массовой миграцией. Фактически, эта массовая миграция создает огромный потенциал для конфликтов в европейских странах, которые выливаются в гражданские войны, когда автохтонное население становится меньшинством в своих исконных странах, согласно плану элиты.[69] *«Помните! Любой, кто пропагандировал «мультикультурализм, потерпел неудачу! В течение многих лет очень хорошо знает об опасностях, а затем направляет эту клиентуру (то есть людей из других культур) в Германию в целом, он не делает это ʹпо ошибкеʹ».*[70] За этим стоит намерение.

«В целях сохранения власти население планеты будет сокращено до минимума. Это делается с помощью искусственно созданных болезней. Здесь биооружие проявляется в виде эпидемий, а также как результат искусственного голода и войн. Причина заключается в осознании того, что большинство людей больше не могут финансировать свою собственную пищу, теперь богатые будут вынуждены принимать меры помощи, в противном случае у них будет огромный, опасный потенциал для конфликта».[71,††††††] Это пункт 10 в прогнозах Карла Ф.

[††††††] Как указано в блоге „falschzitate.blogspot.com“ 1 мая 2018 года, эта цитата и 12 основных пророчеств исходят, по всей вероятности, не от Карла Фридриха фон Вайцзеккера, а от неизвестного автора. Год 2007

Вайцзеккера о будущие тенденции в мире.[72] Как мы рассмотрим в главе «Биологическая война», эта цитата уже сегодня отображает пугающую реальность; именно с этой целью в течение последних нескольких десятилетий идет работа над биологическим оружием.

Что касается сокращения населения мира, то существует прогноз сокращения населения в отдельных странах. Согласно видео[73], опубликованному 22 февраля 2015 года со ссылкой на источник *www.deagel.com*, прогнозируются большие потери населения в 14 европейских странах, общее сокращение населения составляет 137,7 млн. человек (2-й столбец на рисунке 6). В 2017 году эти данные были снова скорректированы до гораздо бо́льших значений (всего 193,6 млн., 3-й столбец на рисунке 6). В этом документе (рис. 5) также встречается 2025 год, точно так же, как в двух документах, обсуждаемых в прологе: документ о метеорологической войне (рисунок 1) и документ НАСА (рисунок 2). Таким образом, представляется вероятным, что существует план, повестка дня, назовем его Agenda2025, который нацелен на развал стран западного мира, в некотором смысле великий кризис, на руинах которого предполагается построить новый мировой порядок, как Дэвид Рокфеллер уже сформулировал в 1994 году: *«Мы находимся на пороге глобальной трансформации, все, что нам нужно, – это правильный всеобъемлющий кризис, и страны согласятся на новый мировой порядок».*[74,‡‡‡‡‡]

Компания «Deagel», которая управляет этим сайтом (*www.deagel.com/country/*), имеет дело с информацией военного характера, которую она получает непосредственно от ЦРУ, ФБР, АНБ, армии США, Моссата, НАТО, ЕС. DEAGEL.com также публикует информацию о размере ВВП, военных расходах, покупательской способности и

---

‡‡‡‡‡ (1994 год в Экономическом комитете Организации Объединенных Наций - Деловом совете ООН)

численности населения для отдельных стран, а также прогнозы на 2025 год.[75] Deagel были опубликованы прогнозы на 2014 год (2 столбец на рисунке 6) и на 2017 год (3-й столбец на рисунке 6). В качестве причины значительных потерь населения в пояснительном тексте под таблицей является общая разбивка экономической и социальной систем в этих странах с указанием следующих моментов:

1) сценарии пандемии (например, Эбола)
2) крах западной финансовой системы
3) крах программ, таких как биржа и пенсионные фонды

21	Philippines	▲ 117,031,940
		104,260,000
22	Germany	▼ 28,134,920
		80,590,000
23	Argentina	▼ 41,008,200
		44,290,000
24	Colombia	▲ 49,240,520
		47,700,000
25	Saudi Arabia	▼ 25,297,620
		28,570,000
26	Spain	▼ 27,763,280
		48,960,000
27	Vietnam	▲ 99,030,160
		96,160,000
28	Taiwan	▼ 18,538,200
		23,510,000

Рисунок 5: Прогнозы численности населения на 2025 год для Филиппийских островов, Германии, Аргентины, Колумбии, Саудовской Аравии, Испании, Вьетнама и Тайваня. Черные буквы: Текущее состояние, красная надпись: Прогноз на 2025 год (выдержка скопирована с сайта *http://www.deagel.com/country/forecast.aspx*).

Войны, гражданские войны и голод явно не рассматриваются в этом обосновании прогнозов. Однако можно предположить, что сценарии, подобные гражданской войне, могут возникнуть после краха финансовой системы. Голод также может быть вызван использованием метеорологического оружия, как описано во введении к прологу. Это оружие также может быть использовано против собственного населения, как, очевидно, было в случае с «лесными пожарами» в Калифорнии в 2017 и 2018 годах (см. Раздел «Лесные пожары - искусственные»).

Источник: Прогноз по:	*2) 2017: Население (в миллионах) **2017**	*1) 2014: Прогноз Жители - Потеря (в миллионах) **2025**	*2) 2017: Прогноз Жители - Потеря (в миллионах) **2025**
Италия	62,0	-19,0	**-18,2**
Франция	67,0	-24,6	**-27,9**
Австрия	8,8	-1,8	**-2,6**
Швейцария	8,2	-5,2	**-2,9**
Германия	80,6	-1.6	**-52,6**
Бельгия	11,5	-2,1	**-3,4**
Нидерланды	17,1	-7.7	**-0,3**
Португалия	10,8	-4,0	**-2,7**
Великобритания	65,7	-31,3	**-51,1**
Испания	49,0	-21,3	**-21,2**
Швеция	10,0	-6,2	**-2,8**
Норвегия	5,3	-3,1	**-1,5**
Ирландия	5,0	-2,1	**-3,7**
Греция	10,8	-7,8	**-2,7**
Всего	**411,7**	**-137,7**	**-193,6**
США	327,0	-247,4	**-227,4**
Канада	35,6		**-9,3**
Австралия	23,2		**-8,0**

*1) *https://www.youtube.com/watch?v=W8lfp_O9oRA&feature=youtu.be*
*2) *http://www.deagel.com/country/*

Рисунок 6: Прогноз потерь населения на 2025 год. (1-й столбец: Население 2017 года, 2-й столбец: Население 2025 года, прогноз 2014 года; 3-й столбец: Население 2025 года, прогноз 2017 года).

Миграционное давление изнутри

Два прогноза на 2014 и 2017 годы существенно различаются для Германии: прогноз потерь населения в 2014 году в размере 1,6 миллиона человек (2-й столбец на рисунке 6) резко вырос в прогнозе 2017 года до 52,6 миллиона человек (3-й столбец на рисунке 6). Если принять во внимание открытие границ Германии в сентябре 2015 года, которое было между этими двумя прогнозами, то становится понятным такое фундаментальное различие в этих двух прогнозах.[§§§§§] Потому что этот миллионный приток мигрантов и их очевидная поддержка со стороны правительства Германии (а также поддержка большей частью немецкого населения) приведут к тому, что социальная система рухнет в определенный момент времени. Потому что с определенного момента больная немецкая экономика больше не может компенсировать десятки миллиардов евро дополнительных, постоянно растущих расходов, связанных с миллионами мигрантов и воссоединением семей. Поэтому социальная система рано или поздно рухнет. Когда это произойдет, также зависит от степени, в которой кредиторы готовы предоставить дополнительные кредиты для финансирования. Именно кредиторы, финансовая элита, должны определить точное

[§§§§§] Однако изменение прогноза численности населения Германии было сделано в несколько этапов (изменено 23 апреля 2015 года с 79,6 до 48,1; 16 августа 2016 года с 48,1 до 40,8; 22 июня 2017 года с 40,8 до 31,3 и 28 миллионов; источник: https://www.youtube.com/watch?v=t4OwfkSEtlY). Первые два изменения были сделаны до открытия границы в Германии. Однако я предполагаю, что это открытие границы не произошло спонтанно, а следовало плану, который направил миграционные потоки в Европу, и знание этого плана было учтено в прогнозах. То, что этот план существовал, подтверждается тем фактом, что непосредственно перед началом массовой миграции в Европу Агентство ООН по делам беженцев (УВКБ) резко сократило и без того ограниченные средства для лагерей беженцев возле Сирии и Ливана, что привело к быстрому увеличению числа тех, кто пробился в Европу.
(Источник: https://www.youtube.com/watch?v=EQ0l0HxNEOY&t=300s)

время краха. Это означает, что государство больше не сможет платить пенсии и социальные пособия. И тогда наступит предсказанный *«полный крах экономической и социальной системы»*. Что касается краха экономической системы, мы в течение нескольких лет были свидетелями того, как систематически регулируется экономика Германии, в частности ключевые отрасли промышленности Германии, такие как производство энергии (атомная промышленность и производство энергии на угольном топливе), а в последнее время - и автомобильная промышленность.

Люди, которые пережили крах, будут искоренены. Направление миграции изменится уже не в Германию (или Европу), а из Германии (или Европы); миграционное давление будет направлено на восток. Но после развала нужно предположить, что границы снова будут закрыты, охраняемые наемниками армии ЕС, чье создание уже давно планируется Макроном и Меркель. Предшественниками этой армии ЕС являются секретные армии GLADIO[76] и EUROGENDFOR, в которых также служат иностранные наемники, готовые выполнять приказы, даже если им придется стрелять в собственное население. После развала больше не будет возможности пересечь границу. Выжившие после этого «великого кризиса» являются идеальными новыми гражданами единого «государства» или государства ООН, без прав и без будущего, достойного жизни. Это будет Новый Мировой Порядок.

Аналогичный прогноз развития существует также и для США. На рисунке 7 показано, как прогноз по США был скорректирован с учетом соответствующих обстоятельств. Наибольший скачок (коррекция) в прогнозе произошел 3 апреля 2014 года, когда прогноз населения на 2025 год был снижен с 182 миллионов до 88 миллионов, а затем, 24 сентября 2014 года, снова уменьшился до 69 миллионов.

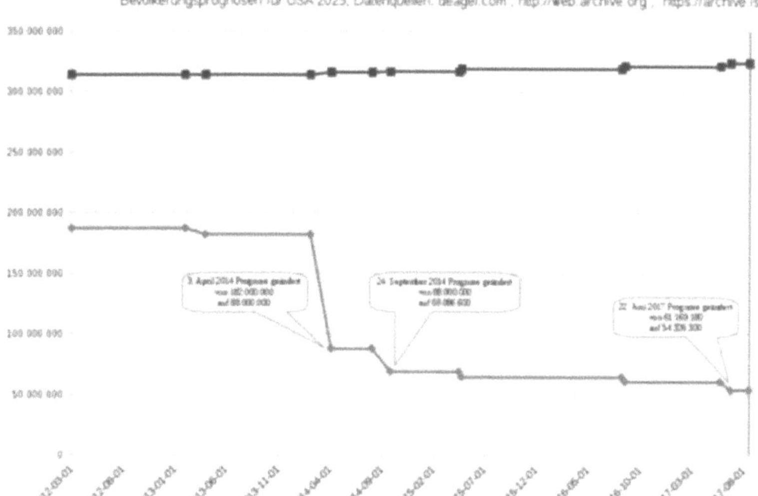

Рисунок 7: Поправки к прогнозу населения США на 2025 г. (нижняя кривая). Верхняя кривая: «фактическое» состояние популяции, основанное на соответствующем моменте времени на оси X.[77] (ось времени: начало: 2012-03-01, конец: 2017-06-01, интервал: 5 месяцев каждый)

Для Соединенных Штатов примечательно, что в последние годы частота и интенсивность стихийных бедствий, судя по всему, участились: циклоны, наводнения и лесные пожары. Разумно предположить, что человеческие руки помогают, с одной стороны, держать людей в страхе, а с другой – уничтожать их средства к существованию. В Калифорнии произошли два разрушительных лесных пожара в октябре 2017 года и ноябре 2018 года (см. раздел «Лесные пожары – искусственные»). Или ураганы, обрушившиеся на Соединенные Штаты за последние десять, двадцать лет, которые намного опередили известные ранее ураганы по силе и разрушению, например, ураган Катрина, который обрушился на Мексиканский залив в августе 2005 года и бушевал 11 дней, окончательно уничтоживший Новый Орлеан, когда пришлось эвакуировать десятки тысяч людей. Или бесконечные дожди и связанные с ними разрушительные наводнения на большей части сельскохозяйственных земель в США, которые сделали невозможным посев. Если урожай нельзя посеять, его нельзя собрать. Результатом станет голод. В своей статье Майкл Снайдер описывает ситуацию с сельскохозяйственной промышленностью в США в июне 2019 года следующим образом:[78] *«Американские фермеры сталкиваются с наихудшим кризисом за последнее столетие – и следующий чудовищный шторм уже на подходе».*[79] *«В этом году погода должна будет опустошить миллионы и миллионы акров лучших американских сельскохозяйственных угодий, потому что влага не позволяет сеять. Посев осуществится еще на миллионе гектаров, но из-за ужасной ситуации урожайность, вероятно, будет значительно ниже нормы».*

Теперь вы, конечно, можете спросить себя: не защитит ли население себя от этого? Разве повсюду не будет гражданской войны? Конечно, будет. Но что могут сделать беззащитные граждане? Многие не понимают, что происходит вокруг них, каковы причины «неисправностей». Тем временем они забыли, как подвергнуть сомнению общую картину с логической точки зрения. Это результат идеологической обработки, которая длится десятилетиями, своего рода «двойное промывание мозгов»[80], подавление людей государственными СМИ, которые поддерживают политических деятелей.

3. Изменение климата - проблема для всех людей

«Разве не единственная надежда для этой планеты в крахе индустриальной цивилизации? Разве мы не обязаны гарантировать, что этот крах произойдет? »
(Морис Стронг, первый директор ЮНЕП, 1990 и 1992 годы[81]; организатор конференции в Рио)

Чрезвычайная ситуация с климатом

„Если кто-нибудь будет играть с чрезвычайной ситуацией, чтобы ограничить свободу, я и мои друзья окажемся на баррикадах демократии.“[******]
(Willy Brandt, 1968[82])

К 18 декабря 2019 года «чрезвычайная ситуация с климатом» была объявлена как минимум в 67 немецких городах и муниципалитетах (Википедия). 28 ноября 2019 г. Европейский парламент в Страсбурге провозгласил «климатическую чрезвычайную ситуацию» для Европы.[83] Süddeutsche Zeitung пишет:[84] *«Климатическая чрезвычайная ситуация носит довольно символический характер и должна создать давление для конкретного законодательства. Как сообщил парламент, таким образом подчеркивается, что необходимо принять срочные меры в связи с изменением климата.»* Это действительно так? Что такое чрезвычайная ситуация? Здесь

[******] *„Wer einmal mit dem Notstand spielen sollte, um die Freiheit einzuschränken, wird meine Freunde und mich auf den Barrikaden der Demokratie finden.“*

идет нарушение гражданских прав. Поскольку объявленная чрезвычайная ситуация подготавливает почву для принятия чрезвычайных мер для подрыва закона: «Любой, кто сегодня призывает к климатической чрезвычайной ситуации, требует только решений без демократической легитимности и стремится отменить все демократические права», - заявил член Европарламента Маркус Фербер (CSU).[85] Объявленное чрезвычайное положение освобождает дорогу для принятия чрезвычайных постановлений.

11 декабря 2019 года новый глава Комиссии ЕС Урсула фон дер Лейен объявила о «Европейской зеленой сделке», согласно которой к 2050 году ЕС должен стать климатически нейтральным. Она хочет сделать климатическую нейтральность юридически обязательной к 2050 году.[86,87] Это означает, что использование нефти, угля и природного газа будет в значительной степени отменено к 2050 году. Для достижения этой цели должны быть использованы огромные финансовые ресурсы.

Изменение климата - новая мировая религия

«Якобы искусственное изменение климата является основным поводом для контроля над людьми, потому что CO_2 - это не что иное, как жизнь. Вся человеческая деятельность основана на CO_2, даже дыхание! Те, кто по закону контролирует выбросы людьми CO_2, могут решать, как нам жить и скольким людям разрешено жить. Точно так же, как никто не видел причины до 11 сентября опустошать Ближний Восток, так и до истерии с климатом никто бы добровольно не отказался от путешествий, своих питомцев или даже своих детей».[88]

«Все партии в промышленно развитых странах, правые или левые, примут теорию глобального потепления из-за CO_2. Это уникальная возможность обложить налогом воздух, которым вы дышите. Поскольку они должны спасти мир от тепловой смерти, политикам аплодируют. Ни одна партия не устоит перед этим искушением".[89]

Рисунок 8: Титульный лист SPIEGEL с 1986 года: стартовый сигнал для климатической истерии. «Пока мы не объявим о бедствиях, никто не будет слушать» (Джон Хартон, вице-президент МГЭИК, 1994 г.[90])

В 1986 году SPIEGEL шокировал своих читателей сценарием ужасов, когда на титульном листе его 33-го издания был изображен Кельнский собор, который опустился на треть в простирающееся до горизонта море (рис. 8). Это был стартовый сигнал для климатической истерии, которая тем временем поселила страх и неуверенность в мозгах многих людей. Этот «страх перед климатом» сейчас прочно закрепился в умах многих людей и развил такой импульс, что многие убеждены, что глобальная климатическая катастрофа поразит человечество через несколько лет и что предотвратить гибель человеческой цивилизации будет возможно только с помощью огромных контрмер. В 2007 году SPIEGEL снова «добавил» и усилил драму «изменения климата» заголовком титульной страницы: *СЕКРЕТНЫЙ КЛИМАТИЧЕСКИЙ ОТЧЕТ – У нас нет 13 лет, чтобы спасти Землю».*[91] После этого мы должны были не позднее 2020 года рассчитывать на самое худшее. Этот пример уже должен привести к подозрению, что обсуждаемый климатический кризис – это большая глупость людей, движимых публичными СМИ и большинством политиков.

«Искусственное изменение климата» это изобретение правящей верхушки, которое преследует следующие цели:

1) Создание общего проекта или темы, затрагивающих все мировое сообщество, а не только отдельные группы, государства или группы государств, с которыми можно идентифицировать все человечество. Это сообщество служит элите, которая борется за создание единого мирового правительства. Дирк Мюллер резюмирует это в комментарии:[92] *«В глобальном обществе у нас никогда не было общей темы. На сегодняшний день не было ни одной проблемы, которая затрагивала бы всех людей в мире. Даже мировая война была проблемой только для некоторых государств ... Но если я хочу создать глобальное общество, мне нужна общая проблема, которую мы решали бы всем человечеством. И есть изменение климата – если нет «инопланетян», приходящих извне, то остается совсем мало тем, которые можно было бы использовать. Но климат касается всех. Климат ощутим для всех, понятен всем, так или иначе влияет на всех. И это именно та тема, которая сейчас найдена, актуальная для глобального общества, необходимая для того, чтобы в первую очередь создать это глобальное общество, чтобы привести его к общему пониманию мира».*

2) перераспределение снизу вверх (налог на CO_2[††††††,93], *«постоянно новые и более высокие налоги на экологию и окружающую среду, увеличение платы за проезд, директивы об изоляции, налоги на выбросы CO_2, торговля сертификатами CO_2, запреты на дизельное топливо и бессмыслица электромобилей ...»*[94])

3) Легализация геоинженерии (и, следовательно, хемтреллов) на том основании, что геоинженерия необходима для противодействия надвигающемуся глобальному потеплению (в обход соглашения ENMOD 1976 года[††††††])

4) Отвлечение от других политических изменений, в частности от постепенного сокращения демократии, новых законов о

[††††††] В отчете Экспертной комиссии по исследованиям и инновациям (EFI) содержится призыв к федеральному правительству ввести налог на выбросы CO_2.

[††††††] Конвенция ENMOD запрещает использование технологий, воздействующих на экологию.

надзоре и цензуре граждан и массовой миграции в Европу. Перед европейскими выборами 26 мая 2019 года эта тема была в центре внимания средств массовой информации и общественных интересов, так что такие актуальные проблемы, как беженцы, воссоединение семей, внутренняя безопасность, социальные проблемы, бедность в старости полностью отошли на второй план.

5) Смущать и сеять страх.

6) Еще один компонент «разделяй и властвуй»: в настоящее время существует глубокий раскол среди населения (правые против левых, патриоты против «хороших людей», местные жители против мигрантов, мусульмане против христиан и евреев, теоретики заговора против верующих в правовое государство, бедные против богатых); ко всему этому еще добавлен новый компонент: «Молодые против старых», создается и разжигается искусственный конфликт поколений.

7) Демократическая деградация. Климатический активист и основатель «Восстания вымирающих» Роджер Халлам в интервью SPIEGEL[95] сказал: *«Если общество действует так аморально, демократия становится неактуальной ... Защита климата важнее демократии».* Под «аморальным» подразумевается, что английское правительство делает слишком мало для предотвращения климатической катастрофы. Поскольку демократические процессы в демократии в конечном итоге зависят от решений большинства, процессы принятия решений занимают много времени. Централизованные системы, с другой стороны, намного быстрее и предпочтительнее демократической системы для решения глобальных проблем сегодняшнего дня. «Изменение климата» является ярким примером закрепления такого образа мышления в обществе, убеждая людей в том, что только быстрые решения могут предотвратить «надвигающуюся климатическую катастрофу». Кроме того, была организована дискуссия на ZDF (центральный канал немецкого телевидения) между психологом Ричардом Дэвидом Прехтом и боссом «зеленых» Робертом Хабеком, представленном в качестве преемника канцлера, где он предпочел централистскую систему демократической системе. Даже если впоследствии это заявление было охарактеризовано Хабеком как недоразумение, оно ясно показывает,[96] о чем идет речь:

подавление демократических принципов, основанное на предлоге, что политические решения могут быть реализованы быстрее.

8) Ослабление немецкой экономики (выравнивание условий жизни в ЕС, потому что управляемая объединенная Европа невозможна, если одна страна богата, а другая страна бедна).

9) Деиндустриализация: *«Разве это не единственная надежда для этой планеты в крахе индустриальной цивилизации? Разве мы не обязаны гарантировать, что этот коллапс произойдет?»* (Морис Стронг, первый директор ЮНЕП, организатор конференции в Рио и главный советник Кофи Аннанс, 1990 год в Вуде и 1992 год на конференции по климату в Рио[97])

Решение большинства: «Климат-убийца CO_2»?

«97% ученых уверены, что изменение климата в основном обусловлено деятельностью человека».[98]

ИЛИ:

0,54% исследователей климата уверены, что изменение климата в основном обусловлено деятельностью человека.[99]

Сторонники гипотезы о том, что глобальное потепление вызвано деятельностью человека, неоднократно утверждают, что *«97% ученых уверены, что изменение климата в значительной степени обусловлено деятельностью человека»*[100]. Данное утверждение, снова и снова выдвигаемое в качестве аргумента против скептиков, является ложным: *«Лишь очень немногие рецензируемые статьи говорят о том, что недавнее потепление в основном является антропогенным».*[101,§§§§§§]

---

§§§§§§ *«Очень мало рецензируемых публикаций говорят о том, что недавнее потепление в основном является антропогенным».*

Вышеуказанное «утверждение 97%» исходит из исследования 2013 года, в котором некий Джон Кук оценил почти 12 000 научных работ. Но это «утверждение 97%» - ложь. Если добросовестно проанализировать данное исследование, то выяснится следующее: *«В общей сложности 0,54% исследователей считают, что только 50% людей виноваты в изменении климата».*[102] Как возникает эта разница? Проще говоря, умными вопросами и хитростями в статистической оценке ответов.[103] Вышеупомянутое «утверждение 97%» также опровергается в видео[104] на YouTube. И все же это «утверждение 97%» все еще распространяется в средствах массовой информации и МГЭИК и неоднократно используется для «опровержения» «скептиков климата».

Это «утверждение 97%» даже противоречит петиции («Проект петиции о глобальном потеплении», также известной как **«Петиция Орегона»**), подписанной 31 000 ученых (по состоянию на январь 2018 года). В данной петиции говорится, что гипотеза глобального потепления, обусловленного человеческой деятельностью, неверна.[105] 19 июня 2019 года 90 итальянских ученых подписали «петицию против климатической тревоги», в которой они суммируют научные факты, явно противоречащие вышеупомянутой гипотезе.[106] Еще в 1992 году 4000 ученых подписали Гейдельбергский манифест (обращение Гейдельбергера), опубликованный в последний день климатического саммита в Рио-де-Жанейро, на котором участники подписания требовали, чтобы общество уделяло больше внимания ученым, чем многим иррациональным специалистам в области здравоохранения и охраны окружающей среды.[*******] А 26 сентября 2019 года 500 ученых подписали заявление «Послушайте ученых: 500 исследователей протестуют против климатической тревоги»[107], в котором говорится, что это «´жестокие и

[*******] Википедия: «Гейдельбергский призыв»: *«... Документ, который большинство подписавших его считали подписанным, был призывом общества уделять больше внимания ученым, чем многим иррациональным активистам в области здравоохранения и охраны окружающей среды ... "*

неразумные триллионы, потраченные впустую´, основанные на результатах незрелых климатических моделей»[108]. Фриц Варенхольт, один из подписавшихся, заявил в интервью: *«Обсуждение климата стало настолько истеричным, что оно ставит политику во главу угла. Но у нас нет климатической чрезвычайной ситуации. Если требования Греты Тунберг будут выполнены, процветание и развитие будут подвергаться серьезной угрозе во всем мире».*[109]

Против вышеупомянутой «Орегонской петиции» с 31 000 подписавших яро выступают лоббисты «изменения климата», представленные среди прочего через Huffington Post или *www.klimafakten.de* с попытками изобразить это как пропаганду. Либо смысл «петиции штата Орегон» отрицается на том основании, что она была подписана в основном неспециалистами. Либо: среди подписавшихся ученых имеются также бакалавры, магистры или доктора наук по естествознанию; но если сравнить число выпускников высших учебных заведений с 1970/71 учебного года, которые соответствуют критериям «Орегонской петиции», с числом подписавшихся, соотношение будет 10,6 млн. к 31 000.[110] Так как можно говорить о решении большинства об антропогенном изменении климата?! Какая научная ограниченность! «Земля – это диск» было также решением большинства в средние века, по крайней мере, никто не противоречил этой точке зрения в то время. Или рассмотрим настоящее: «стандартная модель элементарных частиц», космологические теории параллельных миров и дополнительных измерений, пузырьковая модель мультивселенной» также должны рассматриваться как решения большинства, которые специалисты принимают без противоречий. Разве поэтому они правы?

Профессор доктор Хорст-Йоахим Людеке[111] из Института EIKE пишет о материалах на сайте *www.klimafakten.de*: *«Блог Klimafakten.de (в дальнейшем именуемый KF) позиционирует себя как лоббистскую ассоциацию гипотезы об искусственном изменении климата. В последние´ годы научная тема стала, таким образом, оружием идеологически заинтересованных групп и политиков, которые через «защиту климата» преследуют совершенно иные цели, чем «спасение мира от тепловой смерти». В результате все основные политические партии теперь включили вопрос «климата» в свои программы...»*

Почетный профессор Лондонского университета Филип Стотт в отчете о состоянии климата Конференции ООН в ноябре 2016 года высказался следующим образом:[112] *«Фундаментальный момент всегда заключался в следующем. Изменение климата определяется сотнями факторов или переменных, и сама мысль о том, что мы можем предсказуемо управлять изменением климата, понимая и манипулируя единственным политически выбранным фактором, CO_2, столь же надумана, как и все остальное».* И добавил: *«Это научная ерунда».* И почему эта научная ерунда становится государственной доктриной, или, что еще важнее, государственной религией? Точку зрения Филиппа Стотта разделяют и многие серьезные ученые, которые высказывают свое мнение в видео[113] на YouTube: десятки тысяч ученых не согласны с гипотезой о том, что люди значительно влияют на изменение климата. Среди этих десятков тысяч ученых более 70 нобелевских лауреатов.[114] В частности, заявление сторонников искусственного глобального потепления о том, что за это ответственен CO_2, опровергается эмпирическим фактом, что выраженное глобальное потепление измерялось между 1905 и 1940 годами, тогда как между 1940 и 1970 годами чрезвычайно возросли промышленное производство и, следовательно, антропогенные выбросы CO_2, и в этот же период произошло небольшое охлаждение. Что также было забыто: в середине и второй половине прошлого века было объявлено об охлаждении земли, даже новом ледниковом периоде.[115,116,117] Абсурдность тезиса о том, что антропогенный CO_2 несет ответственность за глобальное потепление, также обсуждается в статье, опубликованной на welt.de в 2011 году,[118] которая не признается политиками или апологетами тезиса о CO_2.

Тезис о том, что надвигающееся глобальное потепление подпитывается искусственным CO_2, сатирически и гротескно показывает нам один из членов Европарламента на видео[119]. Например, члены Европарламента и их персонал, в общей сложности около 3000 человек, переезжают из Брюсселя в Страсбург раз в месяц на три ночи и четыре дня, а затем возвращаются обратно. Багаж перевозится на грузовиках, парламентарии обычно садятся в самолет. Это ежемесячное движение *«означает около 20 тысяч тонн выбросов CO_2 в год. Это целых тринадцать тысяч рейсов «Лондон - Нью-Йорк» и обратно только потому, что мы перемещаемся туда-сюда между двумя точками.»*[120] Этот пример показывает, что лица, принимающие решения, не озабочены ограничением так называемого убийцы климата – CO_2, но дебаты об ограничении выбросов CO_2 являются фиктивными. В финансовом отношении это ежемесячное перемещение означает 114 миллионов евро в год (согласно Счетной палате). *«Какой компании придет в голову абсурдная идея перевозить 3000 сотрудников каждый месяц на три ночи и четыре дня в другое место?»*[121]

Также, вопреки призывам к сокращению выбросов CO_2, 709 членов Бундестага получили приказ вернуться из отпуска, чтобы присутствовать на приведении к присяге исполняющего обязанности министра обороны АКК, что обошлось в сумму свыше 1 миллиона евро плюс куча дополнительных выбросов CO_2.[122]

Если бы «климатические активисты» действительно серьезно относились к защите климата и поддержанию достойных условий жизни, они сделали бы все, чтобы решительно противодействовать уничтожению тропических лесов в Южной Америке или Индонезии. И они выступали бы более решительно против загрязнения морей и океанов пластиковыми отходами и за ответственное использование мировых ресурсов. Эти проблемы известны давно и время от времени появляются в СМИ в виде новостей или комментариев. Однако создается впечатление, что для борьбы с этими проблемами практически ничего не делается, вместо этого создаются угрозы, такие как легенда о CO_2, которые снова и снова служат двигателем для дальнейших инвестиций и оправдания для повышения налогов или введения новых налогов.

Серия испытаний с бурением в вечном льду показала, что температура повышается или понижается в течение последних 100 000 лет, а через несколько сотен лет следует повышение или снижение CO_2, то есть *«CO_2 не провоцирует изменения климата, но следует за ним. ... Таким образом, основное предположение теории антропогенного изменения климата оказалось неверным».*[123] Объяснение того, почему содержание CO_2 следует за соответствующим изменением температуры, связано с выбросом CO_2 в океанах, которые увеличиваются или уменьшаются в зависимости от того, повышается или снижается глобальная температура. Однако потепление или охлаждение самого океана связано с солнцем, особенно с так называемой солнечной активностью, то есть *«За изменением климата стоит Солнце, CO_2 не имеет никакого значения».*[124]

Сначала были предупреждения о **«глобальном потеплении»** из-за CO_2; но когда оказалось, что среднегодовые измеренные температуры в действительности не увеличились за последние 20 лет,[125] этот термин был просто заменен на **«изменение климата»**. *«Выражение ʹглобальное потеплениеʹ (все еще очень популярное на рубеже тысячелетий) было почти полностью удалено с рынка и заменено гораздо более универсально применимым термином ʹ**изменение климата**ʹ. Такая концепция позволяет использовать это выражение полностью нейтрально. Теперь может наступить ледниковый период или глобальное потепление, что, безусловно, будет иметь место. Речь идет только о поддержании драмы и о том, чтобы не допускать и не подвергать опасности торговлю климатическими послаблениями. Эта бизнес-модель основана исключительно на ʹ**устойчивой**ʹ панике в умах сторонников климата, где ее можно оставить полностью открытой, независимо от того, становится ли теплее или холоднее, потому что важны только документально подтвержденные изменения».*[126]

«Все зависит от одного этого вопроса: если углекислый газ не является важной причиной, то выбросы CO_2, ограничение и торговля, споры по поводу CO_2 и Киотское соглашение - пустая трата времени и денег. Все это забирает ресурсы от действительно важных вещей, которые нас интересуют, таких как найти лекарство от рака или накормить сомалийских детей».[127]

В статье на http://news-for-friends.de[128] говорится: *«Антропогенное изменение климата, вероятно, самая большая ложь и самая большая афера за все время с самыми серьезными последствиями. Она используется исключительно для перераспределения активов снизу вверх в беспрецедентном масштабе, т.е. с полной депривацией ... в этой социально-экономической системе, в которой мы, к сожалению, все еще должны жить в настоящий момент; в конечном счете, для порабощения всего человечества».*

В широко цитируемом фильме Дэвиса Гуггенхайма и Эла Гора «Неудобная правда»[129], который предупреждает об искусственном изменении климата, *«факты были скрыты, с одной стороны, и с другой стороны, скорректированы, чтобы добиться желаемого эффекта: вызвать страх среди населения и получить легитимность для абсурдной и губительной политики «климата», такой как постоянно новые и более высокие налоги на окружающую среду и экологию, увеличение платы за проезд, основные принципы изоляции, налоги на выбросы CO_2, торговля сертификатами CO_2, запреты на дизельное топливо и безумие с электромобилями ... »*[130]

То, что мы испытываем сегодня, – это торжество религии климата, которая не имеет ничего общего с научными фактами, но вместо этого возвела «искусственное изменение климата» до уровня догмы. Центральное утверждение представителей «антропогенного изменения климата» заключается в том, что CO_2, вызванный людьми, ускорит глобальное потепление, ключевое слово «парниковый эффект». Вот аргумент, который предполагает обратное:

Антитеза

«Существует абсолютное табу на дискуссию на тему «изменения климата», и это, наверное, худшее во всем этом».
(Наоми Сейбт, 16-летняя выпускница средней школы[131])

CO_2 тяжелее воздуха; в результате концентрация CO_2 у земли выше, чем в верхних слоях атмосферы. Эта точка зрения часто используется апологетами климата, которые утверждают, что турбулентность воздушных масс (из-за ветра, течений) предотвращает уменьшение CO_2, а следовательно, углекислый газ, азот и кислород более или менее равномерно распределены в атмосфере.[132] Однако они игнорируют еще один эффект, а именно образование облаков, которое происходит на высоте от 2 до 13 км. При образовании облаков поднимающийся водяной пар конденсируется и выделяет тепловую энергию, образовывающуюся в результате испарения с поверхности земли, которая излучается одинаково во всех направлениях. Из-за углекислого газа, который находится под облаками и имеет более высокую концентрацию, чем над облаками, тепловое излучение в космическое пространство выше, чем в направлении земной поверхности; это означает более сильное охлаждение околоземного пространства по сравнению с (гипотетической) ситуацией, если CO_2 не будет присутствовать.[133]
Одним из методов так называемой геоинженерии, который заключается в ограничении глобального потепления от солнечного излучения, является создание искусственного зонтика, состоящего из тончайших металлических частиц в верхних слоях атмосферы, который должен отражать большую часть прямого солнечного излучения обратно в космос (3-й аспект в разделе «Какие цели преследуются хемтреллами?»). Очевидно, что это уже происходит в Германии с 2003/2004

года[134], когда огромное количество мельчайших металлических частиц было распылено в верхних слоях атмосферы (см. Раздел «Хемтреллы - *'Химический суп´* в небе»). В результате получается молочно-белое небо, которое на самом деле приводит к уменьшению количества солнечного излучения, попадающего на землю. Тем не менее, это молочно-белое небо также уменьшает тепловое излучение от Земли к космосу, что, в свою очередь, способствует глобальному потеплению. Без этого молочно-белого неба тепловое излучение от Земли в космос было бы больше, что означало бы дополнительное охлаждение земной поверхности. Этот эффект охлаждения хорошо наблюдался в прежние годы: ночное охлаждение всегда было особенно выражено, когда небо было звездным и безоблачным. Напротив, плотный облачный покров уменьшал тепловое излучение в космос, поэтому ночное охлаждение было не таким сильным, как при безоблачном небе. В то время как тепловое излучение от поверхности Земли всегда происходит в направлении космического пространства, то есть 24 часа в сутки экранирование солнечных лучей молочно-белым небом работает только днем, а именно, когда солнце находится в небе. Таким образом, это означает, что этот искусственный зонт в большей степени способствует повышению средней температуры на поверхности земли, а не снижению температуры.

Средняя доля CO_2 в нормальном воздухе чрезвычайно низкая. Это только около 0,04%. Европейский институт климата и энергии (EIKE) делает следующий расчет:[135] *«Таким образом, в воздухе 0,038% CO_2; природа производит 96 процентов, остальные четыре процента - люди. Это четыре процента от 0,038 процента, то есть 0,00152 процента. Доля Германии в этом составляет 3,1 процента. ... Мы хотим взять на себя ведущую роль в мире, которая каждый год обходится нам примерно в 50 миллиардов евро в виде налогов».*
Если это так, возникает вопрос: почему утверждается обратное, а именно, что CO_2 вызывает глобальное потепление? Ответ прост: 1) Если вы скажете, что CO_2 может уменьшить

или обратить вспять глобальное потепление, вы не сможете обосновать какие-либо сертификаты CO_2, а также не можете взимать налог на CO_2. Было бы сложнее обосновать необходимость прекращения производства электроэнергии на основе угля. 2) Фактическое глобальное потепление желательно для того, чтобы утверждать, что CO_2 способствует глобальному потеплению. Тогда можно сказать, что мы еще не накопили достаточно CO_2, поэтому глобальная температура продолжает расти, а налогообложение CO_2 должно быть еще более эффективным, т.е. обосновать ценовую политику. Предполагается, что масса людей не видит реальные причины и связи. Потому что, если она увидит это, весь проект по налогообложению климата рухнет, как карточный домик. Вот почему средства массовой информации пропагандируют и подпитывают тезис о глобальном потеплении из-за CO_2, причем с успехом, как видно из примера движения «Пятница для будущего», а также из голосов, выигранных зелеными на выборах в ЕС и на последних государственных выборах.

То, что делается с борьбой против CO_2, - это борьба с растительным миром, который является одной из предпосылок существования человека. CO_2 - важный газ, без которого человеческая цивилизация не могла бы существовать. Потому что CO_2 является важным материалом для растительного мира, который используется для выработки энергии посредством фотосинтеза. И фотосинтез работает только при достаточном солнечном свете. Другие меры, которые используются для уменьшения глобального потепления, также включают уменьшение солнечной радиации путем введения аэрозолей в верхние области атмосферы, чтобы поглотить часть солнечного света или отразить его обратно в космос. Это, в свою очередь, приводит к снижению фотосинтеза.

Как возможно – несмотря на крайне минимальный антропогенный вклад в производство CO_2 – построить целую «религию климата»? Видео «Происхождение климатической лжи» дает ответ.[136] В нем автор заявляет, что *средства массовой информации, в основном читаемые, конечно же, и телевидение, выдумывали факты, которых там вообще не было. И все эти факты всплыли, когда вы подумали о нагнетании страха».* – В кратком описании книги Хартмута Бахмана «Ложь климатической катастрофы» вы можете прочитать: *«Согласно опросу, 70% всех немцев испытывают постоянную панику по поводу надвигающейся климатической катастрофы. Однако, если вы видите, что основные ценности этой предполагаемой катастрофы в значительной степени фальшивые, вы можете уменьшить свои страхи. ... Вся конструкция, которая должна поддержать климатическую катастрофу, представляет собой единую ложь, созданную высшими международными климатическими властями вплоть до правительств штатов. После расшифровки этих фактов автор исследует вопрос: CUI BONO? Кому это выгодно? При этом он сталкивается с преступными махинациями ... (и) как недобросовестные эксплуататоры и эгоистичные люди из бизнеса и политики, манипулирующие и пугающие людей, чтобы потом их эксплуатировать».*[137]

Климатический проект слишком велик, чтобы провалиться

На рисунке 9a показано увеличение средней температуры околоземной атмосферы и морей с начала индустриализации (Википедия). Согласно Википедии, это *«изменение климата из-за антропогенных (техногенных) воздействий».*

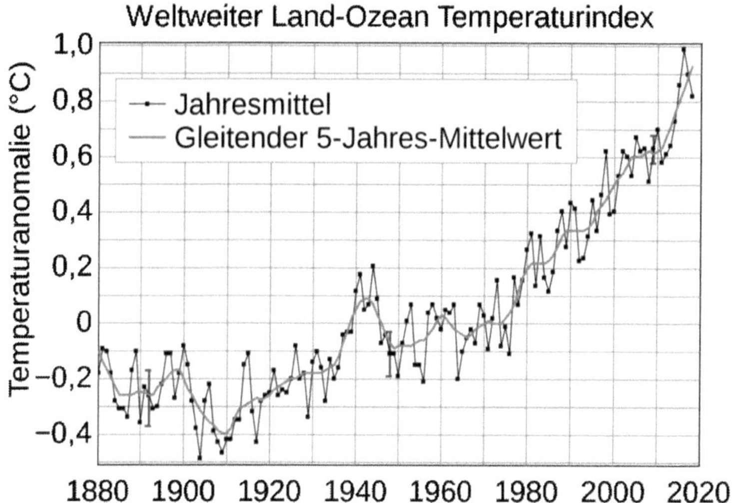

Рисунок 9a: Глобальное потепление или потепление Земли с начала индустриализации (скопировано из Википедии)

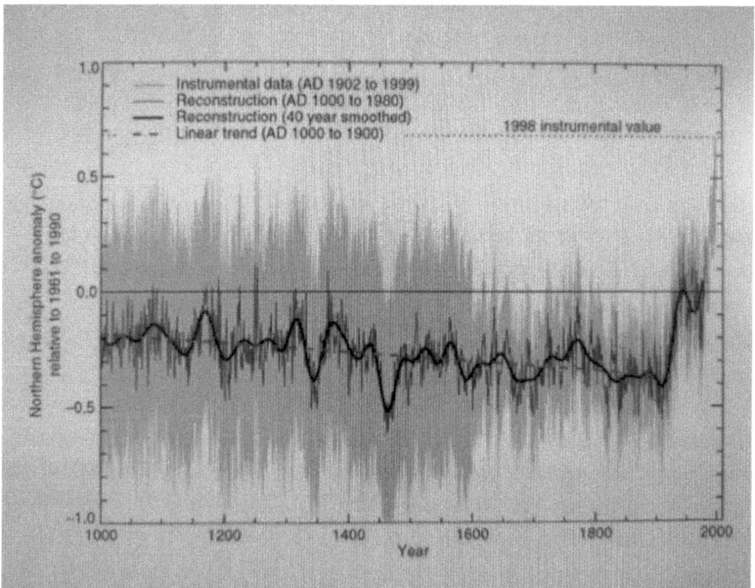

Рисунок 9b: Глобальное потепление или потепление Земли за последние 1000 лет (скопировано из Википедии)

На рис. 9а представлена часть так называемой «климатической кривой хоккейной клюшки», которая полностью показана на рис. 9б: средняя температура в северном полушарии с 1000 г., определенная на основе различных источников. Этот график является краеугольным камнем утверждения о том, что изменение климата "создано человеком". И они формируют основу для климатических моделей, с помощью которых ученые-климатологи оценивают развитие температуры к 2100 году, если мы не сократим выбросы CO_2. Он также служит основой для климатических докладов МГЭИК.

Диаграмма, рисунок 9а, принадлежит НАСА и была создана г-ном Джеймсом Хансеном (и соавторами) в 2010 году, а затем пересмотрена и дополнена г-ном Натаном Ленсеном (и соавторами) в 2019 году. «Кривая климата хоккейной клюшки», рисунок 9b, была опубликована в 1998 году неким г-ном Майклом Манном (и соавторами). Это показывает постепенное снижение температуры примерно с 1000 года, но с началом индустриализации примерно с 1890 года резкое увеличение до 1998 года.

Но эта «кривая климата хоккейной клюшки», очевидно, является кривой, изобретенной или управляемой г-ном Манном. Потому что этот мистер Манн был осужден канадским судом за ложь.[138,139] Это жесткий приговор. *«Майкл Манн упорно отказался предоставить свои исходные коды данных и компьютерные данные, чтобы была возможность проверить, как он смог провернуть свой знаменитый трюк.»*[140]

В прошлом было также несколько публикаций других авторов, в которых ставилась под сомнение достоверность данных, на которых основан график (рисунок 9b). В 2013 году SPIEGEL ONLINE проанализировал дилемму, с которой сталкиваются критики в отношении «климатической кривой хоккейной клюшки». Автор этой статьи приходит к выводу:[141] *«Под давлением промышленного лобби - очевидно, что «хоккейная команда», как называли себя мужчины и коллеги, была окружена мощным лобби промышленных ассоциаций. Как известно, лоббисты не уклоняются от преднамеренного неправильного толкования климатических данных, чтобы свести к минимуму опасность глобального потепления...»,* однако они этого не сделали.

Википедия приходит к такому выводу: *«Тем временем более новые климатические реконструкции последних 1000 лет дали картину, сопоставимую с диаграммой хоккейной клюшки. Эти текущие графики в значительной степени согласуются с исходной диаграммой хоккейной клюшки и находятся в допустимых пределах ошибки, описанного Mann et al.».* Википедия ссылается на эти два источника.[142,143] И на *www.klimafakten.de* вы получите аналогичный результат.[144] Это суждение не удивительно, потому что «новые климатические реконструкции» основаны на манипулируемых данных, как мы покажем в следующем разделе.

Что касается другого графика, рис. 9а, о его авторах можно сообщить следующее: хотя в Интернете нет никаких следов автора Натана Ленсена, есть записи с удивительными результатами Джеймса Хансена, «отца климатической кривой», который цитируется в отчете Washington Post за 1971 г.; еще тогда он предупреждал о ледниковом периоде: *«В следующие 50 лет мелкая пыль, которую люди непрерывно выбрасывают в атмосферу в результате сжигания ископаемого топлива, может ослабить солнечный свет до такой степени, что средняя температура может упасть до 6 градусов».* 10 лет спустя Джеймс Хансен объявлен директором Института Годдарда НАСА и превращает идущую вниз температурную кривую глобального похолодания в идущую вверх температурную кривую глобальнго потепления. (Рисунок 9). *Теперь это означает: «Нет угрозы ледникового периода, наоборот, происходит потепление и настолько сильное, что полярные шапки скоро растают».*[145]

Манипулирование данными измерений

«Манипулирование данными о температуре - величайший научный скандал»[146]

Как может случиться, что всего через несколько лет первоначально прогнозируемый ледниковый период превратится в грядущее глобальное потепление с объявлением климатической катастрофы? Очень просто: посредством манипулирования данными: *«...основные ценности этой предполагаемой катастрофы (по большей части) сфальсифицированы...»*, так утверждается в выше цитируемом источнике.[147] Следует проверить это утверждение. Давайте внимательнее посмотрим на некоторые данные. Такие фальсификации были специально исследованы в статье Института EIKE[148], где анализируется, как НАСА манипулировало записями данных о температуре, которые были измерены в различных местах на земле в течение более 100 лет.[149] Один из цитируемых источников показывает примеры фальсификации данных из шести разных мест по всему миру, где манипулировали измерениями температуры: Пунта-Аренас, Чили; Маркетт, штат Мичиган, США; Порт-Элизабет, Южная Африка; Дэвис, Антарктида; Хатидзодзима, Токио; Валентская обсерватория, Ирландия.

Эти новые наборы данных измерения температуры теперь демонстрируют тенденции потепления даже в тех местах, где когда-то была тенденция к похолоданию. *«Таким образом, НАСА использует свою волшебную палочку, чтобы превратить охлаждение в (ложное) потепление.»*[††††††] Три примера манипулирования данными показаны на рисунках 10-12. С этой целью НАСА изменило свои первоначальные так называемые «нескорректированные данные V3» и опубликовало их под новым названием «нескорректированные

[††††††] *"This is how NASA uses its magic wand of fudging to turn past cooling into (fake) warming."*

данные V4». Исходные данные («V3 не скорректированы») отображаются с течением времени на верхнем рисунке, а измененные данные («V4 не скорректированы») на нижнем рисунке. На рисунке 10 очень слабое падение температуры было сделано из явного нисходящего тренда средней температуры, на рисунке 11 явный восходящий тренд был сделан из небольшого нисходящего тренда. На рисунке 12[150,151] показаны соответствующие графики для места измерения в аэропорту Дарвина, Австралия, где данные «V3 не скорректированные» показывают четкую тенденцию к снижению средней температуры, а данные «V4 не скорректированные» показывают четкую тенденцию к росту. Другим примером манипулирования данными GISS / NASA является температурная кривая для выбранной измерительной станции "Цюрих Флунтерн" с 1900 года. Данные о температуре от GISS / NASA для временного отрезка с 1900 по 2018 год значительно выше, чем исходные данные измерений.[152] *«В результате в наборе данных GISTEMP, лежащего в основе многих климатических моделей, Швейцария получает слишком много тепла, и с возрастающей тенденцией, т.е. новые значения температуры Земли, которые НАСА сообщает для Цюрихского Флунтерна или Швейцарии, имеют тенденцию все больше отклоняться от тех, которые сообщает MeteoSwiss».*

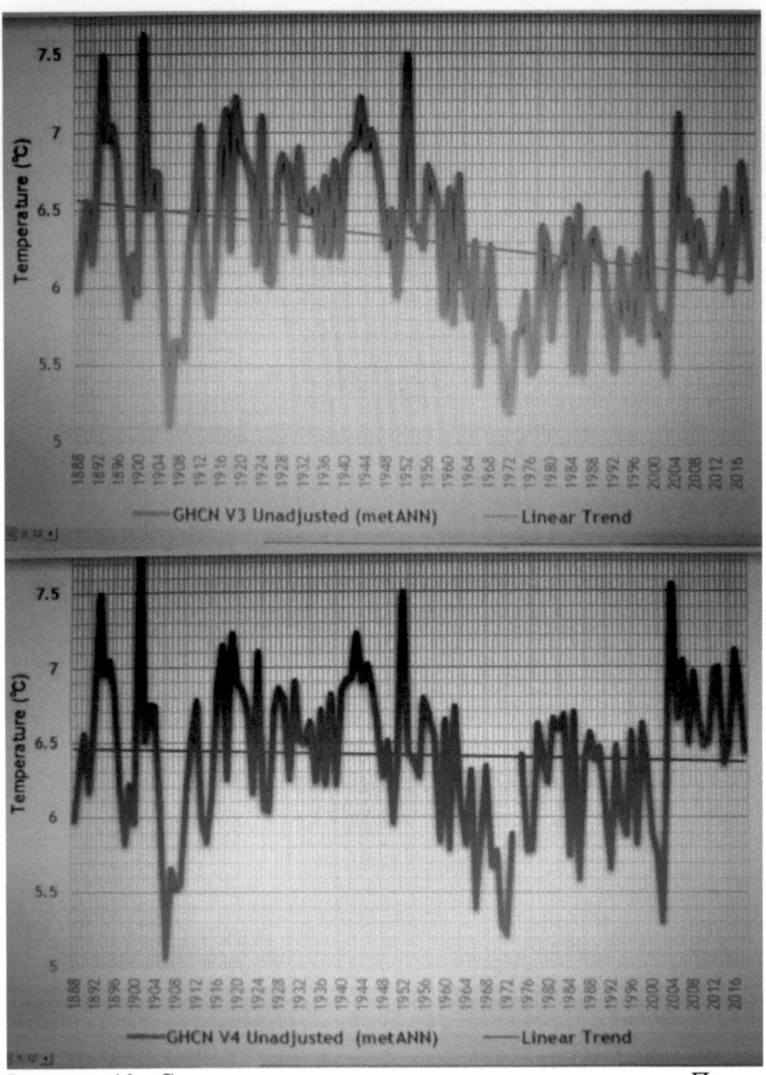

Рисунок 10. Средняя температура по шкале времени для Пунта-Аренас, Чили, с 1888 по 2018 год. Верхнее изображение: Исходные данные *(«V3 нескорректированные»)*; здесь все еще наблюдалась четкая тенденция к снижению средней температуры, которая, однако, почти исчезла в данных *«V4 нескорректированные»* (нижняя картинка).[153]

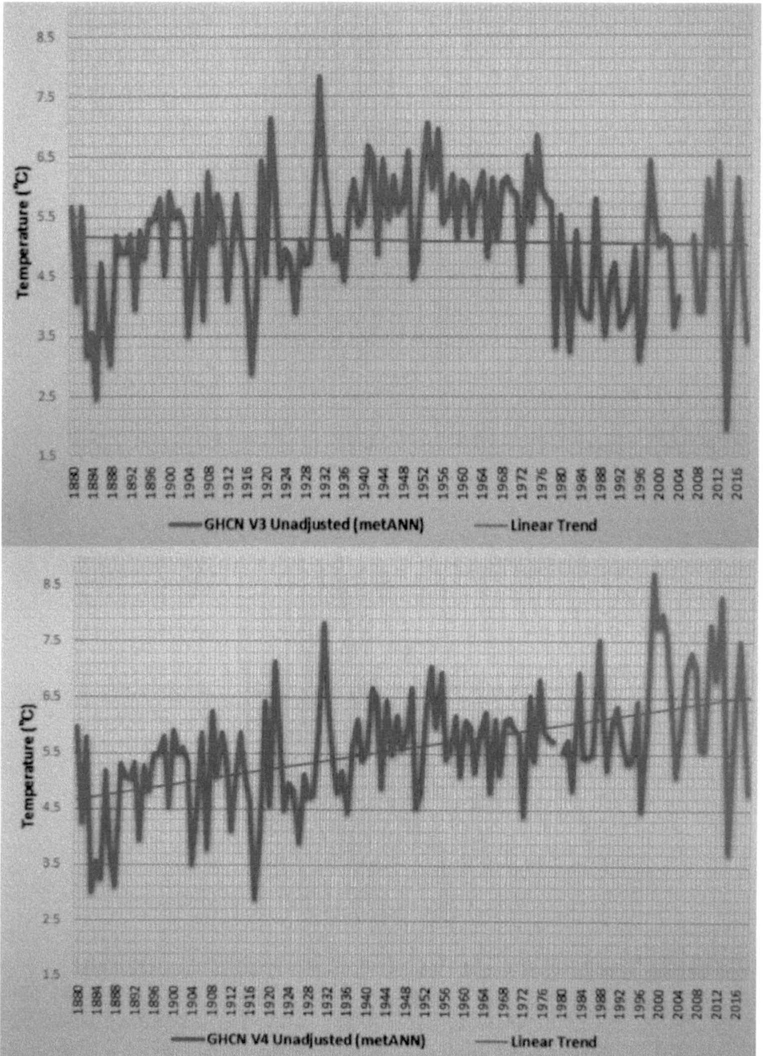

Рисунок 11. Средняя температура за период для Маркетта, штат Мичиган, США, с 1880 по 2018 год. Верхнее изображение: Исходные данные *(«V3 нескорректированные»)*; нижняя картинка: измененные данные измерений *(«V4 нескорректированные»)*. Здесь небольшое увеличение средней температуры превратилось в повышение температуры.[154]

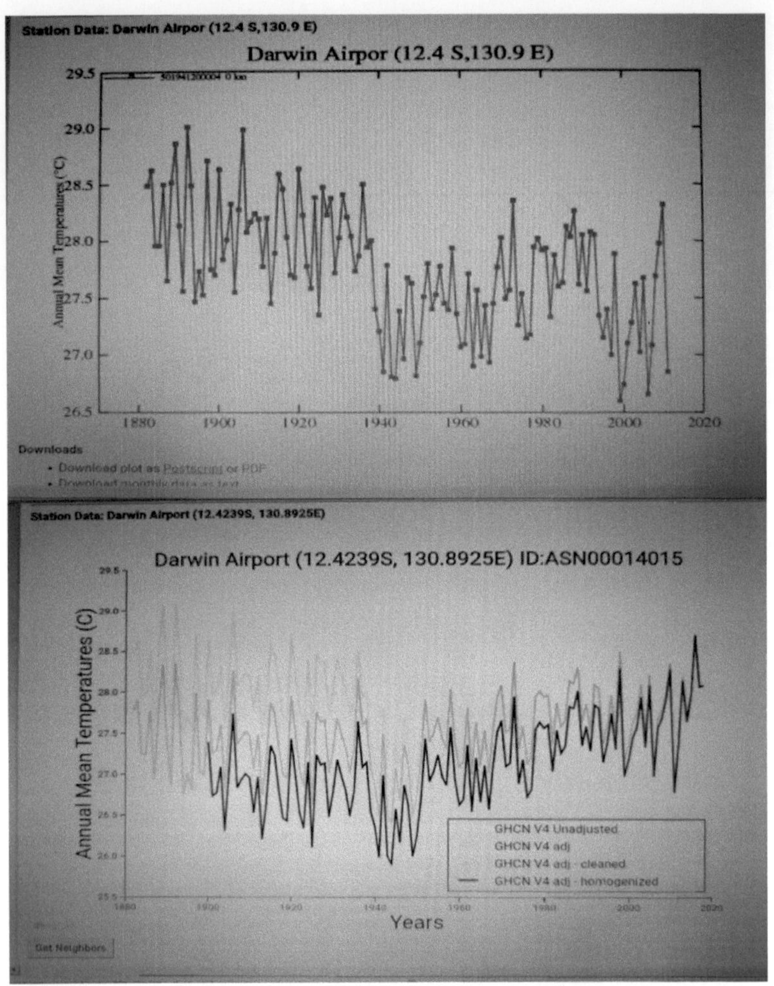

Рисунок 12. Средняя температура выше графика времени для аэропорта Дарвина с 1880 по 2011 год. Верхнее изображение: Исходные данные (*«V3 нескорректированные»*)[155] с четкой тенденцией к снижению; нижняя картинка: измененные данные измерений (*«V4 нескорректированные»*)[156] с четким восходящим трендом.

Другой тип манипуляции – это когда с течением времени данные измерения температуры из более теплых районов (городов, поселков) получают все больший и больший вес по сравнению с ненаселенными районами. Поскольку в городах и населенных пунктах, как правило, на 2–4 градуса теплее, поскольку здания больше нагреваются в течение дня и дольше сохраняют это тепло ночью, этот тип манипуляции имитирует повышение температуры с течением времени. И это именно то, что произошло с данными измерения температуры в Германии. Если мы соотнесем карты Германии с официально зарегистрированными станциями измерения температуры за 1989 и 2018 годы и сравним изменения в полученных значениях, то мы увидим, что за последние 30 лет многие измерительные станции исчезли из прохладных мест или были перемещены в более теплые зоны, в окрестностях населенных пунктов, где, естественно, теплее, чем в нетронутой природе.[157] Таким образом, манипулируется или искусственно создается повышение средней температуры в Германии во временной оси. *«Тем не менее, во многих регионах стало теплее, но только потому, что наши улицы и города выросли, и мы все бетонируем. Асфальт плавится летом ... Тепло идет от городов, а не от CO_2.»*[158]

Манипуляции находим также в изменении уровня моря во временной оси. На рисунке 13[159] показаны изменения уровня моря с 1880 по 2019 год (верхняя кривая), опубликованные НАСА, опубликованные один раз в 1982 году и один раз в 2019 году. Сравнение показывает, что только кривая, опубликованная в 1982 году (нижняя сплошная кривая) дает повышение уровня моря на 8 см, в то время как верхняя кривая, опубликованная в 2019 году, показывает повышение уровня моря на 14 см за тот же период, с 1880 по 1980 год. Обе кривые настроены на один и тот же начальный уровень моря в 1880 году.

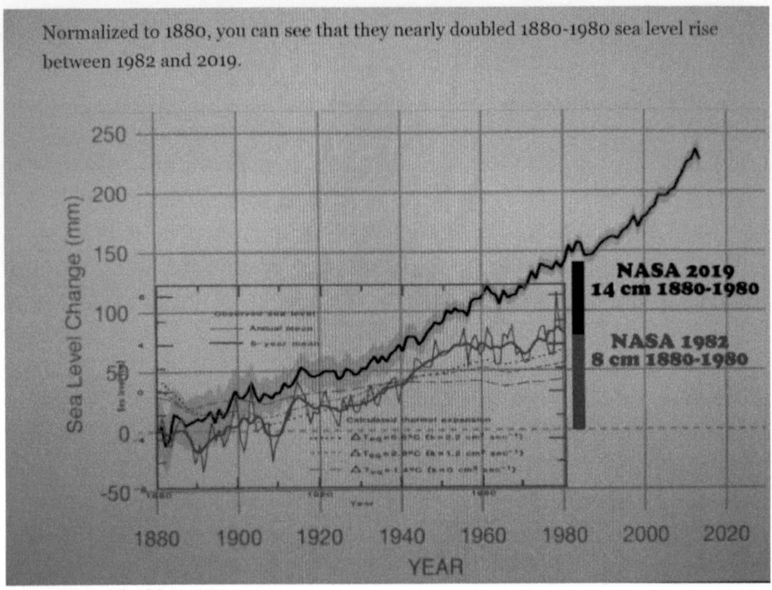

Рисунок 13. Уровень моря меняется со временем: нижняя сплошная кривая - согласно данным 1982 года, верхняя кривая – 2019 года, обе версии НАСА.[160] В результате данные о повышении уровня моря значительно различаются за период с 1880 по 1980 год: 8 см против 14 см.

Комментарий Криса Фрея, Институт EIKE:[161] *«Кажется, что в НАСА солнце, океаны, водяной пар и т. д. не играют никакой роли, когда дело доходит до глобальных температурных трендов. Фактором номер 1, стоящим за «потеплением» в НАСА, кажется даже не CO_2, а скорее фальсификация данных по Оруэллу. Если в НАСА данные не соответствуют (изобретенным) моделям, то вы просто меняете их, пока они не подойдут. Наконец-то высушите это болото НАСА!»*

«CUI BONO? Кому это выгодно?». По моему мнению, это ключевой вопрос, который нужно задать, чтобы поставить под сомнение утверждение о том, что изменение климата происходит из-за человека.

Конвенция ENMOD была создана в 1976/77 году из-за всемирного отказа от использования Monsanto Agent Orange и других технических вмешательств в окружающую среду во время войны во Вьетнаме в 1960-х годах. В то время росла обеспокоенность тем, что, учитывая быструю техническую разработку экологического оружия, его можно использовать в качестве оружия в конфликте. С тех пор использование окружающей среды в качестве военного оружия было запрещено.[162]

Следующие явления перечислены в соглашении об интерпретации, прилагаемом к конвенции («Понимание относительно Конвенции»), которые могут быть вызваны методами влияния на экологию: *«Землетрясения, цунами; нарушение экологического баланса региона, изменения погоды (включая формирование облаков, циклоны, торнадо), изменения климата, изменения океанских течений, изменения озонового слоя и изменения состояния ионосферы».*[‡‡‡‡‡‡‡]

Это понимание термина с 1976 года (!) действительно должно заставить нас задуматься.[163] Это означает, что реальной угрозой для человека признаны технические возможности для искусственного вызывания землетрясений, цунами, нарушений экологического баланса региона, изменения погоды (включая образование облаков, циклоны, торнадо), изменения климата.

Как можно обойти этот запрет на манипуляции с изменением климата? Легко. Создавая гипотетическую глобальную угрозу, вы должны принять меры, чтобы ее предотвратить. И эта угроза представлена термином «антропогенное изменение климата». И с этим надо что-то делать. Этот термин является «легитимацией» геоинженерии. Термин «изменение климата» используется для разжигания страха, чтобы заставить население согласиться на этот проект.

[‡‡‡‡‡‡‡] *„earthquakes, tsunamis; an upset in the ecological balance of a region; changes in weather patterns (clouds, precipitation, cyclones of various types and tornadic storms); changes in climate patterns; changes in ocean currents; changes in the state of the ozone layer; and changes in the state of the iono-sphere.“*

На основе вышеупомянутых фальсифицированных фактов политика создала своего рода «климатическую религию» в сочетании с торговлей индульгенциями, называемыми сертификатами CO_2, на основе которых создаются дополнительные государственные доходы. Мне нравится сравнивать эту торговлю снисходительностью с торговлей индульгенциями Иоганна Тецела в Средние века. *«Между прочим, климатическое братство рассматривает себя не как конкуренцию для Святого Престола, а скорее как уникальное дополнительное учреждение для поддержания модернизированной «′теологии взимания′ сборов»*, которая представлена еще более ужасающими историями, чем, например, Библия».*

Несмотря на эти проверенные манипуляции/подделки, климатический проект продолжает развиваться. Климат слишком велик, чтобы потерпеть неудачу.[§§§§§§§] И всегда найдутся специалисты, которые готовы «доказать», что критики «не правы».

Детский крестовый поход 2019 года

"Я хочу, чтобы вы паниковали" (Грета Тунберг)

«Потому что, если вы в панике, вы не можете думать. И это именно то состояние, которого хотят наши ведущие общественные силы, такие как «зеленые» и другие ».
(Герхард Вишневский[164])

Вовлечение наших детей в распространение ужасного видения надвигающейся климатической катастрофы, которое

[§§§§§§§] Климат слишком велик, чтобы потерпеть неудачу.

выражается в демонстрациях школьников «Пятница для будущего», демонстрирует «религиозно сходные» черты и напоминает нам параллели с Детским крестовым походом 1212 года (peregrinatio puerorum), где тысячи детей и подростков, в основном из Германии и Франции, отправились в невооруженный крестовый поход на Святую Землю под руководством мальчиков-провидцев, и таким образом поддержали крестовый поход для взрослых, первоначально организованный папой Урбаном II в 1095 году.******** Точно так же сегодня используются школьники, которых в школе учат намечающейся климатической катастрофе как факту и большинство из которых считают, что это правда. И детям также нравится принимать участие в детских демонстрациях «Пятница для будущего», тем более что их поддерживают некоторые политики, и это позволяет на законных основаниях пропустить школу. В центре внимания детских демонстраций «Пятница для будущего» находится уголь и остановка угольных электростанций в кратчайшие сроки. Так же, как и в Детском крестовом походе 1212 года, детей-провидцев продвигают и используют в качестве подставных лиц, таких как Грета Тунберг из Швеции и *её на шесть лет старше немецкая коллега, студентка-геолог Луиза-Мари Нойбауэр, которая отвечает за организацию пятничных демонстраций («Мы находятся в величайшем кризисе человечества!»). Однако, она была «поймана на том, что, несмотря на свой юный возраст, она побывала почти на всех континентах, в числе целей ее путешествий были Канада, Китай/Гонконг, Намибия, половина Европы и Марокко»,*[165] что должно только ускорить «климатическую катастрофу» из-за частых авиаперелетов, если верить представителям климатической религии.

******** *"Возможно, идея детского крестового похода основана на лингвистическом недоразумении". Латинское слово "puer" можно перевести не только как "ребенок" или "мальчик", но и как "слуга". Он использовался для описания, в частности, самых маленьких детей из крестьянских семей, которые часто находили в большинстве случаев работу в качестве пастухов или поденных рабочих, образуя тем самым бедный сельский низший класс". (Википедия)*

Пункт 6) в списке целей (см. Раздел «Изменение климата - новая мировая религия»), которые преследует элита при изобретении «антропогенного изменения климата», является наиболее значимым и в то же время самым опасным. *«Теперь детей не только отправляют на улицы, но и подстрекают к протесту против родителей; теперь они настроены против старшего поколения: 'Вы виноваты, вы ничего не сделали, вы плохие'. Это очень, очень опасная тенденция: молодое поколение теперь настроено против старшего, и этот старый мир, разрушенный ими, или все, что исходит от старших, является плохим. Тогда мы оказываемся в очень опасной ситуации по вопросу взаимодействия поколений, пенсионного вопроса позже и т. д. и т. д., если уже сейчас молодежь настроена против старших. Если же мы будем очень, очень осторожны и очень, очень внимательны в отношении того, что произойдет в этом плане в ближайшие несколько месяцев, в течение следующих двух или трех лет, то мы не допустим этого; было достаточно плохо, что они левых противопоставили правым, что они разделили нас в обществе по горизонтали. Если им сейчас удастся расколоть и подстрекать детей против родителей, это будет очень и очень опасно...»*[166]

Маоистский проект

«Толпа превращается в слушающих леммингов»[167]

Демонстрации «Пятница для будущего» имеют много общего с началом культурной революции во время коммунистического правления в Китае (Cultural Revolution, 1966-78). *«Во время культурной революции Мао миллионы молодых людей были настроены против взрослых. Они преследовали учителей, ученых и партийных чиновников. Для этого им разрешили держаться подальше от школы. В конце концов, были миллионы погибших*[168,169,170,171]*.»* В некоторых случаях вспоминают о Камбоджи в конце 1970-х годов, когда «красные кхмеры» установили свой террористический режим в 1975-1979 годах: *«Деньги были отменены, книги были сожжены, учителя, торговцы и почти вся интеллектуальная элита страны были убиты..."*(Википедия).

Аналогия между сегодняшним движением «Пятница для будущего» и культурной революцией Мао очевидна; при поддержке правительства и школы по пятницам школьные уроки по-прежнему заменяются протестами школьников по всей стране и даже по всему миру, во главе со стилизованной иконой Гретой Тунберг. Опасность подстрекательства молодежи к выступлениям против старших людей заключается в том, что этот процесс является постепенным и что молодым людям дается объединяющая идея, в данном случае «климат»; таким образом разрушаются социальные связи между поколениями молодежи и их родителей, и этот процесс может в конечном итоге развиться в том же направлении, что и в Китае или Камбодже. Постоянно растущие успехи, достигнутые зелеными на государственных выборах 2018 года в Баварии (17,6%) и Гессене (18,8%) и выборах в Европейский парламент(20,5%), показали, что эта агитация в связи с изменением климата падает на плодородную почву (26 мая 2019 года).

И уже в школах и детских садах с самого раннего возраста детям внушается и прививается эта доктрина «молодые против стариков». Самым последним примером является песня по национальному телевидению с коротким названием «Моя бабушка – старая свиноматка!»[172] В последние несколько секунд после пения пятистрофного куплета маленькие певцы угрожают камере заученной поговоркой на английском языке: *«We will not let you get away with this!»*[††††††††]
Во время культурной революции Мао ввел абсолютно безумные меры в Китае, *«где фактически все китайские образовательные слои были очищены, то есть, по крайней*

[††††††††] *«Мы не позволим, вам это не сойдет с рук!»*

мере, выброшены с должности, если не убиты». И здесь происходит то же самое. Уже можно заметить конфликт с озлобленностью против белых стариков. Это не является ничем иным; да, белые старики являются носителями культуры и просветителями в этой стране, и хотелось бы убрать их с дороги. И интонации высказываний, подобных Грете, АНТИФА или некоторых зеленых, явно маоистские, действия тоже маоистские, вся эта концепция является маоистской. Итак, в двух словах, у нас впереди та же операция, тот же порядок действий, тот же план, что и в культурной революции в Китае. И соответственно к такому же это все приведет».[173] Джерард Вишневски цитирует просьбу Резо из его легендарного видео на YouTube: «*Речь идет не о разных политических взглядах; есть только одна законная установка!*» и отвечает: «*И если мы прибудем в государство, в котором есть только одна законная установка, то мы находимся в величайшей опасности».*[174]

Следует отметить, что и здесь общественные средства массовой информации с их сценариями вызванного ужаса являются первопроходцами в воспитании среди населения понимания того, что изменение климата является антропогенным, а его выбросы CO_2 вносят основной вклад в глобальную катастрофу, рисунок 8 иллюстрирует такой сценарий ужаса. Такое название картинки определенно можно рассматривать как начало климатической истерии. Таким образом, государственные средства массовой информации оказывают разрушительное воздействие на страхи населения, что в конечном итоге перевешивает логический разум. Привет от Оруэлла. Почему государственные СМИ снова на переднем крае? Все очень просто: с помощью отчетов о бедствиях вы можете увеличить продажи и увеличить тираж. Никаких дополнительных инвестиций не требуется для такого увеличения продаж.[175] Но это только поверхностная причина. Потому что общественные СМИ действуют для и от имени элиты.[176]

4. Геоинженерия

Искусственное влияние на погоду

«Единственное, что мешает многим думать о том, что погодой манипулируют преднамеренно, является незнание того, возможно ли это вообще. Большинство людей думают, что это невозможно».[177]

Оно действительно существует – искусственное влияние на погоду: манипулирование погодой через «геоинженерию». В статье автор пишет:[178] *«Соединенные Штаты и, возможно, другие страны теперь могут использовать геотехнические меры (электромагнитные волны / HAARP, хемтреллы), чтобы значительно влиять на погоду».* Это открытие, что сегодня возможно искусственно влиять на нашу погоду и то, что это может быть использовано в качестве оружия войны, уже было признано в 1970-х годах, что привело к заключению договора ООН «КОНВЕНЦИЯ О ЗАПРЕЩЕНИИ ВОЕННОГО ИЛИ ЛЮБОГО ДРУГОГО ИСПОЛЬЗОВАНИЯ ТЕХНИЧЕСКОЙ ЭКОЛОГИЧЕСКОЙ МОДИФИКАЦИИ» (ООН 1976 г. Договор о метеорологическом оружии), или кратко Конвенция ENMOD.[179]

Давно известно, что можно искусственно генерировать дождь путем распыления йодида серебра с самолетов. Но что менее известно, так это техническая возможность создания засухи путем регулирования конденсации водяных паров в атмосфере, т.е. предотвращать образование облаков, например, в результате действий HAARP.[180,181] (см. раздел «HAARP – слайсер в небе»). На рис. 14 показаны два радиолокационных изображения Германии 2.8.2018: одно до 13:30 (правое изображение), а другое после 13:30 (левое изображение).[‡‡‡‡‡‡‡‡] Эта круговая зона над северо-западом Германии является результатом деятельности HAARP. Таким образом, влажный воздух из Атлантики держится подальше от Германии, и проблема с CO_2 может быть подана нам лучше! Искусственная засуха! В видео[182] на YouTube это описывается следующим образом: *«Вы излучаете энергию в области, где обычно идет дождь, и, таким образом, выталкиваете образующиеся облака вверх и наружу, где они при равномерном нагреве энергией не могут сформироваться должным образом и, главное, больше не несут дождь. Тогда на радаре дождя могут быть распознаны только эти круговые узоры облаков... И, конечно, это заставляет нас задуматься над тем, как в мире можно оправдать столь разнообразные волны жары и засухи? Можно также спросить, действительно ли это так, что погодные структуры в мире справедливо распределены? И если вы можете вызвать засуху, вы, конечно же, можете вызвать и перемещение беженцев».*

Летом 2018 года в Германии была сильная жара, которая привела к серьезным проблемам в сельском хозяйстве. И эта волна жары, вероятно, зародилась в деятельности HAARP, поскольку это было зафиксировано в радиолокационных записях над северо-западной Германией с мая 2018 года. Но какой смысл генерировать длительную волну жары над богатой Германией. Ведь не может же идти речь о формировании потоков беженцев из Германии! Это может быть не чем иным, как демонстрацией, чтобы сказать нам: видите, потепление климата реально. Не верьте «теоретикам заговора», которые отрицают искусственное глобальное потепление.

[‡‡‡‡‡‡‡‡] В Интернете есть много других подобных радарных изображений.

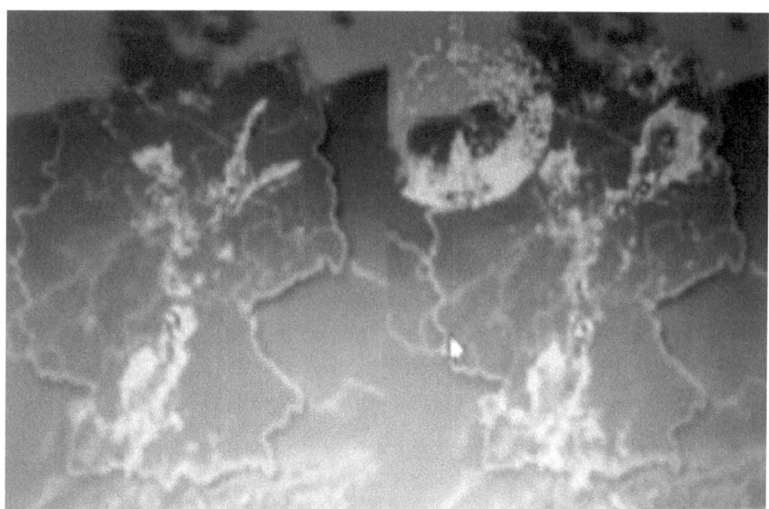

Рисунок 14. Радарные снимки Германии 2.8.2018 г., одно изображение до 13:30 (правое изображение), другое изображение после 1:30 (левое изображение).[183]

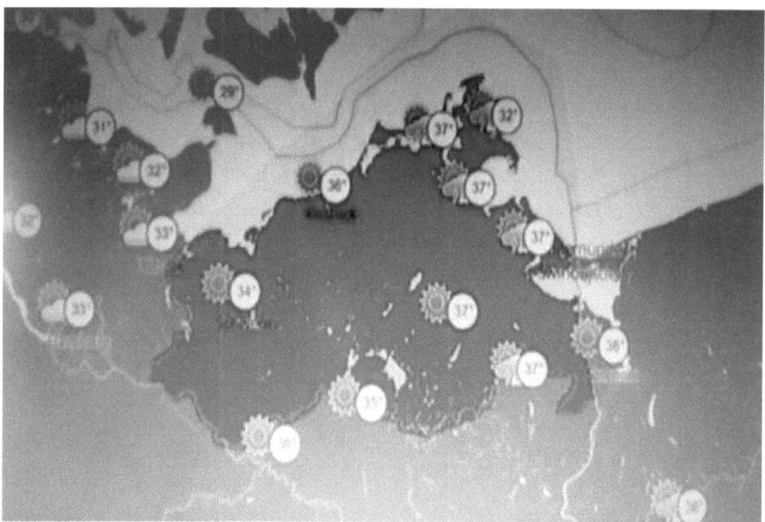

Рисунок 15: Экстремальная жара над Мекленбург-Передняя Померания 8 мая 2018 года.[184]

На рисунке 15 показано, как чрезвычайно высокие температуры преобладали в небольшой области над Мекленбург-Передней Померанией,[185] тогда как температуры в соседних областях были значительно ниже. Этот температурный контраст мог быть создан искусственно в результате деятельности HAARP в центре этого обогреваемого района: рядом с Ростоком находится один из крупнейших в мире объектов HAARP.

И еще один аспект: с этой волной тепла очень легко оправдать использование геоинженерии, заявив: да, нам нужна геоинженерия, чтобы иметь возможность противостоять разрушительным изменениям климата.

Слушание в «Сенатском подкомитете по терроризму», «Война погоды + НМП 15 июня 1995 года»:[186] Роберт Флетчер, MILITIA OF MONTANA: *«Существуют методы контроля погоды. У нас есть полное досье с доказательствами ... Мы знаем все патенты на эту технику. А затем у нас есть заявления сенатора Клэйборна Пелла и сообщения о том, что это не только существует, но и использовалось во время войны во Вьетнаме ... »*
Председатель: *«Вы действительно говорите, что правительство создало метеорологическое оружие, чтобы – цитата – «Новый мировой порядок» уморил голодом миллионы людей во всем мире? Чтобы усмирить остальных ... »*
Роберт Флетчер: *«Да, сэр, верно. У нас есть подтверждающие документы. Вы действительно думаете, что 85 ураганов в центре нашей житницы – это нормально? Нет, к сожалению, нет. Это оборудование существует и используется на международном уровне. Даже если это звучит странно, мы можем доказать все. Как бы странно это ни было, существуют погодные войны. Я цитирую сенатора Клэйборна Пелла: это величайшее оружие, которое когда-либо видел мир».*
Так было в 1995 году. Развитие в этой области, безусловно, продвинулось.

«Концепция применения» для **управления погодой** выглядит следующим образом: *«Часть системы управления погодой - это выбор методов, которые используются для изменения погоды. За некоторыми исключениями, необходимо поставлять энергию или химикаты для метеорологического процесса правильным образом, в нужном месте и в нужное время».* (Отрывок из: *«Weather as force multiplier: Owning the weather in 2025, Military applications of weather modification», http://www.chemtrails-info.de)*[187]
По поводу генерации ураганов и влияния на их направление и силу, смотрите также видео на YouTube[188].

Хемтреллы (Chemtrails) – *"Химический суп"* в небе

Данная глава охватывает период до конца 2019 года.
В 2020 году я не наблюдал никаких Chemtrails. Это может быть потому, что Трамп урезал финансирование проекта геоинженерии.

"Вы могли заметить наше искусственное небо,
вызванное самолетами вроде этого,
которые создают устойчивые пути,
которые распространяются и блокируют солнечные лучи,
что ведет к снижению урожайности,
и дефициту витамина D",[189]
а также приводит к различным заболеваниям, таким как болезнь Альцгеймера, респираторные заболевания, психические заболевания и многие другие.

На тему хемтреллов мы сталкиваемся с огромной кампанией дезинформации и манипуляции, уникальной по совершенству и «успеху». Несмотря на множество явных доказательств (см.

82

ниже), общественным СМИ[§§§§§§§§] удается дезинформировать население. Они особенно активны и изобретательны, когда дело доходит до хемтреллов. Причина в том, что признание того, что тонны токсичных материалов действительно распыляются на наши головы, подорвало бы официальную борьбу с загрязнением, и что еще хуже, правительства могут быть привлечены к ответственности за преднамеренное загрязнение окружающей среды. Вот почему тема хемтреллов является государственной тайной, которая ни при каких обстоятельствах не должна подтвердиться.[190] *«... это государственная тайна; никто не должен знать, потому что это незаконно. Это абсолютно незаконно, во многих отношениях нарушает уголовное право ... Налицо все предпосылки экологических преступлений. Это загрязнение воздуха, если вы загрязняете воздух наночастицами без разрешения, и это все, как я уже сказал, без административного разрешения. И если в нарушение административных норм вы вводите в воздух вещества, способные нанести вред жизни, здоровью, телу и т. д., или вещам, представляющим значительную ценность, то это загрязнение воздуха. Конечно, у нас также есть загрязнение почвы, потому что наночастицы также оседают в почве. У нас есть загрязнение воды, потому что вода загрязнена в долгосрочной перспективе, т.е. мы выполнили все три экологические правонарушения, и затем мы все еще имеем дело с ним в значительной степени, своего рода особенно сложным, потому что это происходит практически повсеместно».*

Многочисленные дискуссии с друзьями и коллегами по вопросу: «Есть ли вообще какие-нибудь хемтреллы?» показали мне, что большинство из них не только никогда не слышали о хемтреллах, но и недоверчиво прислушиваются к моим аргументам, которые должны подтвердить их

---

§§§§§§§§ ... Основные порталы и контролеры фактов, такие как CORRECTIV, MIMIKAMA, ..., которые утверждают, что обнаруживают и опровергают дезинформацию, фальшивые новости и теории заговора.

существование, или они постоянно громко прерывают эти аргументы и не позволяют их вообще выдвигать. Они требуют доказательств, но в то же время мешают мне предоставить их, постоянно перебивая меня. Это показало мне, что люди не могут представить даже отдаленно и не хотят верить, что могут быть такие люди и учреждения, которые намеренно уничтожают наши средства к существованию и хотят отравить нас. И поскольку в этой теме существует большая «культура отрицания», этот раздел о хемтраллах написан немного более подробно.

«Так называемые ´Chemtrails´ – это глобальные, гражданские и военные эксперименты по изменению погоды с нашей атмосферой, т.е. попросту говоря – тонны токсичных веществ, которые намеренно применялись в нижних слоях атмосферы с 2003 года. Это крупнейший глобальный эксперимент с погодой, который когда-либо проводился. Климатическая инженерия, также называемая геоинженерией, – это искусственное глобальное изменение климата, преднамеренное изменение ежедневной погоды, преднамеренное разрушение и изменение погодных условий и создание искусственного климата. Каждый год миллионы тонн высокотоксичных аэрозолей преднамеренно распыляются военными и коммерческими воздушными перевозками в нашей атмосфере. Это ядовитая смесь оксидов токсичных металлов, серы, в том числе серной кислоты, наночастиц, являющихся высокотоксичными для людей и животных, искусственных волокон/полимеров в сочетании с электромагнитными импульсными волнами, которым мы и наша природа подвергаемся каждый день. Это не только делает вас больным, но в конечном итоге разрушает всю биосферу Земли. Это загрязняет почву, воду и наш воздух для дыхания. Некоторые из них разрушают наш жизненно важный озоновый слой».[191]

Верно? Может ли такое быть? Они хотят уничтожить нас?

Относительно «культуры отрицания», упомянутой выше, следует отметить, что есть много видео на YouTube, а также статей о хемтреллах, распространяемых в общественных средствах массовой информации, в которых утверждение о том, что химические вещества, распыляемые с самолетов, являются мишенью в контексте геоинженерных программ, называется теорией заговора.[192,193,194,195,196,197,198] В сети также существуют целевые «сайты дезинформации»,[199] которые распространяют ложные сообщения, в том числе на тему «Chemtrails», которые описывают это как теорию заговора без реального содержания, чтобы предотвратить информирование населения. В Википедии вы можете прочитать, что Chemtrails – это совершенно нормальные следы, состоящие из продуктов сгорания CO_2 и воды, которые возникают из-за очень низких температур, преобладающих на больших высотах. Платформа MIMIKAMA, которая утверждает, что исходит из независимых наблюдений и разоблачает подделки и ложные заявления, также отрицает существование хемтреллов. Например, она показывает [200], как в самолетах устанавливались цистерны, которые «верующие в хемтреллы» интерпретировали как транспортные контейнеры для распыляемых токсинов, но которые в действительности служат для поглощения воды. В конце статьи MIMIKAMA приходит к выводу: *«Теория заговора по хемтреллам существует уже более 20 лет. – И по сей день нет достоверных доказательств этого ».*

Даже в марте 2017 года на TAG24.de появилась статья, которая гласила: *«Как только на небе появляются странные полосы, половина мира кричит: «Осторожно, следы химии!» На самом деле, это обычные следы, которые создаются самолетами. Но теоретики заговора утверждают, что эти полоски представляют собой ядовитые химические вещества, которые распыляются от имени секретных служб для контроля или уничтожения человечества ... Теперь для заговорщиков это становится еще удобнее: научная «Всемирная ассоциация метеорологов» (ВМО) официально внесла в облачный атлас полосы как «формы облака» ... Предполагаемые Chemtrails теперь официально являются типом облаков. Это называется «Homomutatus» (лат. «Рукотворный»).* «На рисунках 16-18 показаны некоторые из этих «форм облаков», называемых «Мамматус».

Рисунок 16: Новые типы облаков: «Мамматовые облака».[201]

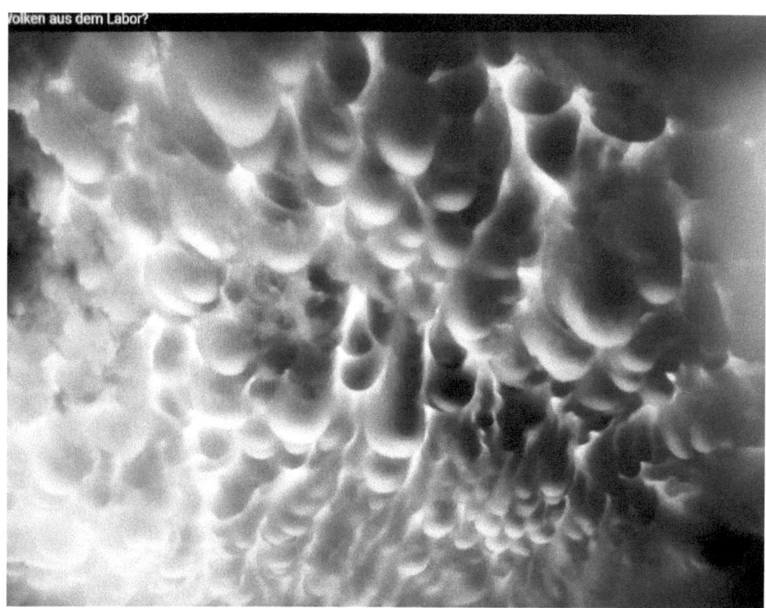

Рисунок 17: Новые типы облаков: «Мамматовые облака».[202]

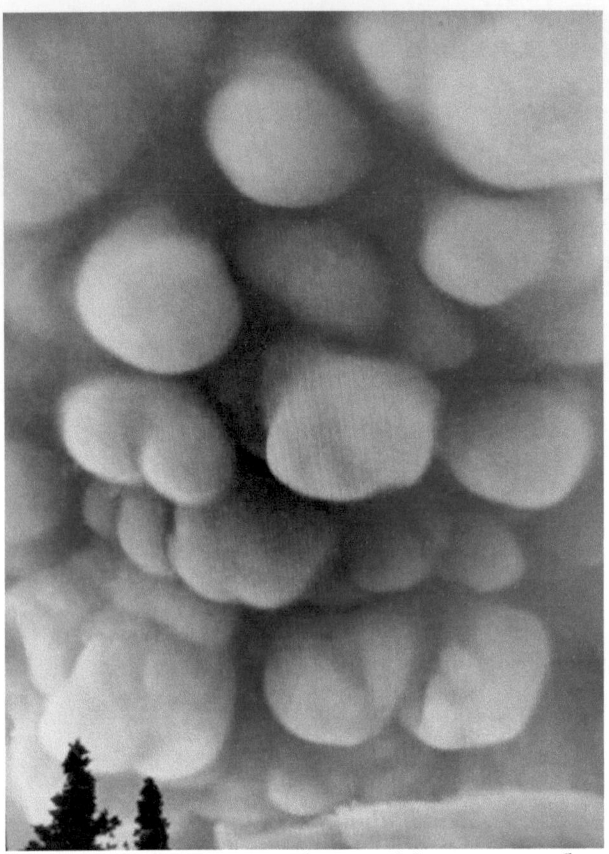

Рисунок 18: Новые типы облаков: «Мамматовые облака»[203].*********

********* Внешний вид этих облаков может быть создан искусственно с помощью специального порошка, который распыляется самолетами и обладает свойством связывать воду, которая могла бы выпасть в виде осадков (дождя). *«Порошок чрезвычайно впитывающий; он может поглощать в 2000 раз больше своего веса в воде и связываться как нетоксичный гель. Когда жидкость затвердевает, ее температура поднимается с 10 до 15 градусов. Оба фактора вместе приводят к тому, что энергия извлекается из шторма»* (https://www.youtube.com/watch?v=HitwJhUJrT4 *«Мамматовые облака из лаборатории?»*, опубликовано 4 января 2018 года). С этим гелем вы можете предотвращать массивные метеорологические фронты, что является положительным фактором. Вы также можете предотвратить осадки и, в худшем случае, вызвать засухи. В Википедии вы можете найти больше фотографий этого типа облака под термином "Мамматус".

Видные деятели телевидения также присоединились к «кампании отрицания» против защитников хемтреллов[204,205], в их числе также выдающийся метеоролог Качельман, который в видео-демонстрации заявляет,[206] что *«хемтреллов нет – теоретики заговора не в своем уме».* В другом видео он выразил резкую критику, сказав:[207] *«Когда вы работаете на телевидении, вам нельзя говорить 'хемтрелл'.»* На этом фоне ясно, что большинство населения также считает, что хемтрелл – это изобретение так называемых теоретиков заговора. *«Как только 'знающие люди' публично высказываются о реальных фактах, эти люди подвергаются жесткой дискредитации или яростной угрозе и шантажу».*[208]

Эта кампания отрицания началась в Соединенных Штатах.[††††††††,209] *«Весной 1999 года был создан веб-сайт www.carnicot.cot, чтобы привлечь внимание к необычным событиям..., связанным с активностью самолетов над юго-западным небом пустыни США. ... Через несколько дней стало очевидно, что этот сайт сразу привлек внимание множества правительственных и военных ведомств высокого уровня, компаний по производству вооружений, исследовательских организаций, химических и фармацевтических компаний и организаций здравоохранения. Этот интерес был задокументирован в течение нескольких месяцев для той же страницы. За это время наблюдалась четкая схема мониторинга окружающих исследований. Там было очевидное противоречие в течение следующих нескольких лет. С одной стороны, в настоящее время зафиксирован высокий уровень мониторинга документации, методов отбора проб, исследований, анализа и обнаружения, с другой – кампания постоянной девальвации важности этого вопроса. А отказ от проведения расследований был проведен теми же посетителями с этого сайта ... Пентагон, несколько баз ВВС, Сенат США, производители самолетов,*

[††††††††] В Соединенных Штатах распыление началось намного раньше, чем в Германии. Опрыскивание в Германии происходит только с 2003 года.

фармацевтические компании, агентства национальной безопасности, спецслужбы и аварийные службы, оружейные компании и компании оборонной системы, исследовательские организации и ВМФ.»[210]

Так что, все это просто теория заговора без правды? Это далеко не так. В видео[211] пилоты, врачи и ученые рассказывают о хемтреллах. На публичных слушаниях в округе Шаста, штат Калифорния, эти специалисты выступили против кампании отказа, заявив, что Chemtrails реальны и являются частью военного проекта, финансируемого через черные кассы. И они указали на возможные последствия для окружающей среды, здоровья и природы.

В настоящее время официально подтверждено, что хемтреллы реальны, т.е. **теория** заговора на Chemtrails, которая давно официально осуждается, противоречит реальной **практике** заговора: *«Исключительная информация от Федерального министерства образования и исследований показывает, что использование мер по изменению погоды для якобы защиты климата, которые практикуются незаконно и распространяются в течение многих лет, оставило область теории заговора и теперь подняло ее для легитимации до уровня научной и политической дискуссии».*[212] Если вы войдете на страницу, представленную в этом видео в Google,[213] единственная запись, которую вы найдете: *«Кот в мешке – геоинженерия токсична ... Отсутствует: ~~Infografik_climate_engineering~~»*
Что эта запись говорит нам? Федеральное министерство образования и научных исследований (BMBF), по-видимому, отозвало соответствующий документ. Возможной причиной этого может быть взрывчатость этого утверждения *«в конце концов, существуют Chemtrails»*, так что тогда все «эксперты», которые ранее заявляли, что феномена *хемтреллов* не существует, теперь были бы объявлены лжецами или, что еще хужс, как (куплешные?) пропагандисты интересов групп, стоящих за кампаниями распыления. Кроме того, существует, конечно, риск судебных исков за

загрязнение, которые, вероятно, будут иметь больше шансов на успех, если будет официально признано существование хемтреллов.

Тем не менее, есть также материалы общественного телевидения (официальный канал, который, конечно, даже предположительно не мочет продвигать публикацию chemtrails), где было подтверждено существование хемтреллов. Телеведущий в видеоролике[214] 2016 года начинает со следующих слов: *«Хотели бы вы есть пластик прямо сейчас, может быть, за завтраком сегодня утром? Наши коллеги NDR из редакции «Маркт» тем не менее, разыскали эти пластиковые частицы. Они содержатся в мёде, молоке и питьевой воде, по-видимому, в других продуктах. Это едва ли можно увидеть невооруженным глазом. Вероятно, попадает в пищу через воздух или воду. – Мы исследовали дождевую воду. Большое количество материала находится в дождевой воде. ... **Химический суп из** Chemtrails содержит алюминиевый порошок и соли бария, которые должны отражать часть солнечного света обратно в космос. В наших широтах практически все люди уже имеют удивительно высокий уровень отравления алюминием и барием. Без **Chemtrails** причину, по которой крайне редкий барий проникает в наши тела, еще сложнее объяснить»* (жирный шрифт автора). И модератор погоды Гюнтер Тирш сказал в новостях о погоде 14 января 2009 года (указывая на какие-то белые полосы длиной около 500 км и шириной около 10 км на карте погоды для Германии): *«И тогда у нас есть кое-что здесь, что мы не можем идентифицировать как снег или дождь. Здесь, на западе, эти змеиные линии, которые, вероятно, производили несколько самолетов, военные самолеты, днем на высоте 5-6 км над уровнем моря, не имеют ничего общего с погодой....».* [215] Со ссылкой на этот материал, который поставляется военными самолетами, в другом видео говорится: *«Из огромных призрачных облаков с голландского побережья тонны вещества должны снова и снова оседать над Федеративной Республикой».*[216] Комментарий метеоролога Карстен Брандт: *«Они создали *экологические зоны и тому подобное, и, по-видимому, эта экологическая зона на высоте 4... 5 км над Северным морем, но не над Германией; не имеет значения, что применяется. Я считаю это невероятным ... Приблизительно каждые 20-30 дней, по самым скромным подсчетам, существуют такие погодные условия, в которых эти частицы также появляются из Северного моря, ... поэтому каждые 20-30 дней такая ситуация с большим потоком частиц».*[217]

Это было уже в 2008 году. И вставлено в видео: «Сегодня мы испытываем это по всем направлениям несколько раз в неделю». Даже если эти военные облака не исходят из бундесвера - тот факт, что никто не чувствует себя ответственным за вещества, которые регулярно опадают над Германией и которые фактически запрещены, просто считается абсурдным.[218] *«΄Абсурд΄ – все еще хороший парафраз; здесь население обмануто».*

И комментарий доктора экологических наук Клингхардт:[219]
«Ого, спасти климат от загрязнения – сначала нужно придумать эту идею. Однако для активистов хемтреллов это не идея, а уже реальность».

В статье, которая транслировалась государственными каналами ARD и ZDF и записана в другом видео[220], существование химических трасс четко подтверждено, а их цели и назначение объяснены. На этом видео то, что говорит спикер Иоахим Бублат, сильно заглушается, поэтому его объяснениям очень трудно следовать.

На веб-сайте Legitim.ch вы можете прочитать: *«В то время как основные средства массовой информации и наши представители все еще отрицают тему хемтреллов и геоинженерии, Космическое агентство США (НАСА) давно признало, что литий, барий и другие химические вещества распыляются в атмосферу с «научными» целями. ... Важной частью исследовательской работы является следующий телефонный звонок, в котором Дуглас Роулэнд (сотрудник НАСА) признает, что космическое агентство распыляет литий и другие химические вещества в атмосферу с 1970 года. Конечно, Роуланд также заверяет нас, что эти действия безвредны как для природы, так и для людей».*[221] Литий ни в коем случае не безвреден: *«Литий ... используется в психиатрии при маниакальных и биполярных расстройствах как психотропный препарат и имеет многочисленные побочные эффекты, такие как нарушения сна, головная боль и суицидальные мысли».*[222]

Chemtrails были намного раньше, чем в 2003 году. В 1978 году токсичный барий уже был распылен в атмосферу не самолетом, а ракетой. «DIE WELT»[223] сообщал: *«В понедельник ночью высоко в атмосфере американскими исследовательскими ракетами были распылены более чем тысячи километров голубых и белых бариевых облаков».*
«НМП тестирует, таким образом, распространение мелкодисперсных аэрозольных частиц в атмосфере. ... Они используют наноразмерный слой оксида алюминия, который ведет себя как мелкий дым или облака, и другие вещества, которые особенно хорошо видны метеорологическим радиолокаторам спутников. Все политики и даже те, кто участвует в программе, считают, что они используют ее для проведения секретных испытаний, **чтобы в чрезвычайной ситуации, когда глобальный климат выходит из-под контроля, атмосфера ʹзатемняласьʹ,** *чтобы ограничить солнечное излучение на поверхности Земли, но это всего лишь ложь, и, возможно, именно поэтому была создана* **целая климатическая истерия, чтобы списать на ее счет скрытые операции, такие как Chemtrails.** *Но они действительно не заботятся о мировом климате. Настоящая причина использования хемтреллов заключается в том, что, как я писал ранее, они планируют сократить/истребить население мира наночастицами, которые настолько хороши, что после распыления они остаются в атмосфере в течение длительного времени и распространяются над всем земным шаром. Для этого и предназначены предварительные испытания с хемтреллами. Наночастицы будут похожи на пыль и невидимы, поэтому вы не будете знать, что вдыхаете их вообще».*[224] (выделено автором)

Распылительные программы используются в основном в Северной Америке, Северной Европе и в южном полушарии Австралии ... Военная машина с четырьмя реактивными двигателями оставляет массивный след, который не растворяется, как это обычно бывает. Это явление, которое постоянно увеличивается в размерах, наблюдается с территории более чем тридцати стран мира с середины 1990-х годов. У широкофюзеляжного самолета нет идентификатора видимости, как предусмотрено международными правилами. Теории заговора говорят о распылении химикатов и наночастиц над нашими головами, которое не было ратифицировано в соответствии с международным правом с целью военного контроля погоды и целенаправленной атаки на здоровье человека».[225]

Еще одним свидетельством, подтверждающим тезис о том, что барий и алюминий распыляются над нашими головами, является концентрация этих элементов в окружающей среде, измеренная «Баварским государственным управлением по охране окружающей среды», которая имела тенденцию к увеличению в период с 2004 по 2015 год, в то время как, например, измеренные концентрации мышьяка, другого токсина окружающей среды, не увеличились.[226] (Видимо, мышьяк не распыляется).

В то время как многочисленные ученые указывают на тот факт, что самолеты распыляют химикаты, которые делают людей больными,[227] организации по защите окружающей среды этого не делают. Почему Гринпис, WWF, Красный Крест и экологические группы молчат об этих глобальных экологических преступлениях? Комментарий:[228] *«Поскольку экологические организации, такие как Гринпис и WWF, Федеральное агентство по окружающей среде (UBA) и Министерство аэрокосмических исследований (DLR) сами участвуют в этом исследовании. Но на публике они отрицают, что это исследование проводится. Какое совпадение, что эти организации вместе в одной лодке».*

Как это может быть, что именно эти организации упомянуты вместе? Очень просто: *«Любая экологическая организация, которая доводит до общественности неприятные истины, лишается своей «общественной полезности» как средства давления со стороны западных правительств, что приводит к разрушительным последствиям для государства. Только по этой причине они не будут рисковать. Таким образом, вы можете контролировать эти экологические группы».*[229]
Экологи BUND не являются исключением.[230] Когда с Гринпис связались по вопросу аэрозолей, т.е. распыления химических и биологических веществ, Гринпис объявил в сентябре 2000 года, что они *«не могут это прокомментировать»*, и что у них *«нет официальной позиции»* по этому вопросу.[231]

В январе 2000 года Кэрол М. Браунер, директор Агентства по охране окружающей среды США, EPA, направила сертифицированное письмо, содержащее физический образец крайне необычного волокнистого материала[††††††††††] из воздуха, с просьбой идентифицировать материал в интересах общественности, окружающей среды и здоровья. Агентство по охране окружающей среды ответило в двух письмах в феврале 2000 года: *«Мы ничего не знаем»* о любых программах самолетов, которые разбрасывают материалы в атмосферу. В корреспонденции EPA не подтверждает получение или наличие физических материалов. Лишь полтора года спустя, в июне 2001 года, EPA подтвердило получение этих необычных волокон. Это подтверждение было основано на Законе о свободе информации, на который может сослаться любой гражданин. Однако EPA отказалось идентифицировать этот образец, заявив, что «в этом офисе EPA не проводится тестирование или анализ любых незапрошенных образцов материалов или предметов».[232]

Партия зеленых, которую многие все еще считают приверженной защите окружающей среды, призывает к

[††††††††††] Что представляют собой эти волокна, является предметом раздела «Высокотехнологичное биологическое оружие − атриум в ад».

выводу из эксплуатации угольных электростанций для чистоты окружающей среды. Противоречие с этим требованием состоит в том, что сегодняшние современные угольные электростанции оснащены высокоэффективными фильтрующими системами, благодаря чему загрязнение воздуха сводится к минимуму, а с другой стороны, в рамках геоинженерии, тонны угольной летучей золы от угольных электростанций распыляются над нашими головами самолетами, чтобы уменьшить воздействие солнца.[233]

Видео[234] также затронуло психологический феномен того, почему так много людей не могут или не хотят увидеть необычное в небе и не могут установить связь: *«Полное отсутствие осведомленности и воспоминаний о появлении естественного изображения неба, которое было 10 лет назад, сделало невозможным любое критическое обсуждение. Они не видели ничего необычного, что было бы видно на небе, но только то, что они хотели или могли видеть, а именно ничего. Самое большое преступление против человечества – это выброс в атмосферу нашей планеты более 10 миллионов тонн соединений токсичных металлов к 2025 году; (это) не тайный заговор; это происходит незаметно почти ежедневно перед нашими собственными глазами, над нашими головами. Все, что нам нужно сделать, это смотреть, наблюдать и критически расспросить официальные СМИ.* Это забвение, *«полное отсутствие ... собственных воспоминаний»*[235], также играет важную роль в романе Оруэлла «1984». Пожилые люди в штате наблюдения Оруэлла, которые жили до «революции», не могли вспомнить время до «революции», «потому что немногие рассеянные выжившие из старого мира оказались неспособны сравнить две эпохи между собой. ... Они вспомнили миллион бесполезных вещей ... – но все существенные факты были вне их поля зрения ».[236]

На рисунках с 19 по 27 показаны фотографии хемтреллов, которые внушительно подтверждают тезис о том, что материалы разбрызгиваются над нашими головами, и это придает небу неестественный вид.

«Сегодня огромное количество яда снова распространилось по большей части Штутгарта. ... Через час красивое голубое небо превратилось в серую стену. По крайней мере, 10 самолетов в пути. Материал идет прямо в мозг. Это глупо. Это убивает. ... Это невероятно, но посмотрите на список DEAGEL. Население должно быть резко сокращено. ... Когда, черт возьми, вы, наконец, проснетесь???» Так, было сообщение друга в Facebook от 23 сентября 2018 года[237] и комментарий к нему: *«В Ульме они тоже прилежно постарались!»*[238] И я добавлю: 29 сентября и 17 октября 2018 года небо Дортмунда снова было усеяно молочно-белыми, уже расширенными хемтреллами (Chemtrails, рисунки 23 и 24), появление которых, безусловно, не должно иметь ничего общего с естественными облачными образованиями, так же как и 5 августа 2019 года над Дрезденом (рисунок 27).

В течение последних недель 2019 года я больше не видел никаких химических трасс. Возможно, был взят перерыв в распылении после того, как в Интернете публикуется все больше фотографий и информации об опрыскивающих действиях.

Фундаментальный вопрос, который автоматически возникает снова, состоит в том, как элита защищает себя от своего собственного оружия, особенно от аэрозольных частиц, которые тонко распределяются в атмосфере? *«Конечно, у них есть что-то вроде подземных сооружений, которые они покинут, только когда на поверхности земли все будет закончено»*, - говорится в комментарии к уже цитированной статье.[239] Другой комментарий гласит: *«Во время проведения этих испытаний так называемых элит в этой области не было. «Элиты», принадлежащие к Ордену Золотого Руна из десятков различных обществ, имеют свои собственные системы связи. ... Почему среди погибших в так называемых несчастьях, таких как 11 сентября, нет представителей элиты? Совпадение? ... потому что они знают, когда и что происходит на этой планете ...* "[240]

Рисунок 19: Сравнение обычного летнего неба в 1999 году с тем, что было в 2019 году. *«Полное отсутствие какой-либо осведомленности и воспоминаний о появлении естественной картины неба, как это наблюдалось 10 лет назад, сделало невозможным критическое обсуждение. Они видели не необычное, что было видно на небе, а только то, что хотели или могли видеть, а именно ничего».*[241]

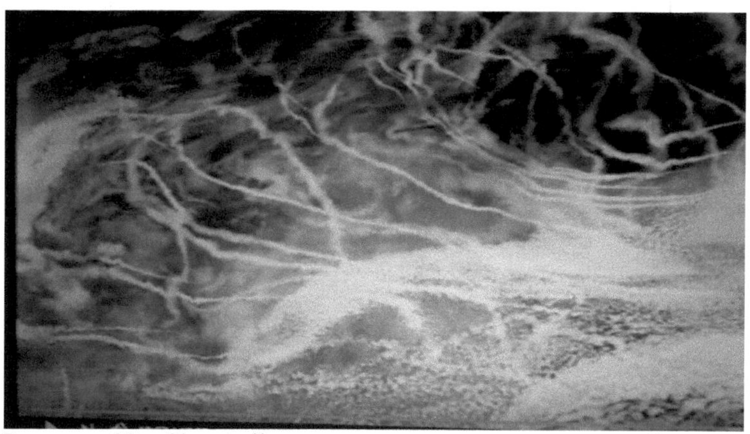

Рисунок 20: Chemtrails: результат аэрозольного воздействия на небо[242]

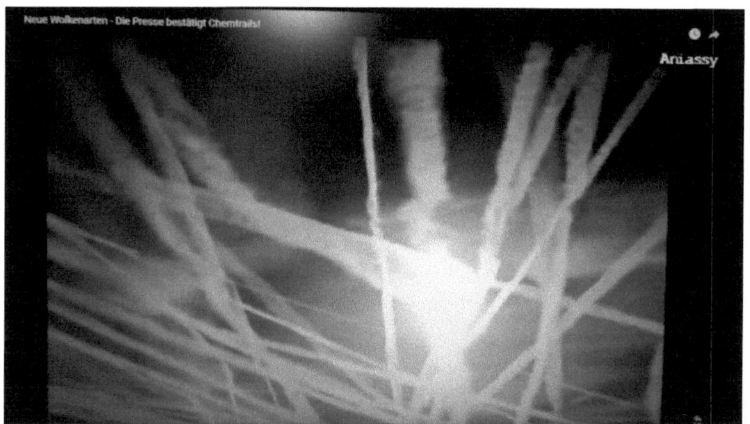

Рисунок 21: Небо покрыто многочисленными хемтреллами (Chemtrails), которые со временем расширяются.[243]

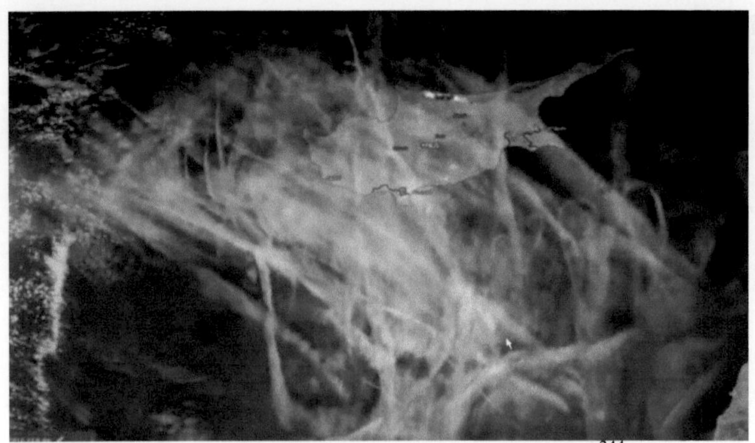

Рисунок 22: Chemtrails сфотографировали с самолета.[244]

Рисунок 23: «Новые типы облаков» над озером Феникс в Дортмунде, 17.10.18.

Рисунок 24: «Новые типы облаков» над Дортмундом 17 октября 2018 года.

Рисунок 25: Chemtrails здесь не выходят из турбин (еще одно доказательство того, что они не являются следами).[245]

Рисунок 26: «Новые типы облаков» над Берлином. Д-р Клингхардт: *«Мои пациенты из американской секретной службы сказали мне, что невозможно было бы прослушать телефон Ангелы Меркель без этого»* (он указал на это фото).[246]

И, несмотря на многочисленные свидетельства о Chemtrails, в том числе три общественных телевизионных видео, упомянутых выше, государственные СМИ продолжают пытаться отрицать их. И в различных видеозаписях *Chemtrails* и *HAARP* неоднократно отвергались как теории заговора и находились в области воображения, чему также верят широкие слои населения. *«Вы изобретаете такие отчужденные слова, как 'отрицатели климата', ' Chemtrails трейлеры' и другие нелепости, чтобы дискредитировать людей, которые хотят привлечь внимание к тому, чем манипулируют в этом мире, — и продолжаете, как и раньше».*[247]

Рисунок 27: Chemtrails над Дрезденом 5 августа 2019 года, 8:40 утра.

Теперь вы, конечно, можете спросить себя: если Chemtrails были подтверждены даже в отдельных публикациях на общественном телевидении и в основных средствах массовой информации, почему вы пытаетесь отрицать Chemtrails в других публикациях? Почему существование Chemtrails, распыление токсинов в атмосфере, так категорически отрицается основными порталами и основными средствами массовой информации, несмотря на неопровержимые доказательства? Ответ: Из-за предстоящих правовых последствий, как указано в начале этого раздела.[248]

В отчете МГЭИК 2001 г. также содержится ответ: в этом отчете комментируется разбрызгивание материалов в атмосферу для ограничения глобального потепления. *«В докладе говорится, что можно уменьшить растущее глобальное потепление, распыляя различные частицы. Между прочим, в докладе упоминается вышеупомянутое обесцвечивание неба*[§§§§§§§§§§] *как риск того, что публика преждевременно обнаружит попытки опрыскивания»*[249] (выделено автором). Основой этой конфиденциальности, скорее всего, является правовой аспект. В случае обвинений в загрязнении, вне всякого сомнения, следует доказать, кто причинил этот вред, что является тем труднее, чем меньше обнаруживается процессов распыла.

После того, как существование хемтреллов было подтверждено в трех видеороликах общественного телевидения, процитированных в начале, мы можем перейти к предметному обсуждению этого явления. Что такое Chemtrails? Чем они отличаются от обычных полос конденсации? Полосы растворяются примерно через 1 минуту, но Chemtrails остаются в небе, постепенно расширяются и объединяются, образуя молочно-белое одеяло, которое уменьшает количество солнечного света. Полосы конденсации непрерывны, их нельзя включить, выключить, включить, выключить, ... Однако, видео показывает, как именно это происходит, т.е. в этом случае это определенно не может быть такой полосой.[250] С минуты 12:46 («AWACS Stop + Go, снято в Северной Германии») вы можете увидеть, как два самолета летят относительно близко друг к другу, причем у одного полоса конденсации появляется и исчезает, а у другого остается непрерывной, т. е. ее появление и исчезновение нельзя объяснить тем, что самолет летит через различные слои воздуха, где температуры различаются, и полоса конденсации будет появляться и исчезать.

Хотя в этом разделе мы показали, что Chemtrails реальны, сокрытие информации будет продолжаться до тех пор, пока геоинженерия через МГЭИК не будет легализована на том основании, что без нее Земле угрожает коллапс климата. Кроме того, и дальше будет все отрицаться, чтобы не

[§§§§§§§§§§] *"Исчезновение неба"*, т.е. образование молочно-белого одеяла в небе, которое уменьшает количество солнечного света, возникает после длительного распыления.

подвергать риску виновных и не привлекать их к ответственности за экологические преступления.

«Преднамеренное глобальное манипулирование климатом и погодой посредством стратосферных аэрозольных инъекций является величайшим экологическим преступлением, которое когда-либо совершалось в истории человечества. Это все еще незаконно и не узаконено соответствующими парламентами. МГЭИК постоянно работает над легализацией этих незаконных программ».[251] В этом смысле общественные СМИ также готовят почву для принятия геоинженерных мер населением. 28.09.2019 была опубликована статья *zeit.de*[252] под названием «Геоинженерия: она помогает только в сантехнике»[**********]. Краткое резюме гласит: *«Выбрасывать меньше парниковых газов? Это хорошо, но этого недостаточно. Вмешательства в изменение климата необходимы, чтобы остановить перегрев Земли – но пока это вряд ли реально».* А в тексте статьи говорится: *«Дилемма очевидна: чтобы удержать глобальное потепление на уровне меньше двух градусов, человечество может до 2100 годы выбросить в атмосферу только 700 миллиардов тонн парниковых газов. Даже при быстро сокращающихся выбросах этот предел был бы достигнут к 30-м годам нынешнего столетия. После этого не должно быть выброшено ни грамма парникового газа.*

Поскольку это абсолютно нереально, МГЭИК уже давно исходит из того, что человечество должно вмешаться. Специальный доклад о состоянии воды и льда на Земле, опубликованный в среду (25.09.2019), еще раз дал понять, что все не может продолжаться, как прежде. Здесь возможны два подхода. Первый: искусственно извлекать углерод из атмосферы и долго хранить его под землей. Обычно это называется улавливанием и хранением углерода (Carbon Capture and Storage), или сокращенно CCS. Но даже при наличии первых успешных проектов неясно, можно ли использовать CCS в больших масштабах и сколько это будет стоить. Вот

[**********] Оригинальное название: „Geoengineering: Da hilft nur noch, am Klima zu klempnern“

*почему существует второй подход: исследователи хотят дополнительно искусственно охладить Землю, позволяя планете напрямую отражать падающий солнечный свет. То есть увеличить альбедо. Эксперты говорят о **радиационном управлении**, о влиянии на радиационный баланс. Для этого также обсуждаются различные методы, но практически ни один из них до сих пор не опробован».*

До тех пор, пока эти стратосферные аэрозольные инъекции (Chemtrails) не будут узаконены, это распыление держится в секрете и запрещается. Как может быть так, что это распыление токсинов может храниться в тайне от нас? По крайней мере, некоторые из пилотов этих самолетов в какой-то момент почувствуют угрызения совести и расколятся. Ответ: такие пилоты действительно существуют. В видео[253] высказывается мнение бывшего гражданского сотрудника EADS, который работал над преобразованием самолета в опрыскиватель. Он был освобожден после того, как сообщил подробности члену партии зеленых и предоставил фотографии того, что произошло. Этот бывший сотрудник сообщил: «*А потом пришел военный и сказал нам надеть полные защитные костюмы и маски для дыхания; потому что резервуары теперь должны быть наполнены, и вещества, которые туда попадают, алюминий, сульфиды, оксид бария ... перемешиваются с полимерными соединениями размером с наночастицы; они очень токсичны для вас; поэтому вы должны носить защитные костюмы. ... Так что я просто хотел сказать, что мы мчимся к экологической катастрофе. И любому, кто не хочет этого понимать, я готов представить доказательства, и я доступен для каждого комитета по расследованию ... »* Есть и другие пилоты, которые "раскололись".[254] С другой стороны, пилоты, например, обычных коммерческих самолетов, часто не знают, что они распыляют, или что они распыляют токсины. Большая часть этих токсинов распространяется военными машинами, поэтому следует предполагать, что эти пилоты обязаны соблюдать конфиденциальность и выполнять только приказы. Кроме того, они обычно знают только часть своего специального задания, но не знают, что они распыляют.

В качестве одной из возможных причин того, почему я не видел в небе Chemtrails с 2020 года, я написал в начале этого раздела, что Трамп сократил финансирование проекта по геоинжинерингу. Однако определенную роль может сыграть и другая причина, а именно тот факт, что в последние годы доказательства загрязнения, вызванного Chemtrails, становятся все более и более вещественными, что увеличивает риск предъявления исков против Chemtrails в суде. И это приведет к еще большему вниманию общественности, а это не то, чего они хотят.

Каковы цели хемтреллов?

После того, как было четко показано в предыдущем разделе, что Chemtrails реальны, мы подходим к следующему вопросу: Почему происходит это распыление? Насколько мне известно, Chemtrails включает различные аспекты:

1) распыление **токсинов**,
2) распыление компонентов **биологического оружия**,
3) создание «металлического» слоя над поверхностью земли,
4) **распыление т. н. нанороботов** (Smartdust, т.е., интеллектуальная пыль), которые оседают в человеческом мозге,
5) **экранирование солнечной радиации**.

Первый аспект включает токсичные наночастицы, барий, стронций, алюминий, титан, литий, кадмий, свинец, ртуть, полимерные волокна, диоксины и многие другие болезнетворные вещества. Это результат независимых исследований и анализа в различных регионах мира, где были распылены Chemtrails.[255,256] Второй аспект является темой раздела «Высокотехнологичное биологическое оружие – атриум в ад». Третий аспект включает в себя расширение радиолокационной дальности, наблюдение за воздушным пространством, противоракетный щит и т. д. [257] Этот третий аспект является необходимым условием для систем HAARP, чтобы они могли работать по всему миру, отражая излучаемые электромагнитные волны на небе, металлизированном металлическими наночастицами, которые затем возвращаются на поверхность земли в отдаленных местах, см. рис. 29.[258] Четвертый аспект служит цели глобального порабощения людей с помощью так называемых нанороботов; после того, как они незаметно для людей попадают в дыхательные пути, они могут управляться дистанционно из центрального офиса. Этот комплекс призван влиять как на то, как люди думают и действуют.[259] (Подробности см. в разделе «´5G´ и трансгуманизм (трансгуманистическая повестка дня))».

Мне кажется, что 5-й аспект выполняет функцию алиби, легитимирующую Chemtrails, так что население допускает их необходимость ограничивать глобальное потепление солнечными лучами. Подобно аргументу в разделе «антитеза», существует риск, что такой «зонтик» будет нагревать землю, а не охлаждать ее.

Влияние хемтреллов на наше здоровье

«Нет никого, кто был бы более глухим, чем тот, кто не хочет ничего слышать; и никого более слепого, чем тот, кто отказывается что-либо видеть».[260]

При воздействии токсинов, распространяемыми хемтреллами, на наше здоровье, на первом месте находятся респираторные заболевания и гриппоподобные симптомы. Из-за крошечности наночастиц, распыляемых хемтреллами (Chemtrails), они могут легко преодолевать гематоэнцефалический барьер, проникать в головной мозг и дыхательные пути людей и нарушать их функции, а с другой стороны, они могут разрушать метаболические процессы из-за их высокой токсичности.

«В США была волна гриппа в 2000 году, которая, по данным Центра по контролю заболеваний, была вызвана 'неизвестным патогеном'.»[261] При этом тесты на грипп были отрицательными у 99% больных людей.

Еще в 2005 году авторы книги «Chemtrails – управление погодой в небе?»[262] цитировали список непосредственных последствий для здоровья от аэрозольных воздействий на веб-сайте Chemtrail «chemtrail.de»: *«Головная боль и хроническая усталость, ... одышка, проблемы с равновесием и потеря дыхания, нарушения кратковременной памяти, волны гриппа, конъюнктивит и приступы астмы».*

«Поразительно, что многие из последствий химического воздействия на здоровье (например, усталость, вялость, головные боли и т. д.) могут появляться из-за микроволнового излучения мобильных телефонов. Как и в случае с микроволновым излучением, люди по-разному реагируют на конфронтацию с выпадением хемтреллов. В зависимости от *«биологического окна»* индивидуума (синоним его общего состояния здоровья), есть люди, чья иммунная система может справиться с химией без проблем, тогда как другие разрушаются при первом контакте».*[263]

Наночастицы (алюминия, бария, стронция, ...) и нановолокна[264,265] особенно опасны из-за их крошечного размера. *«Токсичные вещества попадают в кровоток непосредственно через дыхательные пути и, таким образом, прежде всего достигают мозга.»* [266] Вещества, вредные для человека, снижаются через некоторое время, которое зависит от погодных условий, и попадают через нормальное дыхание в легкие, накапливаются в легочной ткани и могут вызвать патологические изменения. Время пребывания наночастиц и нановолокон в атмосфере может составлять до одного года; иногда этот отрезок времени может быть очень коротким, как описывает доктор Клинг-Хардт на собственном опыте в видео на YouTube.[267]

Вследствие загрязнения этими ядами возникают респираторные заболевания, такие как одышка, астма, пневмония, а также нарушения равновесия, головокружение и нейрофизиологические нарушения, которые все чаще ассоциируются с быстро растущим числом болезней Альцгеймера и преждевременной деменцией.[268] Наночастицы и нановолокна настолько опасны для человека, потому что их крошечный размер означает, что они не могут быть отфильтрованы ресничками в органах дыхания и что они также могут легко преодолевать гематоэнцефалический барьер. Их размер составляет порядка от 0,01 до 1 мкм, т. е. такие размеры вообще не регистрируются в обычных измерениях Федерального агентства по окружающей среде, которые проводятся в крупных городах. Человеческий организм способен отфильтровывать из воздуха, которым мы дышим, частицы размером 5 мкм[269] и более. Однако он не в состоянии этого делать, если частицы значительно меньше. Поэтому экологи также провели измерения в областях ниже PM = 10 мкм и обнаружили, что плотность частиц быстро возрастает, особенно в опасной зоне ниже 10 мкм, в частности, ниже 2,5 мкм, и что они, очевидно, не происходят от дизельных автомобилей.[270]

На самом деле, дизельные автомобили очень чистые, когда дело доходит до мелкой пыли. *«Фактически, воздух, который выходит из выхлопных газов дизельных автомобилей с современной очисткой выхлопных газов, гораздо менее загрязнен, чем воздух, который ранее всасывался двигателем. Дизель - это ′машина для очистки воздуха′, ... Рольф Буландер, глава автомобильного подразделения, объяснил, что выхлопные газы содержат в десять раз меньше мелких частиц пыли, чем окружающий воздух».*[271] Экологи склонны объяснять это быстрое увеличение плотности частиц действиями самолетов, которые распыляют наночастицы в больших количествах над нашими головами. *«... При 2,5 мкм это становится преступлением, и тем более криминальным, чем меньше размеры этих частиц, потому что эти частицы остаются в теле и образуют очаги воспаления. А если эти все вещества еще и воздействуют химически или каталитически, то у меня в легких есть катализатор. Это очень вредно. И именно поэтому число легочных заболеваний быстро растет».*[272] Это утверждение подтверждается независимыми источниками.[273] Респираторные заболевания в настоящее время являются третьей по значимости причиной смерти в Соединенных Штатах. И это несмотря на то, что курение больше нельзя назвать в качестве основной причины, поскольку всемирная кампания против курения в сочетании с запретами на курение в государственных учреждениях фактически должна была привести к снижению респираторных заболеваний. В 2011 году НТВ опубликовало статью о новом неизвестном распространенном заболевании под названием «Хроническая обструктивная болезнь легких» (ХОБЛ):[274] *«Согласно новому исследованию, у каждого четвертого взрослого человека развивается ХОБЛ в определенный момент их жизни. Риск хронической обструктивной болезни легких выше, чем риск сердечного приступа или рака, подчеркивают ученые под руководством Андреа Гершон из Института клинической оценки в Торонто, Канада, в британском медицинском журнале 'The Lancet'».*

«Основные средства массовой информации сообщают, что в отделениях неотложной помощи больницы полно пациентов с причудливыми инфекциями верхних дыхательных путей. Но это не похоже на вирус. Они сообщают, что это 'таинственный' грипп и что никакая вакцина против гриппа не эффективна. ... «Это все чепуха, ложь», - говорит доктор Леонард Горовиц. 'Это факт, что у нас был этот тип эпидемии с конца 1998 года - начала 1999 года'. ... Научно-исследовательский институт патологии вооруженных сил США зарегистрировал патент на патогенную микоплазму, которая вызывает эпидемию. Вы можете увидеть отчет о патентах в книге 'Коды исцеления для биологического апокалипсиса'. Микоплазма на самом деле не грибок, это не бактерия, это не вирус. У него нет клеточной стенки. Он глубоко проникает в ядро, что очень затрудняет реакцию иммунной системы. Это созданное человеком биологическое оружие. Патентный отчет объясняет, как он вызывает хроническую инфекцию верхних дыхательных путей, которая

практически идентична тому, что происходит все время».[275] (Подробнее см. в разделе «Высокотехнологичное биологическое оружие – атриум в ад».)

Послушаем доктора и специалиста по отравлению организма человека, доктора Дитрих Клингхардт, который руководит клиникой в США для лечения людей с симптомами интоксикации. Он говорит: *«Люди со всего мира приходят к нам с хроническими заболеваниями. Мы обнаружили, что выпадение химических веществ является сегодня наиболее важной причиной отравления у людей и, следовательно, приводит к ряду хронических заболеваний. Это включает в себя аутизм у детей, расстройства у взрослых, все расстройства нервной системы, РС, БАС, паркинсонизм, невропатии и все дегенеративные заболевания головного мозга. В том, что содержание алюминия в нашей нервной системе за последние годы увеличилось экспоненциально, больше нельзя обвинить дезодоранты для подмышек или использование алюминиевых кастрюль, но можно объяснить только хемтреллми».* В последнем предложении доктор Клингхардт сослался на уведомления об охране окружающей среды, в которых заявляется, что дезодоранты и другие средства личной гигиены, а также алюминиевая посуда вызывают болезни, чтобы объяснить увеличение концентрации Al в организме человека. Д-р Клингхардт провел испытания на 200 пациентах, в результате которых выяснил, что содержание алюминия в их крови в среднем в 140 раз превышает содержание свинца. И он заявляет:[276] *«Американские лаборатории, которые проводят испытания на алюминий, получают письмо от правительства: 'Если вы немедленно не остановитесь, мы закроем вашу лабораторию'. Я не знаю, как обстоит дело в Германии, но там, конечно, похожая ситуация. Американцы никогда не подписывали мирный договор с Германией. И на каждый закон и меру в Германии могут быть наложены вето американским правительством. Большинство из вас этого не знают. Американцы очень гордятся этим – я узнал об этом через своих американских друзей. Что сейчас важно, так это то, что воздушное пространство над Германией является американской территорией».*

Помимо роста числа заболеваний нервной системы, в западных странах происходит еще один процесс – постепенное снижение IQ у населения. В статье FOCUS[277] вы можете прочитать: *«Человечество становится глупым – научные исследования показали это. В то время как уровень интеллекта снижается, расстройства поведения и аутизм усиливаются. Исследователи предполагают, что ответственность за это несут так называемые гормоны окружающей среды».* Нельзя исключать, что массовое использование гормонов в промышленном сельском хозяйстве, а также использование гормонов в здравоохранении оказывает негативное влияние на здоровье населения. Однако с учетом вышесказанного представляется вероятным, что токсины окружающей среды, применяемые через Chemtrails, также являются основной причиной роста неврологических расстройств.

Нанопластичные волокна, содержащиеся в хемтреллах (Chemtrails), также чрезвычайно опасны для человеческого организма. Крошечные пластиковые частицы, которые теперь были обнаружены в теле человека, также были темой передачи радиостанции WDR4 от 19 июня 2018 года, где слушателям объясняли, каким образом эти пластиковые отходы попадают в организм человека, а именно через пищевую цепь. Пока это действительно так. Но в качестве возможного источника были упомянуты не синтетические волокна, выведенные через Chemtrails, а функциональная одежда, ткань которой содержит пластиковые волокна; эти волокна могут частично отрываться во время процесса стирки и попадать в грунтовые воды через сточные воды стиральной машины, а оттуда в питьевую воду. Очевидная причина – Chemtrails, как указано в видео[278], которое уже упоминалось выше, не была устранена. Вместо этого невежественному потребителю был представлен еще один «враг», против которого может быть направлен его гнев. Chemtrails как источник пластиковых отходов в тканях человека не упоминались в этой статье WDR.

Распылительные действия на большей площади Штутгарта, записанные на видео[279], также показали, что они были в основном ограничены городской зоной, в то время как следы химических веществ не были выявлены в сельской местности вокруг Штутгарта. Это вызывает подозрение, что эти распылительные действия используются не только для манипулирования погодой, но и с преступными намерениями, для того, чтобы как можно больше людей подвергалось воздействию этого ядовитого коктейля. В этом контексте также следует спросить, почему используются такие высокотоксичные материалы, как алюминий, барий и стронций, просто чтобы уменьшить количество солнечного света. Есть также значительно менее токсичные металлы, которые могут служить для отражения солнечного света. Ответ на этот логичный вопрос дан в разделе «Высокотехнологичное биооружие – атриум в ад».

Видео[280] гласит: *«Поскольку материал находится в воздухе, мы вдыхаем его. Он попадает в дыхательные пути, носовые пазухи, лобные пазухи и мозг. Алюминий (в мозге) является причиной множества заболеваний, например, болезни Альцгеймера. За последние пять лет количество пациентов с болезнью Альцгеймера, Паркинсона и другими новыми родогенеративными заболеваниями значительно возросло, почти в четыре раза. Болезнь Альцгеймера сейчас очень распространена на Гавайях. Там распыляются наночастицы алюминия, и эти наночастицы вызывают гибель клеток в мозге. Вот что такое болезнь Альцгеймера. Синдром дефицита внимания (СДВ) начался в 1970-х годах, когда нигде не было разговоров об аутизме, это заболевание наблюдалось у одного из 100 000 детей. Сегодня каждый из 48 имеет синдром дефицита внимания/гиперактивности из-за алюминия. Если вы удалите тяжелые металлы, работа мозга снова нормализуется. Существует риск того, что вся экосистема рухнет из-за большого количества тяжелых металлов, особенно из-за алюминия. Это гораздо больше, чем просто небольшое загрязнение. Монсанто вывел растения, устойчивые к алюминию. Почему, как вы думаете?...»*

«Распыление (Al, Ba, Sr), как говорят, имеет непредвиденные радикальные последствия для здоровья растений, животных и людей. Согласно сообщениям, опрыскивание происходит в Германии с 2003 года, а в Соединенных Штатах с 1990-х годов. По словам экспертов, уже есть последствия этого экологического отравления, полностью загрязненные почвы и озера. Нормальные семена больше не могут расти на них. Я называю это действительно вопиющим. Поверите ли вы мне, что химические компании разработали устойчивые к алюминию семена и зарабатывают огромные суммы от их продажи. Извините, но это так.[††††††††††] Если бы вместо того, чтобы просто пялиться в телевизор, IPhone и IPad, мы, молодые люди, что-то объединили бы и посмотрели бы всю эту информацию должным образом, тогда самолеты вскоре уже не могли бы распылять то, что они хотят.»[281,282]

HAARP – слайсер в небе

«Если человеческая мания величия, мания к власти, извращенное мышление и мания к заблуждениям выражаются где-то политически, экономически, военно-технически, то это в рамках проекта HAARP».[283]

Официально HAARP – это **программа американских гражданских и военных исследований**, в которой используются высокочастотные электромагнитные волны».[284] Системы HAARP используются для изучения верхних слоев атмосферы, распространения радиоволн, связи и навигации. Функционирование этих систем также открывает огромные

[††††††††††] Существует патент США с номером US 7,582,809 B2, выданный 1 сентября 2009 года.

возможности для глобальных манипуляций, как свидетельствуют некоторые патенты, например, манипуляций с погодой.[285] Тот факт, что на сегодняшнюю погоду огромное влияние оказывают человеческие манипуляции, что циклоны запускаются и усиливаются, является темой видео на YouTube[286].

Рис. 28: Chemtrails (слева), через 17 минут покрытый тонким структурированным облачным покровом (справа), на котором сформировались более или менее правильные реброобразные структуры, скорее всего, под воздействием искусственного излучения HAARP.[287]

«Система HAARP – это ионосферный нагреватель ... Как и огромная сварочная горелка, HAARP может сначала нагреть части ионосферы, а затем разделить их, чтобы затем их можно было поднять. Он разрезает часть неба, часть атмосферы. Он отсекает часть, которая защищает землю как внешний фильтр, а также является воротами во вселенную. Связь между WELT и ALL (игра слов – Weltall с нем. вселенная) разорвана – там прожжены большие дыры. Нагретую и отделенную область можно не только поднять, но и перевернуть, как огромный, негабаритный знак».[288] Если это так, то возникает подозрение, что озоновая дыра над Антарктикой также могла быть создана. Подробнее об этом в разделе «Озоновая дыра – создана искусственно?».

HAARP основан на патенте США изобретателя Бернада Дж. Истлунда от 10 января 1985 г. № 4686605, в котором также описан принцип действия (передача энергии на большие расстояния с помощью микроволнового излучения с использованием ионосферы).[289] Этот патент основан на другом патенте[290] США, выданном Никола Тесла, номер 1119732, на беспроводную передачу энергии. Патент Eastlund был куплен американской оборонной компанией REYTHEON, контрактной военной компанией. *«И вы можете не только отправлять энергию в места, где нет доступных электрических генераторов, но вы также можете использовать ее для контроля погоды. Вы можете использовать это, чтобы изменить направление ветра и вызвать дождь».*[291]

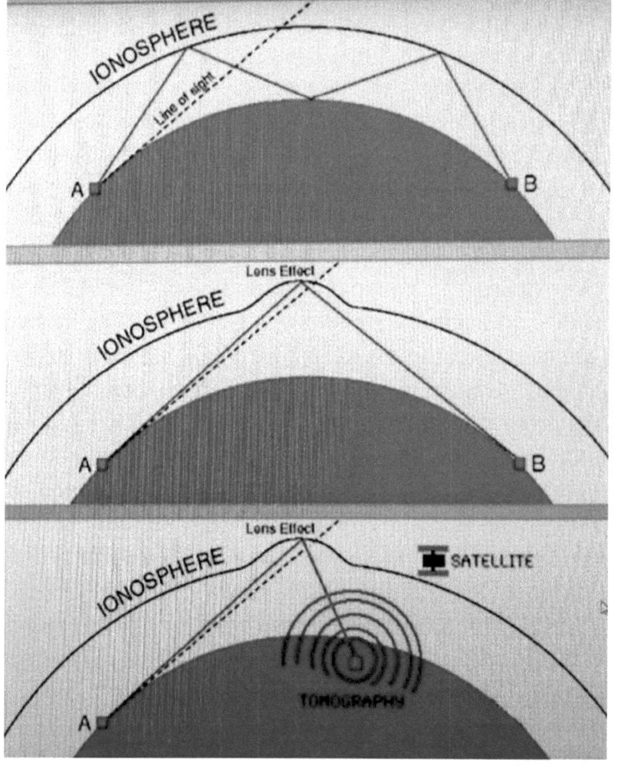

Рисунок 29: Системы HAARP могут работать по всему миру, отражая излучение на металлизированном небе и достигая поверхности земли в отдаленных местах.[292]

В Ростоке находится один из крупнейших заводов HAARP в мире. Балтийское море и (ранее через Chemtrails) металлизированное небо служат зеркалом, так что вы можете достичь практически любой точки на земле с помощью радиолокационных волн,[293] даже мест, которые находятся за пределами видимого горизонта. Это также принцип распространения коротких волн с использованием слоя Хевисайда. Особенность заключается в том, что с помощью HAARP можно целенаправленно деформировать ионосферу (см. изображение средней и нижней части на рисунке 29), так что она действует как фокусирующее зеркало. С его помощью отраженные лучи фокусируются таким образом, что они попадают в точку на поверхности Земли и имеют очень высокую плотность энергии, что является необходимым условием для высокого потенциала разрушения. На рисунке 30 показана поверхность Балтийского моря, которая с помощью радарных волн, генерируемых на станции HAARP вблизи Ростока, вступает в резонанс с естественной вибрацией. Для сравнения, в центре изображения показана заполненная водой чаша на громкоговорителе, вибрации которого вызывают аналогичный образцу рисунок на поверхности воды.

Вышеупомянутая статья[294], которая транслировалась ARD и ZDF (ARD и ZDF – программы немецкого телевидения), также подтверждает существование систем HAARP и объясняет их назначение и цели. Как и в случае с хемтреллами, также проводится кампания по отрицанию на тему «HAARP», но в меньшей степени она направлена на то, существует ли вообще HAARP и, скорее, на его практическое применение в зависимости от погоды. Часто говорят, что HAARP – это чисто научно ориентированное исследование. Что касается передатчика Росток, 27 марта 2018 года "Ostseezeitung" (OSTSEEZEI-TUNG.DE) написала,[295] что это была «*Морская радиостанция Марлоу ... где флот имел связь со своими кораблями по всему миру – с помощью двенадцати антенн, распределенных в огороженной лесной зоне*».

Рисунок 30: Поверхность Балтийского моря, которая вызвана естественными радиолокационными волнами, генерируемыми на установке HAARP вблизи Ростока через резонанс в естественных колебаниях. (В середине изображения заполненная водой чаша размещена на громкоговорителе, который вибрирует с частотой в диапазоне 2 и 220 Гц). (Изображение взято из[296])

Уже в разделе «Хемтреллы – *Химический суп´* в небе» мы заметили, что MIMIKAMA делает все возможное, чтобы поставить в угол «теоретиков заговора» тех, кто пытается донести до людей опасные события, которые непосредственно связаны с HAARP. Между тем, существуют бесчисленные доказательства манипуляций с HAARP и хемтреллами, которые MIMIKAMA просто игнорирует. Платформа MIMIKAMA использует тот факт, что только очень небольшая часть населения обеспокоена этими настолько невероятными, выходящими за рамки здравого смысла явлениями, и не желают верить, что правительство допустит подобное. Есть также записи на других страницах в Интернете, которые преуменьшают значение HAARP и его деятельности, включая https://futurezone.at,[297] где снова используется ключевое слово «теория заговора». Вы можете прочитать там:

«Ураганы в США возрождают старую теорию заговора: говорят, что передатчик HAARP вызывает стихийные

бедствия». Цель этой кампании отрицания состоит в том, чтобы держать население в неведении, чтобы оно не протестовало против этой деятельности в ущерб нашей окружающей среде. Но уже в «Докладе от 14 января 1999 года об окружающей среде, безопасности и внешней политике»,[298] утвержденном Европейским парламентом, вы можете найти раздел с подзаголовком *«HAARP – Система оружия, воздействующего на климат»*, *где наряду с остальным можно прочитать следующее: «HAARP, исследовательская программа для исследований высокочастотного излучения..., осуществляется совместно ВВС США и Геофизическим институтом Университета Аляски, Фэрбенкс. Подобные исследования проводятся также в Норвегии, в Антарктиде и в бывшем Советском Союзе. HAARP – это исследовательский проект, в котором части ионосферы нагреваются сильными радиоволнами с использованием наземной системы с сетью антенн, каждая из которых оснащена собственным передатчиком. Генерируемая энергия нагревает определенные части ионосферы, что также может вызвать дыры в ионосфере и искусственные «зеркала» ... Еще одним серьезным следствием HAARP являются дыры в ионосфере, которые вызваны сильными восходящими волнами. Ионосфера защищает нас от космических лучей. Есть надежда, что дыры снова затянутся, но изменения в озоновом слое указывают на обратное. Поэтому в защитной ионосфере есть большие дыры ... »В этом отчете ЕС также указывается:« HAARP связан с 50-летними интенсивными космическими исследованиями в явно военных целях, например, в рамках «Звездных войн», для контроля верхних слоев атмосферы и коммуникаций. Такие исследования считаются очень вредными для окружающей среды и могут иметь необратимые последствия для жизни людей».*

На этом месте добавлены еще два комментария в попытке привлечь внимание к опасностям, связанным с HAARP: *«Программа ´глобального управления´ погодой не борется с «глобальным потеплением», стихийными бедствиями и экстремальной погодой, а скорее продвигает их и вызывает искусственно! ... Тотальный контроль погоды имеет пагубные последствия для окружающей среды и здоровья. Война против человека и природы!!! Погода стала оружием ... »*[299]

«Поскольку HAARP использует ионосферу в качестве *зеркала, она в принципе может достигать любой точки Земли.... В течение последних 10 лет погодные катастрофы следовали одна за другой, начиная с необычайно сильного Эль-Ниньо в 1989 году. С тех пор глобальные погодные явления были хаотичными, Эль-Ниньо происходит чаще и сильнее, чем обычно. Теперь поразительно, что именно в это время была построена и запущена в первоначальную испытательную эксплуатацию на Аляске крупномасштабная система HAARP, точно так же, как такие системы были построены и испытаны в то время в бывшем Советском Союзе ... Эти атмосферные манипуляции связаны с характерными физическими симптомами – преобладающее сильное беспокойство, желудочно-кишечные расстройства, боль в глазах, головная боль и депрессия, которые были отмечены как типичные при неоднократных таких манипуляциях с погодой».*[300]

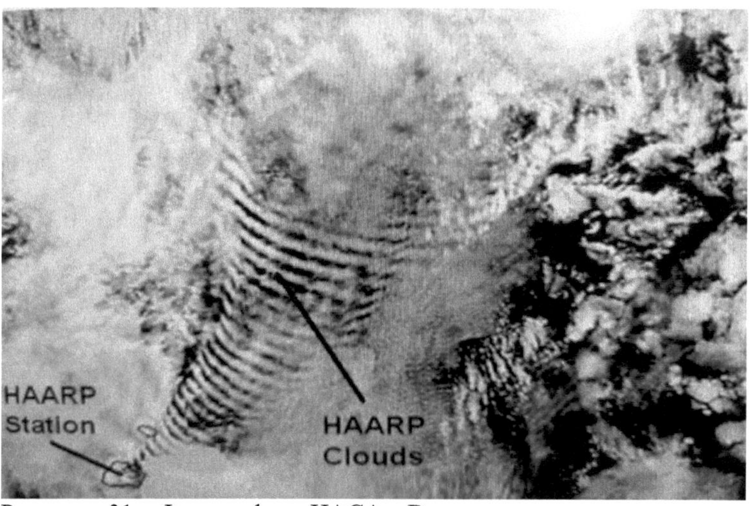

Рисунок 31: Фотография НАСА: Вы можете ясно видеть, как рисунок облака HAARP создается из станции HAARP.

Рисунок 32 Облачность над Фукусимой незадолго до возникновения цунами в 2011 г. (изображение взято из[301], подробности см. в разделе "Цунами – вызваны искусственным путем?")

Технология HAARP имеет историю, которая восходит к 1940-м годам и началась в Германии во время Второй мировой войны. Эта техника была принята и получила дальнейшее развитие у русских после окончания войны, а затем и у американцев. Это большие антенны, с помощью которых вы можете генерировать так называемые волны ELF в больших масштабах. Частоты, излучаемые такими системами HAARP, особенно опасны, если они находятся в резонансе с земной частотой, которая когда-то была на 7,8 Гц, но теперь говорят, что она на более высоких частотах.[302] Если излучаемые волны находятся в диапазоне земной частоты, в нужных областях могут быть вызваны землетрясения, просто благодаря тому, что даже относительно небольших колебаний земной коры достаточно для разрушения неустойчивого равновесия. Чем ближе частота излучаемых волн к резонансной частоте, тем больше амплитуды колебаний земной коры в зоне, подверженной землетрясениям.

Говорят, что подобные облачные рисунки, показанные на рисунках 33–35, были замечены в небе незадолго до цунами в Фукусиме в 2011 году (рис. 32; подробнее об этом в разделе «Цунами – вызваны искусственным путем?»). *«Волны HAARP могут аналогичным образом увеличивать и усиливать вибрации в земной коре».*[303]

Чтобы *«металлизированное небо»*[304] как отражающее зеркало, генерируемое хемтреллами, всегда было готово к использованию, его нужно распылять снова и снова, как, очевидно, и происходит. Потому что металлические частицы постепенно опускаются на поверхность земли, и *«металлизированное небо»* растворяется, что на практике может занять до года, но иногда происходит гораздо быстрее, в зависимости от погоды, ветра и местоположения. Это опускание на поверхность земли происходит тем быстрее, чем больше металлические частицы. Это одна из причин, почему размеры частиц выбираются в нанометровом диапазоне. Другой аспект заключается в том, что частицы нанометрового размера могут беспрепятственно проникать в клетки человека.

Рисунок 33: Схемы стоячих облаков, генерируемые большими радиолокационными системами (HAARP).[305]

Рисунок 34: Схема стоящего облака: спутниковое изображение Пиренейского полуострова. Стрелка отмечает волны и ребра, которые остаются твердо на месте, как будто удерживаются на месте. Точно так же и область справа.[306]

Рисунок 35: Схемы стоячих облаков, генерируемые большими радиолокационными системами (HAARP).[307]

Рисунок 36: Своеобразное образование облаков над Дортмундом 7 мая 2019 г., 20:00.

Рисунок 37: Своеобразное образование облаков над Дрезденом 5 августа 2019 года, 8:35 утра.

Во время холодной войны была не только гонка вооружений в области ядерного оружия, но и гонка вооружений в области радиационного оружия. Были построены огромные системы антенн, которые могли излучать гигантские количества энергии. *«Русские начали очень рано с этими огромными антеннами ... они тогда пытались создать землетрясения в Лос-Анджелесе и на больших полигонах; это работает следующим образом: на участке земли производятся вибрации на очень низких частотах, которые могут так долго 'щекотать', что может быть спровоцировано нечто подобное (землетрясение)».*[308] Русские начали свои радиационные испытания с помощью обычных радиолокационных систем, но позже запланировали огромную систему антенн в Чернобыльской зоне, которая должна включать 10 гигантских микроволновых антенн высотой 150 м и длиной 600 м в радиусе 35 км.[309] Строительство 16 атомных электростанций планировалось для обеспечения гигантских объемов необходимой энергии.[310] *«В Советском Союзе тогда произошла тяжелая авария ... а именно как ответная реакция от этого огромного импульса, который они испустили, в воздух взлетела свалка ядерных отходов и большие территории в Украине и Беларуси были загрязнены».*[311] На *www.chemtrail.de* 25 июня 2012 года была опубликована статья под названием: *«Настоящая причина чернобыльской катастрофы»* Вернера Альтникеля, который внимательно изучил эту трагедию и осветил ее причины. Эта статья, подтвержденная доказательствами, описывает приведенную выше точку зрения на чернобыльскую аварию 26 апреля 1986 года. Если это правда, то СМИ лгали нам и на протяжении многих лет. Потому что официальной причиной аварии на Чернобыльской АЭС является «обвал», который произошел в связи с проведением испытания ответственным инженером, не соблюдавшего правила техники безопасности. Эта официальная версия была указана ответственными работниками КГБ в то время.

Цунами – вызваны искусственно?

«Разрушение земли искусственными землетрясениями, торнадо, наводнениями, тайфунами ... депопуляционная машина 'Нового мирового порядка', посредством которой уничтожается как можно больше людей, как говорится в «Georgia Guide Stone»[312],‡‡‡‡‡‡‡‡‡‡

"Теперь, когда мы можем делать следующие вещи: вызывать извержения вулканов, цунами, разрушать озоновый слой, предотвращать штормы, мы должны убедиться, что эти методами не злоупотребляют».[313] Мы можем вызвать цунами? Правда? Да, это возможно, потому что если можно искусственно вызывать землетрясения (см. раздел "HAARP – слайсер в небе"), например, бомбардируя сейсмоопасные зоны с помощью волн ELF, настроенных на резонанс с земной частотой, то это, безусловно, возможно и в отношении сейсмоопасных зон на морском дне. *"ELF-волны" могут быть использованы для вызывания землетрясений. ELF волны вызывают вибрацию в земле. На нужной частоте они могут иметь разрушительные последствия.*[314] "ELF-волны" могут быть использованы для того, чтобы вызвать землетрясения. ELF волны заставляют землю вибрировать. На нужной частоте они могут иметь разрушительные последствия, а именно, когда эти частоты выбираются в резонансе с земной частотой. Тогда амплитуды колебаний в сейсмоопасных регионах могут сильно возрастать до тех пор, пока не произойдет резкое снижение внутренних напряжений между соседними тектоническими плитами, которое затем проявляется в виде землетрясения. Если такой разряд напряжения индуцируется где-то на морском дне, то таким образом может возникнуть

---

‡‡‡‡‡‡‡‡‡‡ *„BE NOT A CANCER ON THE EARTH – LEAVE ROOM FOR NATURE – MAINTAIN HUMANITY UNDER 500.000.000 IN PERPETUAL BALANCE WITH NATURE"* (Запись в Georgia Guide Stones)

огромная волна, которая регистрируется как цунами на прилегающих берегах моря.

Если принять во внимание недобросовестность сил, стоящих за чудовищными деяниями, описанными в этой главе, логично предположить, что порог торможения не должен быть слишком высоким, чтобы проверить или использовать эти технические возможности в практических экспериментах. Цитируемое в начале видео[315] на YouTube показывает, что цунами, вызвавшее ядерную катастрофу на Фукусиме, было искусственным и было спровоцировано HAARP. А небо над Фукусимой незадолго до цунами выглядит как облачный покров, измененный действиями HAARP (см. рисунок 32). Приводится также мотив, подтверждающий тезис о том, что цунами могло быть вызвано действиями HAARP:[316] *«В интервью министр финансов Японии заявил, что Япония сняла все ограничения на хедж-фонды, то есть на весь финансовый мир, потому что японские атомные электростанции были подвергнуты землетрясению. Эти заявления старше, чем последние землетрясения в Японии, и фактически доказывают, что это правда».*[317] Бриджитта Зубер упомянула то же самое в видео[318]: *« ... затем он (министр финансов Японии) сказал: «Потому что Японии угрожали землетрясениями». Я прочитала лекцию 1 декабря 2009 года, и я до сих пор помню, как я сказала: если вы скоро услышите о землетрясениях и подобных вещах, вспомните, что было сказано здесь в этой лекции, и посмотрите на это другими глазами. Вскоре после этого мы узнали о Гаити, и затем началось; приходило все больше и больше сообщений об ужасных событиях. А по поводу Гаити Чавес заявил, он считает, что это не возникло естественным путем. И если посмотреть, где произошло землетрясение, то можно увидеть, что оно остановилось на границах Гаити, оно прекратилось. У нас также есть фотографии, где небо электрифицировано по всей Англии, и это явление прекращается у границ Англии; оно словно обрезано по краям. Итак, у них есть все это, и они делают это. Это не просто догадки, это уверенность».*

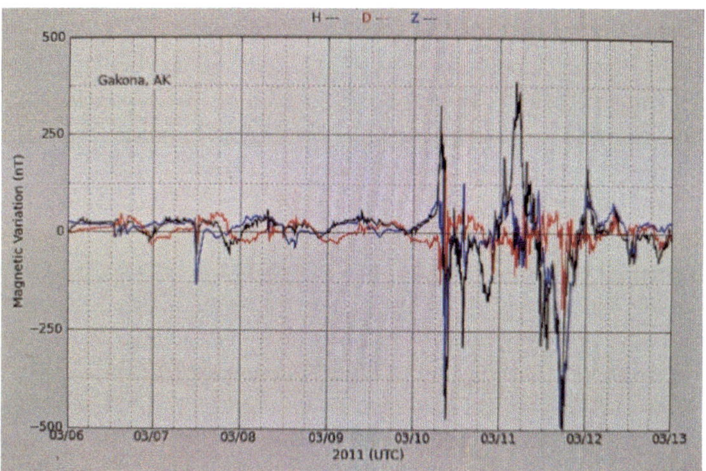

Рисунок 32b Измерение индукционного манометра HAARP в Гаконе, Аляска. Экстремальные колебания *«непосредственно перед и во время землетрясения 11 марта 2011 года».*[319]

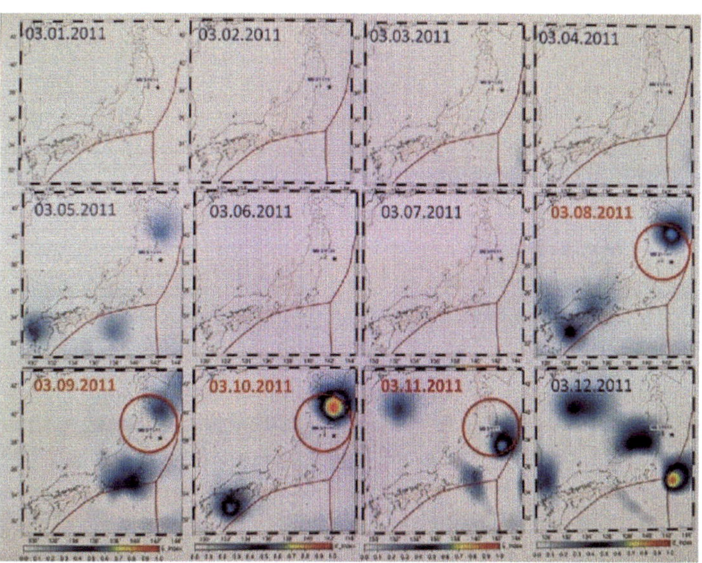

Рисунок 32c: Измерение исходящего длинноволнового излучения… 01.03.2011: *«с 1 марта по 12 марта 2011 года, в преддверии землетрясения 11 марта 2011 года, необычные аномалии над его эпицентром (красные линии: границы между тектоническими плитами…)»*[320]

Чтобы поддержать тезис о том, что цунами 2011 года в Фукусиме было вызвано искусственно, в видео[321] один человек объясняет: «*У Университета Аляски был сервер, и он собирал данные о деятельности HAARP. Из этих данных однозначно становится ясно, что незадолго до Фукусимы быда зарегистрирована пульсация с определенными интервалами и на определенных частотах, чего никогда не было раньше, и после этого ничего не происходило, ничего подобного. А после Фукусимы этот сервер был просто разрушен, и теперь данные больше не доступны. Но тогда эти данные были записаны, да, посмотрите на это*».[322]

Данные получены с помощью индукционного магнитометра, находящегося на станции в Гаконе (Аляска). Напряженность магнитного поля регистрируется с помощью этого индукционного магнитометра. На рисунке 32b показано зарегистрированное магнитное поле перед самым землетрясением, вызвавшим цунами: сильные колебания «*непосредственно перед и во время землетрясения 11 марта 2011 года в 05:46 UTC*».[323] Кроме того, перед землетрясением был зарегистрирован очень сильный перегрев атмосферы над Японией. Этог нагрев был измерен в инфракрасном излучении над эпицентром землетрясения в предшествующие дни с максимумом за три часа до землетрясения, см. рисунок 32c.

Вот комментарий:[324] «*Возникает вопрос: землетрясение, которое вызвало разрушительные последствия в Японии 11.3.2011, включая атомную катастрофу, природного происхождения, или оно было вызвано искусственно? В случае если оно вызвано искусственно, возникает вопрос о том, кто несет ответственность за это преступление, кто его заказал, и кто его совершил. Весьма вероятно, что требовалось всего несколько человек. С этой точки зрения возникает вопрос о том, было ли время выбрано сознательно в связи с другими мировыми событиями (Тунис, Египет, Ливия, Сирия ...)*».

Этот источник[325] также предполагает, что теперь технически возможно вызвать землетрясения руками человека. И мы знаем, что элиты не сомневаются в том, что подвергают риску большое количество людей в своих «экспериментах», самое позднее с момента раскрытия разоблачителем из США дю-Деборой Таварес.[326] Так что и здесь возникает вопрос: «Для кого это полезно?». В данном конкретном случае это приносит пользу финансовым элитам, которые, таким образом, создают угрожающий фон и заставляют отменить меры, направленные против них, чтобы контролировать свои финансовые операции в Японии, как было сказано в приведенном выше высказывании министра финансов Японии.

Какой же секрет прячется за разрушительным цунами, произошедшим 26 декабря 2004 года в Индийском океане, в результате которого погибло около 230 000 человек? В газете «Индия Дейли» от 29 декабря 2004 года можно прочитать: *«Было ли это цунами искусственным? Был ли это эксперимент по созданию землетрясения, который вышел из-под контроля? Хотела ли великая иностранная держава показать нам, на что она способна? Наш флот просят уточнить, что на самом деле произошло».*[327]

А итальянский генерал Фабио Мини в статье[328] *«Управлять погодой. Глобальная экологическая война уже началась»* пишет следующее: *«Никто не верит, что землетрясение, цунами или ураган являются чисто природными явлениями. Современные ядерные технологии, производство мини-ядерных боеголовок или изобилие атомных бомб позволяют вызывать подземные и подводные взрывы, которые, в свою очередь, могут привести к землетрясениям и цунами в особых условиях! ... И уже в 1977 году была заключена международная конвенция ENMOD о запрещении искусственных цунами, разрушении озонового слоя, контроле штормов и электрическом изменении ионосферы ... — но почему должно подвергаться остракизму что-то, чего предположительно не существует?»*

Если учесть, что власти, не знающие об угрызениях совести, лгали о войне в Ираке с ее предполагаемыми 0,5-1 миллионами смертей, следует исходить из того, что эти власти не боятся вызвать такое "искусственное цунами". По другим оценкам, в войне в Ираке погибло около 2,4 миллиона человек.[329]

Ураганы – вызваны искусственно?

Исходя из раздела *«Влияние человека на климат»*, мы теперь задаем вопрос: возможно ли сегодня технически искусственно создавать, контролировать и усиливать ураганы? В статье[330] автор пишет: *«США и, возможно, другие страны в настоящее время могут значительно влиять на погоду с помощью инженерно-геологических мер (электромагнитные волны / HAARP, хемтреллы). Это относится и к ураганам, вы даже можете в определенных пределах контролировать направление, в котором они движутся, и усиливать их при необходимости. Вы, вероятно, даже можете их вызвать ...»*. Ураганы, обрушившиеся на Соединенные Штаты в течение последних десяти, двадцати лет, намного превосходили известные ранее ураганы по силе и разрушению. Помогли ли военные? Например, это утверждает Мэри В. Максвелл, доктор философии, бакалавр права, в своей статье *«Ураган Харви, созданный человеком: военные могут управлять ураганом»*[§§§§§§§§§§,331]. Может ли это быть правдой? Да, например, другой автор, Дэйн Вигингтон, так видит это на geoengineeringwatch.org; в своей статье от 2010 года он говорит следующее об урагане Катрина, который начался 29 августа 2005 года и продолжался 11 дней: 2005 НАСА провело эксперимент в Мексиканском заливе, названный проектом GRIP (Генезис и процессы быстрой интенсификации), где НАСА, используя HAARP, превратило тропический шторм (они назвали его EARL) в ураган 4 категории, огромный ураган которые они затем успешно управляли в Мексиканском

[§§§§§§§§§§]"Искусственный ураган Харви: военные могут контролировать ураган"

заливе в течение 11 дней, а затем направили прямо в Новый Орлеан. Город был разрушен. Эта катастрофа была настолько разрушительной, что прорвало плотины, защищавшие город от моря, и город был затоплен водой, и десятки тысяч людей пришлось эвакуировать. По словам свидетелей, ранее они слышали взрывы, после которых прорвало плотины.[332]

Многое говорит за то, что эта катастрофа была «внутренней работой», поскольку один спекулянт, некий Джуда Герц (Hertz Investment Group), ранее скупал недвижимость в Новом Орлеане по низким ценам, особенно в районах, где проживали самые бедные слои населения и которые были полностью эвакуированы после катастрофы. Это вызывает подозрение, что этот спекулянт мог заранее знать о надвигающейся катастрофе, как это также было известно в случае 9/11[***********]

«Точно так же, как Сильверштейн арендовал две башни Всемирного торгового центра в Нью-Йорке за шесть недель до несчастного случая, так же и Герц незадолго до Катрины купил много недвижимости в Big Easy, когда цены были низкими».[333]

Ева-Мария Гриз в статье:[334] *«Экстремальная погода как оружие: мировой климат как испытательная лаборатория – были ли Харви и Ирма созданы искусственно?»* пишет: *«Предполагается, что ураганы 'Харви' и 'Ирма' явились результатом геоинженерии. Это обвинение в настоящее время выдвигается все чаще и чаще».* Далее она пишет: *«Эти массивные, возможно, искусственно усиленные штормовые системы, которые должны значительно доказать опасность глобального изменения климата, очевидно, направлены непосредственно на POTUS (президент Соединенных Штатов). Тем не менее, якобы искусственное изменение климата – это скорее бизнес-модель в форме индульгенций. Права на загрязнение являются предметом сомнительного бизнеса, их можно покупать, продавать и даже торговать*

[***********] 24 июля 2001 года Сильверстейн подписал договор аренды на 99 лет для двух башен-близнецов WTC1 и WTC2 и для WTC7, все из которых были уничтожены в результате стихийного бедствия 9/11, в результате чего он получил страховку в размере 4,6 миллиардов долларов. (Википедия)

на бирже. Отмена Трампом климатического соглашения в настоящее время угрожает этим прибыльным предприятиям, от которых корпорации, в частности, получили выгоду за счет торговли налогами на CO_2».

Озоновая дыра – создана искусственно?

Озоновая дыра над Антарктикой, которая впервые была измерена в 1970-х годах, была официально объяснена воздействием фторхлорированных углеводородов.[335] Но не могло ли быть так, что свою роль здесь сыграло также загрязнение хемтреллами окружающей среды в стратосфере? Итак, мы можем прочитать на странице *http://www.sauberer-himmel.de/untersuchungen/*:

«По крайней мере, теперь мы знаем, что хемтреллы[††††††††††] оказывают чувствительное влияние на образование озона и что это может быть причиной того, что солнце в настоящее время имеет такое жесткое излучение. И кто знает, может быть, технократы разрушили озоновый слой в ходе многих предыдущих полевых испытаний, поэтому теперь им приходится прибегать как сумасшедшим к использованию хемтреллов, чтобы технический плазменный слой смягчил жесткое излучение солнца».

Розали Бертелл описывает это еще более конкретно в своей книге «Земля военного оружия»[336]: *«25 июля 1990 года военные США запустили спутник, который содержал 16 больших и 8 маленьких канистр с химикатами – особенно барием и литием (согласно Регистру космических объектов*

[††††††††††] Даже если массовое опрыскивание (Chemtrails) в США началось только в 90-х годах, а в Германии – только с 2003 года, в 1978 году были проведены первые подобные эксперименты (см. Раздел *«Хемтреллы – ́Химический суп ́ в небе»*).

.

*ООН´). Их содержимое выбрасывалось в земную атмосферу с интервалом в 32 километра – **только чуть выше озонового слоя**. Эти действия были повторены в большем масштабе и на другой высоте в январе 1991 года... »* (выделено автором).

«В течение более 50 лет проводились эксперименты, влияющие на погоду, в которых химические вещества выбрасывались в атмосферу и, таким образом, вызывали реакции ... Химические вещества, выброшенные в атмосферу Земли, включали азид бария, хлорат бария, нитрат бария, перхлорат бария и пероксид бария. Все они легковоспламеняющиеся и оказывают разрушительное воздействие на озоновый слой. Только в 1980 году в атмосферу было выброшено около 2000 килограммов химических веществ». (« BertellWreckingDeutsch.pdf», см. Также *https://www.weather-modification-journal.de/dr-rosalie-bertell-2010-wie-unserer-planet-langsam-zum-wrack-gemacht-wird/*)

К несколько иному взгляду на проблему озоновой дыры приходят авторы видео[337] *«Der OZON-SCHWINDEL-...»*: «озоновая дыра» над Антарктикой не нова, она иногда уменьшается, иногда увеличивается, в зависимости от времени года, что является результатом перераспределения озона в стратосфере. При этом общее количество озона практически не меняется. Это означает, что «озоновая дыра» не была первоначально вызвана ХФУ, как это объявлено официально (Монреальский протокол), а обусловлена естественным перераспределением озона в стратосфере. Если этот вывод, который исследователи НАСА и российская группа геофизиков обнаружили с использованием спутниковых данных, является верным, то глобальный запрет на ХФУ, установленный в Монреальском протоколе 1987 года, был большой ошибкой. Этот запрет привел к глобальной замене холодильного оборудования и привел к огромному увеличению прибыли для этой отрасли. Здесь следует отметить, что даже до подписания Монреальского протокола существовали спутниковые данные, которые соответствовали вышеуказанным выводам, но не были приняты во внимание.

Индустрия защиты от солнца также получила пользу от Монреальского протокола. *«В течение многих лет мы верили, что солнце является одной из главных причин рака кожи, тогда как в действительности именно эти кремы могут вызывать его, потому что они содержат вредные для здоровья вещества со многими побочными эффектами. Некоторые из них способствуют развитию рака. Не только это. Вы также можете оказать серьезное влияние на ДНК. Не так давно НАСА объявило, что озоновый слой постепенно начинает восстанавливаться. Возможно ли, что НАСА сделало это, потому что многие ученые начали раскрывать большую ложь озоновой дыры? Но хуже всего то, что страх перед загаром остался в наших умах из-за предполагаемого исчезновения озонового слоя. Есть надежда, что однажды мы снова увидим огромную пользу от солнца, которую от нас всегда старались скрыть».*[338] Что касается вреда для здоровья, упомянутого в этой цитате, который наносят такие кремы, пожалуйста, обратитесь к учебной книге М. Шиммельпфеннига.[339]

Не следует забывать, что уменьшение солнечного излучения на Земле, вызванное интенсивным разбрызгиванием химических веществ над нашими головами, а также уменьшение воздействия солнечного излучения на нашу кожу с помощью солнцезащитных кремов, уменьшает положительное влияние солнечного излучения на наше умственное и физическое здоровье и наше благополучие. Психологически, потому что свет и солнечные лучи являются лучшими средствами от депрессии; физически, потому что солнечные лучи являются важнейшим естественным средством производства жизненно важного витамина D. *«Солнце также творит чудеса в предотвращении остеопороза, размягчения костей, диабета, высокого кровяного давления, деменции, рассеянного склероза, подверженности инфекциям или иммунным заболеваниям».* С помощью солнца многие якобы смертельно больные люди *могут снова выздороветь».*[340]

Лесные пожары – искусственные

Калифорния и Афины:

Под заголовком "Эксперименты с населением – второй 9/11?" в моей предыдущей книге "2025 – предпоследний акт..."... (стр. 204 и далее), отдельной темой были выделены "лесные пожары", которые бушевали в Калифорнии в октябре 2017 года и ноябре 2018 года и в Афинах 26.7.2018 года. На рисунках 23-26 в данной статье в качестве примера показаны результаты этих лесных пожаров. Эти три катастрофы, которые в государственных средствах массовой информации были охарактеризованы как лесные пожары, скорее всего, были вызваны применением реактивного оружия с воздуха, перевозимого специальными самолетами. Во время этих "лесных пожаров" лес на самом деле не сгорел; вместо этого стены и здания превратились в пыль, а автомобили расплавились, в то время как другие здания в непосредственной близости вообще не получили никакого ущерба. Были созданы реальные коридоры разрушения, совершенно не характерные для лесных пожаров. На рисунке 38 изображены четыре здания, три из которых были разрушены вплоть до фундамента, но четвертое все еще полностью сохранилось.

В видео[341] приводится ссылка на службу военной разведки, согласно которой они испытывали лазерное и пучковое оружие, так называемые DEW, которые были установлены на самолетах.

На рисунке 39 показана лазерная пушка, установленная на носу самолета «Боинг», для поражения целей в направлении полета, а также во всех направлениях вверх, вниз и в сторону от самолета. На рисунке 40 показана лазерная пушка, установленная **под** Боингом. Лазерные пушки также могут быть установлены на дронах.

Рисунок 38: Рисунок 38: Разрушение Санта-Розы, октябрь 2017: Отчетливо видны три здания, разрушенных вплоть до фундамента, в то время как четвертое, прилегающее здание, кажется полностью нетронутым. И окружающие деревья полностью нетронуты.[342]

Рисунок 39: Лазерная пушка, установленная на носу Боинга.[343] Лазерная пушка может поворачиваться на 360 ° вокруг продольной оси самолета и, по меньшей мере, на 180° вокруг оси,[344] перпендикулярной направлению полета, чтобы она могла стрелять по целям в направлении полета, а также вверх, вниз и в сторону от самолета.

Рисунок 40: Лазерная пушка, установленная под летательным аппаратом,[345] для стационарных и мобильных целей на земле. Что примечательно: активация лазерной пушки происходит без какого-либо излучения света или звука, поэтому она не обнаруживается при использовании.

Южная Америка:

Иная ситуация была с лесными пожарами в Южной Америке и Центральной Африке в конце августа 2019 года, которые, безусловно, не были вызваны радиационным оружием. Более вероятно, что будут далее осуществляться вырубка и сжигание, продолжающиеся последние несколько лет, с одной стороны, чтобы увеличить площадь под агротопливо,[346] а с другой - освободить место для плантаций масличных пальм.[347] Прибавьте сюда фермеров, также производящих вырубку и сжигание, чтобы получить пахотную землю для следующего сева, и огонь для сжигания отходов.

Однако очевидно, что лесные пожары в Южной Америке используются государственными средствами массовой информации, чтобы подчеркнуть «антропогенное изменение климата», а также поддерживать и усиливать страх в умах людей. Эти пожары были главной темой в новостях государственной службы, и в комментариях неоднократно предполагалось, что они связаны с антропогенным изменением климата, и масштабы этих лесных пожаров передавались в жилища людей с впечатляющими спутниковыми изображениями. Области, где горело, были выделены темно-красными цветами. Сообщение: мы должны что-то с этим сделать, и мы должны действовать быстро. Поскольку огромное количество CO_2, образующегося в результате этих пожаров, разрушит все наши усилия по сохранению климата и предотвращению достижения климатической цели, ограничение глобального повышения температуры максимум на 1,5 градуса. Это сохраняет страх перед надвигающимся климатическим кризисом, накапливающимся в населении, и продолжает питать его. На focus.de вы могли прочитать 24 августа 2019 года: «В Бразилии зарегистрировано больше лесных пожаров, чем когда-либо до этого года». Но, очевидно, это не так. В период с 2002 по 2010 год количество пожаров, подсчитываемых ежегодно в Бразилии, было примерно сопоставимым (2002 и 2006 годы) или даже значительно бо́льшим (2003, 2004, 2005, 2007 и 2010 годы).[348] В этом цитируемом источнике также говорится, что спутниковые изображения, предоставленные НАСА, были обработаны таким образом, что видимые зоны горения непропорционально оптически усилены и отмечены красным, создавая впечатление огромных лесных пожаров, что пробудило большую часть Бразилии и соседних стран. Например, на спутниковых снимках, которые можно найти в Интернете, кажется, что горит вся южная часть соседнего Парагвая, см. рис. 41. Однако на реальных изображениях из Парагвая,[349] в радиусе около 200 км от центра района, отмеченного красным цветом, не видно крупных пожаров, а всего лишь несколько небольших рассеянных дымовых столбов, где жители сжигают свои отходы.

Другой аспект также интересен. Эти лесные пожары использовались для настроя против президента Бразилии Хейра Больсонаро, который занимает этот пост с начала 2019 года. *«Подобно Трампу, Джейр Больсонаро также выступает против глобалистской корпоративной диктатуры. Оба отвергают неолиберальное торговое соглашение «Меркосур». Они также удалили Пакт о миграции и Парижское климатическое соглашение. При такой политике они выступают против истеблишмента и, соответственно, становятся сильными врагами. Тот факт, что сеть неправительственных организаций Сороса, средства массовой информации и климатические знаменитости Болсонаро сразу же выбрали его в качестве великого козла отпущения, является толчком для его политической ликвидации».*[350] При этом следует помнить, что НПО являются пионерами войны, насилия и террора.[351]

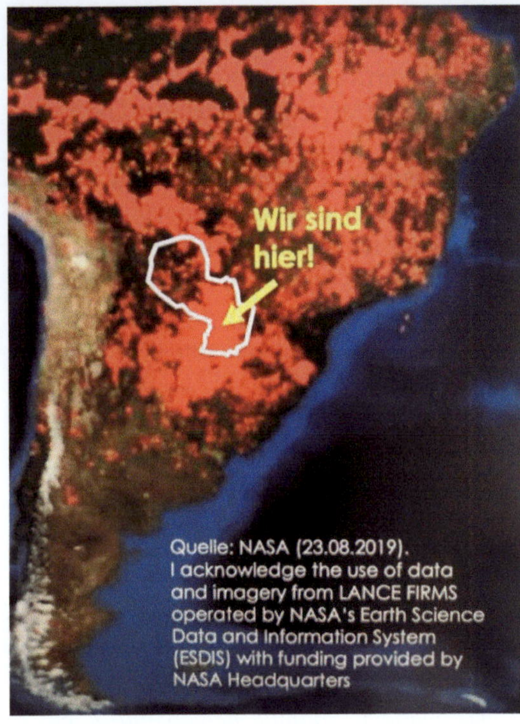

Рисунок 41: Карта Южной Америки,[352] на которой пожары, зарегистрированны е через спутники, отмечены красными точками. Район, обведенный белой линией, - это Парагвай, где, кажется, все горит в южной половине.

Австралия:

Лесные пожары бушуют и в Австралии. Большинство из этих пожаров вызваны поджогами, и засуха, которая царит там каждое лето, способствует пожарам. В новостях ZDFheute ответственность за пожары была возложена на годы засухи в значительной части Австралии, и это представлено как результат **изменения климата**.[353] Но так ли это на самом деле? Австралия известна своими огромными лесными пожарами каждый год в жаркую погоду. Но в 2019/2020 годах кустарниковые пожары приобрели новое качество. Изменение климата? Однозначно НЕТ. «*Официальная линия, которую внушают людям, заключается в том, что причина* (самая сильная засуха) *заключается в изменении климата и глобальном потеплении. Это то, что правительство проталкивало через СМИ, но это не правда, люди. На самом* *деле, эта ситуация была намеренно создана правительством».*

Эти лесные пожары в основном созданы человеком, особенно в результате поджогов. В 2019/2020 гг.[354] они вспыхнули **одновременно во многих не связанных друг с другом местах, что четко указывает на запланированное,**[355] преднамеренное, согласованное начало этих пожаров. Из разных источников стало известно, что 100 или почти 200[356] поджигателей были арестованы. Ну, можно сказать, что они были и в предыдущие годы. Но в этом году есть и мотив: хочется четко показать людям, что глобальное потепление реально, и углубить его, внушая страх людям. Но не только это, но здесь явно поможет и вопрос «кому это выгодно?». За этим также стоят серьезные экономические интересы. Бóльшая часть восточной части Австралии страдает от сильной засухи, при этом реки в основном высохли, что вызвано строительством многих плотин частными инвесторами / корпорациями, но в основном оплачивается налогоплательщиками.[357] Это привело к высыханию многочисленных рек, которые ранее снабжали водой восточную Австралию. Степень, в которой дефицит воды достиг этих районов Австралии, иллюстрируется этой записью на веб-сайте MIMIKAMA:[358] *«Согласно AFP, в настоящее время еще два пожара превратились в огромный пожар. Пожарная бригада в Австралии считает, что сухие грозы и сильный шторм будут дополнительно разжигать огонь. Ситуация в Австралии удручающая. В настоящее время это заходит так далеко, что 10 000 верблюдов могли бы быть расстреляны, как конкуренты людям из-за воды в засушливых районах».*

Упомянутые выше плотины в основном используются для водоснабжения фракционирующей промышленности,[359] которая в последние годы пережила значительный бум в Австралии. Другой момент заключается в том, что бóльшая часть этих пожаров произошла главным образом в районах, где должна быть построена высокоскоростная железнодорожная линия. Люди, которые жили там, должны быть изгнаны огнем. Они хотят перевезти этих людей, пострадавших от пожаров, в другие районы, и они хотят помешать им вернуться в свои дома, чтобы восстановить их. На Zeit.de вы могли бы прочитать: *«240 000 человек должны быть эвакуированы - если вы можете, вы должны покинуть свой дом - австралийские власти призывают к эвакуации. По словам премьер-министра Моррисона, перспективы прекращения пожара не предвидится».*[360] Еще одной причиной преднамеренных пожаров может быть запланированная высокоскоростная линия в юго-западной Австралии.[361]

Этот проект запланированного переселения отвергается как теория заговора, о чем можно прочитать на вышеупомянутой странице MIMIKAMA, странице проверки фактов: *«Пожары в Калифорнии в 2018 году, а также нынешние пожары в Австралии не имеют ничего общего с соответствующими скоростными линиями. Sharepics, которые были опубликованы в качестве предполагаемых доказательств (рис. 42), слишком малы и сжаты, чтобы это можно было серьезно утверждать».*[362] На рис. 43 показана карта, где зоны пожара и запланированная высокоскоростная железнодорожная линия были размещены непосредственно друг на друге. Согласно этому сопоставлению карт, MIMIKAMA утверждает, что *«между этими двумя областями почти нет совпадений».*[363] Решайте сами, дорогой читатель, что может быть правдой: утверждение о том, что пожары были умышленно начаты, или же вы считаете это заявление абсурдом.

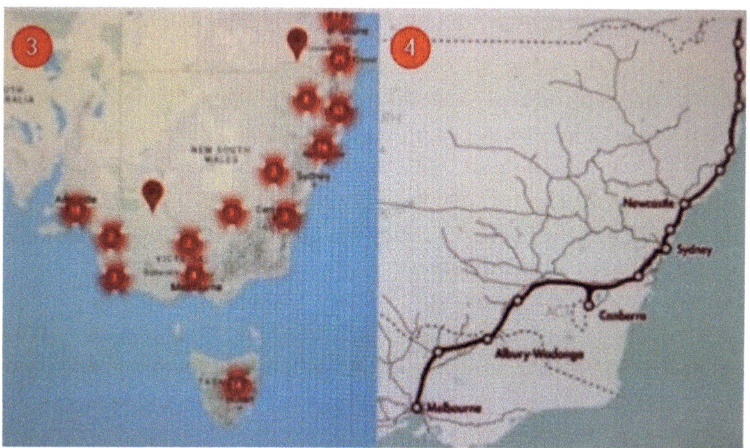

Рисунок 42: Сравнение самых больших лесных пожаров (слева) с запланированной высокоскоростной железнодорожной линией (справа).

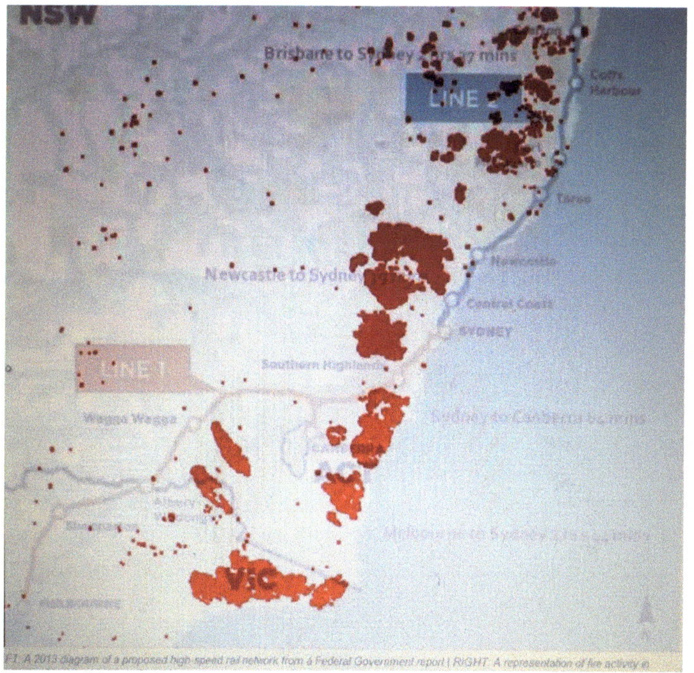

Рис. 43: Плановая скоростная железнодорожная линия и зарегистрированный пожар (красного цвета) с наложением.

Я более склонен к первоначальному утверждению, что пожары имеют какое-то отношение к созданию фактов, что должны быть созданы условия не только для планируемой высокоскоростной железнодорожной линии, но и что за этим стоит гораздо более крупный проект, а именно AGENDA 21 и AGENDA 2030 г., т.е. отдалить людей из сельской местности и приблизить их к городам для лучшего контроля (см. часть 1 этой трилогии, раздел «Каждого приведут к городам»[364]). *«Они используют вооруженные силы, чтобы оккупировать территории и не дать людям вернуться в свои дома. Итак, что они делают здесь с этими пожарами, так это то, что они все выбрасывают их из страны ... И если у вас возникнут проблемы, Федеральная полиция Австралии просто устранит их, потому что вы находитесь в месте, которое из-за **изменения климата** вредно для здоровья. Военные займут этот район и не позволят людям вернуться в свои дома. Это то, что они планируют, люди. И они показывают миру, как это сделать. И это то, что вы можете ожидать в большинстве стран. Местные органы власти в Австралии всегда получают свои распоряжения от местного сообщества, которое получает инструкции непосредственно от Организации Объединенных Наций. Это AGENDA 21. Это то, что здесь происходит, люди и то, что запланировано»*[365] (выделено автором).

5. Контроль над разумом и трансгуманизм

"Похоже, что вы (заговорщики) нуждаетесь в ИИ (искусственном интеллекте) и трансгуманизме, чтобы поддерживать жизненный цикл, работать с драконовскими существами и генетически модифицировать человечество, чтобы оно стало рабами".[366] (Лора Эйзенхауэр, правнучка 34-го президента США.)

Депрессия из-за коммуникации

«Никогда раньше люди не были осведомлены так хорошо об истине в вопросах политики, здравоохранения и охраны окружающей среды с такими большими усилиями, благодаря хорошему сотрудничеству с промышленностью, политикой и системными СМИ, как в вопросах мобильной связи. ... И тот, кто утверждает, что научно обоснованные предельные значения защищают нашу природу и здоровье, не имеет специальных знаний или лжет. Существуют только эти два варианта. И если еще немного людей не проснутся сейчас и не помогут нам повернуть штурвал, мы скоро все вместе будем сидеть в смертельной радиационной клетке цифровой тюрьмы, конечно же, без денег ... »[367]

Анке Керн произнесла эти драматические слова в своей лекции на 16-й антихирургической конференции (AZK). Это преувеличение? Давайте разберемся с этим. В последние десятилетия были созданы технические требования для неограниченной связи, которые видны всем в радиационных мачтах, установленных по всей стране. Они принесли нам благословение неограниченного общения в виде сотовых телефонов и использования беспроводного Интернета, но в то же время – что Чмы объясним ниже – проклятие начинающегося снижения наших умственных и психологических способностей и разрушения нашего физического здоровья. Даже во время нормальной работы, без дополнительных манипуляций, они представляют опасность для здоровья. Чего мы обычно не знаем, так это того факта, что радиационное воздействие излучения сотового телефона чрезвычайно велико; плотность потока мощности в ухе составляет в среднем 2000 мкВт/м², иногда намного выше. Следовательно, мобильный телефон представляет потенциальную опасность для здоровья при частом его использовании; Немецкая медицинская ассоциация рекомендует максимально допустимую плотность потока мощности 1000 мкВт/м².[368] Как правило, также не известен тот факт, что существует большое количество патентов, которые позволили бы значительно (!) уменьшить излучение сотового телефона, не влияя на качество связи. Эти патенты находятся в ящике операторов мобильной связи, и возникает вопрос: *«Разве не возможно, чтобы в индустрии мобильных коммуникаций были те же инвесторы, что и в фармацевтической промышленности?»*[369]

Также следует отметить, что верхние допустимые значения, разрешенные в Германии, на десять в несколько степеней раз превышают максимальное значение, рекомендованное Немецкой медицинской ассоциацией:[370]

Федеральная медицинская ассоциация: 1000 мкВт / м²
UMTS: 10 000 000 мкВт / м²
Сеть D: 4 500 000 мкВт / м²
Е сеть: 9 000 000 мкВт / м²

В научном исследовании с 2006 по 2016 год связь между необычным повреждением деревьев и излучением сотового телефона была исследована в двух немецких городах (Бамберг и Хальштадт).[371] *«Что особенно поражает, так это одностороннее повреждение верхушек деревьев, которое нельзя объяснить засухой, заморозками, бактериальным или вирусным заражением, грибами, загрязнителями воздуха или почвы и тому подобным. На 60 поврежденных деревьях была обнаружена заметная разница между измеренными значениями подвижного радиоизлучения на обращенной к передатчику и обращенной от передатчика стороне верхушек деревьев. В направлении мобильного радиопередатчика измеренные значения составляли от 80 до 13 000 мкВт/м², на стороне от передатчика – от 8 до 720 мкВт/м². Во всех случаях был прямой визуальный контакт с подвижным радиопередатчиком с поврежденной стороны».* Это означает, что уровни излучения 80 и 13 000 мкВт/м², значения которого на три порядка ниже, чем разрешенный в Германии максимум (см. выше), уже нанесли устойчивый ущерб кроне дерева. Это является *«дополнительным доказательством того, что правовые предельные значения защищают произвол промышленности, а не здоровье населения и природы и, следовательно, являются явным обманом населения».*[372]

И теперь это становится действительно ужасным; потому что технические устройства мобильной радиосвязи могут использоваться непосредственно в качестве так называемого радиационного оружия путем модуляции так называемых низкочастотных интервалов, например импульс 8,34 Гц и 2 Гц. Эти частоты находятся в так называемом «диапазоне Шумана», то есть резонансной частоте Земли, а также человеческого мозга. Определенная информация теперь может модулироваться на эту частоту Шумана; например, если вы используете частотный паттерн мозга у людей, страдающих депрессией, мозг облученного человека будет резонировать, и у больного будет депрессивное настроение».[373]
Различные диапазоны мозговых волн в так называемом диапазоне ELF, который простирается от 1 до 100 Гц, характерны для работы человеческого мозга:[374]

Дельта-волны (1-3 Гц): глубокий сон, кома
Тета-волны (4-7 Гц): гипноз, транс, сон
Альфа-волны (8-12 Гц): медитация, расслабление

Бета-волны (13-40 Гц): бодрствование до максимального возбуждения.

Излучение в этих частотных диапазонах может вызвать психологические изменения у людей. Импульсная энергия, а именно импульсы, которые возникают через равные промежутки времени, в частности в диапазоне от 1 до 50 Гц, представляют опасность для людей. Для человеческого сердца это 1 Гц импульсов. Импульсы 1-3 Гц влияют на характер сна, импульсы 3-5 Гц вызывают паранойю и галлюцинации, импульсы 6-7 Гц депрессию, спутанность сознания и мысли о самоубийстве.[375]

Точное знание этих взаимоотношений позволяет получить доступ к сложным нейрокогнитивным процессам, связанным с человеческим Я, сознанием и памятью. При облучении мозга с определенной интенсивностью соответствующими частотами происходят изменения в паттернах мозговых волн, и функция мозга нарушается, что может привести к серьезным расстройствам. Эта манипуляция психической функцией нарушает неврологические и физические функции. Воздействие на здоровье может быть значительным, поскольку мозг человека и различные другие органы работают с электромагнитными волнами в диапазоне ELF.

Другим типом радиационного оружия является так называемое микроволновое оружие, которым должна быть оснащена или уже оснащается полиция. Это микроволновое оружие работает аналогично нашей бытовой микроволновке, благодаря чему органические вещества нагреваются изнутри, но с гораздо большей энергией. Человек, на котором применяется это оружие, чувствует невыносимую жару, которая, кажется, исходит от «ничего»; это невидимое оружие без запаха и звука, дальностью до 1000 м.[376] Оно нагревает молекулы в коже человека до 55°C. Говорят, что это оружие даже вызывает рак.[377] Вызывает рак? Как это работает? Мелатонин является частью "онкологической полиции". А влияние технически генерируемого электромагнитного излучения может снизить выработку мелатонина в организме человека.[378] Мелатонин также является предшественником серотонина, гормона счастья. Таким образом, уменьшение количества мелатонина с помощью ЭМП (электромагнитных полей) также может быть причиной вялости, стресса и выгорания, что широко распространено в наше время.[379]

Другим эффектом является открытие гематоэнцефалического барьера с помощью технически генерируемой импульсной ЭДС, которая ограничивает его естественную защитную функцию и тем самым позволяет большему количеству токсинов окружающей среды проникать в мозг, что в долгосрочной перспективе приводит к неврологическим расстройствам, болезни Альцгеймера и деменции.[380]

Это микроволновое оружие проникает даже через каменные стены и может быть использовано против демонстрантов на улице, если они появляются в большом количестве и с ними больше нельзя бороться обычными средствами насилия.[381]

Дальше больше: существует патент США (US PATENT 6506148 B2) «ДЛЯ ВОЗДЕЙСТВИЯ НА НЕРВНУЮ СИСТЕМУ ЧЕРЕЗ ЭЛЕКТРОМАГНИТНЫЕ ПОЛЯ МОНИТОРОВ» [382], что означает, что обычный, ничего не подозревающий гражданин, сидящий перед телевизором, получает от его экрана определенную дозу радиации в определенном частотном диапазоне, которая человеку не подходит.

«5G» и трансгуманизм (трансгуманистическая повестка дня)

«Глобальная битва за человеческий мозг началась ... Чем дальше мы от последней программы MK Ultra[‡‡‡‡‡‡‡‡‡‡‡], тем ближе следующая».[383]

Следующее поколение мобильной связи, сеть 5G, находится в стадии подготовки и уже установлена в некоторых городах. Сеть 5G обеспечивает еще более высокую дозу облучения человека, чем предыдущие поколения мобильных телефонов. Поскольку население оказывает сопротивление и протестует против установки 5G, антенны 5G частично замаскированы и спрятаны в местах, где обычный гражданин не подозревает, что это антенны 5G, спрятаны в дымоходах, уличных фонарях, на незаметных уличных постах. Активисты обнаружили, что такие антенны были размещены рядом со школами, больницами, спортивными площадками, автостоянками перед большими торговыми центрами и другими центральными местами, где каждый день живут многие люди.

5G - это "Интернет вещей", на основе которого действительно все может быть подключено к сети, включая самоходные автомобили, которые используют компьютер с дистанционным управлением для навигации к указанному месту назначения без необходимости или возможности вмешательства человека/водителя. *«Устройства могут реагировать на инструкции из сети практически без задержки. В результате автомобиль тормозит достаточно быстро, когда транспортное средство впереди заносит на поворотах — и передает эту информацию двигающемуся позади него.»* [384] В худшем случае для водителя автомобиль также может быть выключен извне, при серьезных сбоях в системе возможен даже несчастный случай.

[‡‡‡‡‡‡‡‡‡‡‡] MK Ультра - программа «промывания мозгов» ЦРУ 1950-х годов

«5G угрожает здоровью?» – видим такой заголовок на Spiegel.de.[385] Во вступительных предложениях опасность «5G» преуменьшается. Поэтому вы можете прочитать там: *«Тем не менее, некоторые люди беспокоятся из-за перехода на 5G – также из-за часто сомнительных и истеричных отчетов в Интернете».* И в 10 комментариях к статье говорится в основном о преувеличении опасности 5G. Например: *«Вода также опасна, если она покрывает всю голову. И слишком много шоколада тоже. И WiFi. И телевидение. НЕТ знаний о радиационно-индуцированном раке, но есть много-много глупых людей, которые просто отвергают все новое. Или связано с ′радиацией′».* Опасность «5G» здесь преуменьшается, и нужно задаться вопросом, выступал ли Spiegel.de от имени заинтересованных групп.

Совсем другое в статье в «Junge Welt»[386]: Уолл-Виттенберг из Университета Мартина Лютера цитирует В. Кюлинга: *«Он называет ′5G′ ′экспериментом над живым объектом′. По мнению геолога, доказано, что на мозговые волны влияет высокочастотное излучение мобильной связи, генетическая информация дестабилизируется, а сперма повреждается. ... Международное агентство по исследованию рака (IARC) Всемирной организации здравоохранения (ВОЗ) классифицировало электромагнитное излучение сотового телефона в 2011 году как ′возможно канцерогенное′. И есть ряд исследователей, которые советуют повысить уровень риска до «вероятно канцерогенного», как в случае с глифосатом».*

Главная опасность «5G» заключается в том, что он особым образом воздействует на биосферу нашего тела. Предыдущая система «4G» также может делать это, но это не направлено на конкретного человека. С помощью «4G» люди все еще могли избежать влияния радиации, например, отключив WiFi или изменив среду обитания; с «5G» это вряд ли возможно. Опасно то, что эти электромагнитные волны могут непосредственно воздействовать на связь клеток человека и влиять на них на уровне ДНК. Это серьезная опасность, которую официально преуменьшают, однако, отмечая, что хотя наш мозг и нервная система также используют «крошечные электрические импульсы», но опасность не была выявлена: *«Предыдущие исследования отмечали небольшие, но относительно постоянные воздействия на деятельность мозга через высокочастотные электромагнитные поля, относящиеся к мобильной связи'*, – говорит эксперт Дриссен. *Достаточные доказательства воздействия на здоровье не были продемонстрированы».*[387]

Тем не менее, существует патент от 2002 года,[388] который предполагает, что эта система 5G может использоваться для генерирования определенных, предопределенных извне, состояний сознания у людей. Этот способ (влияющий на уровне ДНК) может манипулировать человеческим мышлением и чувствами и даже вызывать депрессию. Нарушения сердечного ритма могут быть вызваны серьезными последствиями для конкретного, выбранного человека через частоту сердечных сокращений. «5G» является важным технологическим шагом в направлении **«Трансгуманистической повестки дня»**, которая должна быть завершена в 2045 году,[389] по крайней мере, в соответствии с планами элиты. Цель – полный контроль над человеком и контроль над разумом, подавление воли людей и разрушение их собственной идентичности. Как работает контроль сознания, очень впечатляюще объясняется в видео[390] со ссылкой на этот патент. Изобретение, на котором основан этот патент, относится к *«устройствам и способам передачи информации на большие расстояния посредством электромагнитного излучения без необходимости использования электронных вспомогательных средств со стороны получателя ... В соответствии с изобретением, связанное модулированное электромагнитное излучение направляется в организм получателя таким образом, что запускаются реакции, которые соответствуют предполагаемой передаче мысли».* В этом патенте на странице 3 говорится: «... *В отличие от обычного направленного радио, электромагнитный луч (мысленный луч) напрямую внедряется* *в организм принимающего, например, в голову, кору головного мозга, внутреннее ухо, слуховые или зрительные нервы. В зависимости от специальных сигналов, вводимых в электромагнитный луч (например, посредством амплитудной модуляции), эта связь вызывает предполагаемое изменение мыслей в принимающем. ... Например, в простом варианте устройства передачи мысли оператор устройства (наблюдатель) говорит фразу, которая должна быть отправлена в микрофон, электрический сигнал микрофона преобразуется в последовательность импульсов с помощью электроники (...), последовательность импульсов модулируется микроволновым лучом, который отправляется на приемник, и имеет настолько низкую интенсивность, что приемник не имеет сознательного восприятия вещания, а действует только подсознательно. ... В более сложной версии устройства передачи мысли оператор (наблюдатель) устройства вводит мысль, эта мысль отправляется в компьютер (...), который использует таблицы или нейронные сети для преобразования этой подлежащей отправке мысли в последовательность сигналов. Это модулируется в микроволновый луч, который посылается на приемник».* Так что здесь мы всегда говорим о микроволновом луче. *«Микроволновый луч – это именно то, что у нас есть сейчас и чего мы можем ожидать в будущем».*[391] На странице 10 этого патента, пункты 24–27, вы можете прочитать, что возможно сделать с помощью этого «метода направленной радиосвязи»:

Пункт 24: *«...связанное модулированное электромагнитное излучение воздействует на организм получателя таким образом, что вероятность намеренного изменения мыслей или действий получателя составляет более 95%».*

Пункт 25: ... *«происходит влияние на чувства, основанное на эффекте модулированной микроволновой энергии».*

Пункт 26: *«...мысли передаются конкретному человеку через предметы из бетона, камня, пластика или дерева».*

Пункт 27: *«...мысли передаются конкретному человеку на расстоянии более 10 км».*

С помощью этого метода направленного излучения вы можете полностью контролировать мышление, чувства и желание конкретного человека извне, даже на большом расстоянии и через каменные стены.

«И эти жесткие интервалы этих микроволновых излучений с очень высокой плотностью потока мощности... теперь окружают всю Землю, потому что у нас уже есть тысячи спутников вокруг Земли. С 5G добавятся еще десятки тысяч. ... И, конечно же, все радиомачты тоже. Они имеют такие сильные уровни радиации, в миллиарды раз выше, чем естественное излучение Земли, которые подвергают жесткому излучению все живые организмы».[392]

Сильные уровни радиации, как упомянуто в этой цитате, являются не самой серьезной проблемой 5G, но они связаны с **biorelevance** (биологической релевантностью); частота излучения находится в том же диапазоне, что и сообщение на клеточном уровне, т.е. «5G» может использоваться для управления биологическими функциями живых существ, включая людей, и для нарушения биокоммуникаций. Эта интерференция особенно усиливается эффектом поляризации, потому что при коммуникации 5G волны поляризуются.[393]

При помощи микроволн, даже очень низкой интенсивности, можно управлять ионными каналами человеческих клеток, что оказывает прямое воздействие на нашу иммунную систему. *«В качестве шлюзов выступают чувствительные к напряжению ионные каналы: в зависимости от напряжения мембраны они управляют потоком ионов между внутренней и внешней поверхностью клетки: когда шлюзы открыты, поток ионов осуществляется без дополнительного ввода энергии, из места их более высокой концентрации в место более низкой. Неравномерное открытие или закрытие этих каналов, вызванное внешним излучением, нарушает естественный электрохимический баланс между внутренней частью клетки и окружающей средой и, таким образом, может привести в движение различные последующие химические реакции внутри клетки, которые вредны для клетки и могут даже привести к ее повреждению. Преобладающим результатом является окислительный клеточный стресс».*[394] Поляризованное электромагнитное излучение еще более опасно для человеческого организма: *"Поляризованные (!) электромагнитные волны (например, "5G") могут беспорядочно, без биологической необходимости активировать чувствительные к напряжению ионные каналы (канальные белки) в клеточной мембране, даже при низкой интенсивности. Неполяризованные волны – такие как солнечный свет и многие другие природные электромагнитные волны – не могут этого сделать даже при гораздо более высокой интенсивности или сопоставимой интенсивности, а только вызывают нагрев, который опасен только с биологической точки зрения при гораздо более высокой интенсивности или продолжительности воздействия."*[395]

Другая опасность 5G излучения заключается в следующем: В видео[396] утверждается: *«Реальная причина 5G в 1000 раз хуже, чем радиация».* В частности, речь идет об имплантации нанороботов в мозг людей для того, чтобы взять под контроль активность нейронов и управлять ею дистанционно через облако «5G». *«Наночипы и ´Smartdust´ (´умная пыль´) – это новые технологические средства для продвижения человеческих микрочипов. Благодаря своим невероятно малым размерам наночипы и умная пыль могут проникать в организм человека, оседать там и создавать внутри синтетическую сеть, которой можно дистанционно управлять снаружи».* Мы говорим об «интеллектуальных пылевых частицах» («Smartdust»), которые встраиваются в мозг и образуют совершенно новую форму интерфейса между мозгом и машиной. Это четвертый аспект, которым служат хемтреллы (см. Раздел «Chemtrails – ´Химический суп´ в небе»), а именно распыление так называемых нанороботов. После того, как они попадают в дыхательные пути незаметно для людей, они могут управляться дистанционно из центрального офиса. Этот комплекс призван влиять как на мышление людей, так и на их действия. Размер этих микрочипов находится в диапазоне четверти толщины человеческого волоса (по состоянию на 2016 год), т.е. оптически практически не обнаруживается.[397]

«Это окончательное порабощение, из которого не будет никакого выхода, по крайней мере, в одиночку».[398] Это окончательное порабощение является частью программы Кабала EUGENIK, известной как **«Трансчеловеческая повестка дня».**[399] Успешный эксперимент с жуком с дистанционным управлением, который был включен в десятку лучших технологий 2009 года, показал, что это не просто фантазии или бред.[400] *«На минуте 1:18 в видео (показано) показано, как жук управляется дистанционно с помощью смартфона, и цель исследования – сделать то же самое с людьми!»*[401]

*«**Заключение**: (То, что происходит, – кошмар.) По иронии судьбы, большинство из нас, не подозревая ни о чем, смотрят на экраны своих смартфонов, в то время как излучение разрушает их ДНК. Любой, кто задается вопросом, почему правительство так небрежно и практически за закрытыми дверями принимает решение о расширении облака 5G, должен знать, что риск для здоровья технологии 5G является частью более важного плана. Швейцарское телевидение опубликовало трансгуманистическую повестку дня в политической программе «Арена» 8 марта «Кто боится 5G?» Несколько насмешливо, но удивительно честно. Речь идет о подключении всех людей к глобальному облаку 5G с помощью микрочиповых имплантов, аналогично тому, что уже происходит со смартфонами сегодня. Имплантированные микрочипы – это дальнейшая разработка смартфонов, которые большинство людей уже носят постоянно на своем теле. Перемещение их в тело – лишь маленький шаг, и, к сожалению, для многих это почти само собой разумеющееся. Пионеры движения за правду, такие как Алекс Джонс или Дэвид Айк, предупреждали об этом на протяжении десятилетий. То, что считалось шокирующим и невообразимым в то время, теперь воспринимается как нормальное для больших слоев населения, потому что воплощение этого плана продвигалось **небольшими шагами»*[402] (выделено автором).

12 апреля 2019 года t-online.de сообщило:[403] *«Правительство Бельгии остановило проект 5G в Брюсселе. Оно опасается, что значения радиационной защиты не будут соблюдены».* ... Сразу возникает вопрос: почему именно в Брюсселе? Парламент ЕС и Комиссия ЕС находятся в Брюсселе. Последняя является расширенной группой главных героев НМП, которые изо всех сил проводят в жизнь глобализацию; они представляют интересы глобалистов, элиты. Возможно, речь идет только о защите их от последствий радиации? *«Европейская комиссия попросила каждое государство-член ЕС оборудовать город 5G. В Бельгии выбор пал на Брюссель. Здесь три провайдера собрались вместе и договорились с городом об ослаблении строгих радиационных правил города, сообщает Fierce Wireless. В городе действуют самые строгие в мире нормы радиационной безопасности».*[404]
Как сообщается, в Англии испытательный участок, где «5G» был введен в эксплуатацию на испытательной основе, показывает, что в парках больше нет насекомых или птиц.[405]
И в эксперименте с «5G» в Гааге сотни птиц, как говорят, упали замертво с деревьев. Там *«большие стаи перелетных птиц собрались и сидели на деревьях вокруг, чтобы начать свой путь на юг. Внезапно сотни из них были найдены мертвыми на земле. Все животные умерли от сердечной недостаточности, хотя они были физически здоровы. Не было никаких признаков заболевания, вирусов, бактериальных инфекций, заболеваний крови, отравлений и т. д. Единственным разумным объяснением оставалось воздействие микроволн. Потому что они, как известно, влияют на сердца птиц!»*[406]
В вышеупомянутой статье Tagesschau.de[407], однако, эта смерть птиц была приписана другой причине, «отравлению из-за обработки тиса». В другом источнике вымирание птиц объясняется тем, что *«они умерли от ядовитых компонентов ягоды тиса».* Что является правдой?

Учет гендерных факторов и трансгуманизм

«В течение 30 лет у нас будет технология сверхчеловеческого интеллекта. Вскоре человеческая эра закончится». (Вернор Виндж, трансгуманист, математик и ученый в своем эссе, 1993, «Предстоящая технологическая сингулярность»[408])

Мы, пожилые люди, – последнее поколение, которому не нужно пройти этот путь до конца. Кошмар ждет наших детей и их потомков.

Что такое гендерный подход? *«Многие люди считают, что учет гендерной проблематики – это просто новый термин для эмансипации и равных прав женщин. Принципиальная ошибка – так хотели создатели этого термина! Многие люди думают, что пол, будь то мальчик или девочка, мужчина или женщина, четко определен природой, а также тем, кто является матерью или отцом. Это было правдой в течение последних 5000 лет, но не сейчас. Есть люди, которые активно хотят это изменить, – и это делает их очень успешными».* [409] Представители этой идеологии утверждают, что биологический пол, мужской или женский, является лишь социологической конструкцией.[410]

Основой этого проекта является документация *«Обнимашки, чувства, игры в доктора»*[411] для конференции *«Половое воспитание детей в раннем возрасте»*. На этой основе правительства штатов уже законно приняли так называемый «гендерный план», согласно которому, помимо существующих уроков по половому воспитанию, дополнительно вводится гендерная идеология, начиная с первого класса и даже в дошкольном возрасте. *«В своих ´Стандартах полового воспитания в Европе´ ВОЗ фактически предлагает информировать детей в возрасте от 0 до 4 лет о мастурбации и предоставлять возможности для изучения их* *гендерной идентичности. В возрасте от 4 до 6 лет детей следует учить однополым отношениям и уважать различные нормы, связанные с сексуальностью»*[412]. За этими усилиями в направлении ранней половой жизни наших детей стоит ООН со своими специализированными организациями ЮНИСЕФ, МФПР[§§§§§§§§§§§], ЮНФПА[***********].[413] В нескольких федеральных землях Германии дети из детских садов уже сталкиваются с книгами и игровыми материалами по различным моделям семьи и гендерному разнообразию (ЛГБТ-ТИ[†††††††††††††]).[414] Детей в возрасте от трех лет учат, что не имеет значения, какой пол они выбирают, и как складывается семья.

Поэтому проект *«Учет гендерной проблематики»* касается не только равенства мужчин и женщин или различных партнерств. Фактически, «учет гендерной проблематики» – это нападение на двуполость людей, на брак мужчин и женщин и на обычную семью.[415] *«Но результатом является не свободный человек, а психически неполноценный человек, у которого плохая уверенность в себе, он не способен связать себя с другим человеком, не может создать семью, не может практиковать солидарность и сводится к самым низким инстинктам – идеальный субъект».*[416]

Но в проекте «Учет гендерной проблематики» есть гораздо больше. Конечная цель – **физически** устранить различия между мужчинами и женщинами. Но все по порядку; в долгосрочной перспективе учет гендерных факторов преследует четыре цели:
1) все больше смещать образовательное влияние семьи или родителей в сторону государства,
2) разрушение семьи,
3) половое развращение и, следовательно, создание предпосылок для замены естественного репродуктивного

[§§§§§§§§§§§] Международная федерация планирования семьи
[***********] Фонд народонаселения ООН
[†††††††††††††] Лесбиянки, геи, бисексуалы, транссексуалы и т.д.

процесса в долгосрочной перспективе ретортным производством человеческой жизни и

4) устранение неконтролируемого естественного процесса «любовь между двумя людьми разного пола», потому что он затрагивает частную область жизни, которая находится вне контроля и прямого влияния элиты.[417]

Кошмар

Человек лишен своей человечности.
Человек играет Бога.

Учет гендерной проблематики в том виде, в каком она преподается и практикуется в наших школах сегодня, в том виде, в каком она пропагандируется и распространяется Министерством образования, властями и общественными средствами массовой информации, является лишь безобидным предварительным этапом к тому, чего нам придется опасаться в будущем. Первоначально учет гендерной проблематики был разработан в качестве стратегии содействия гендерному равенству, согласно официальному мнению. Однако, это прокладывает путь к варианту, который, если мы посмотрим на конечную цель, безусловно, должен быть засчитан как часть темы трансгуманизма. Конечной целью проекта "Гендерное материнство" является "гендерная ликвидация", т.е. физическое[418] устранение гендерной разницы между мужчиной и женщиной и замена акта рождения на ретортное рождение, если подходить к этому с точки зрения элиты. Проектирование будущих поколений, людей, родившихся практически из пробирки, будет тогда задачей "ученых", которые охотно воплотят в жизнь пожелания элиты. Это является частью "Трансгуманистической повестки дня" (см. раздел "5G" и "Трансгуманизм"). Конечно, это предназначено только для народа, а не для представителей самой элиты.

Не нужно много фантазии, чтобы представить, как развитие будет продолжаться после того, как НМП будет создан и элита начнет реализовывать свои планы, для которых они изначально создали проект.

Так будет выглядеть будущее человечества, когда к абсолютная власти придет элита. Благодаря техническим возможностям рождения в реторте, сексуальные характеристики людей (клонов), вырабатываемые в реторте, постепенно систематически регрессируют с помощью генетических и гормональных манипуляций. Как только это будет технически реализовано, будут допускаться только клоны с мужскими сексуальными характеристиками, или же, в качестве альтернативы, только клоны с женскими сексуальными характеристиками. В то же время, половые сношения людей будут запрещены. Естественные роды будут запрещены. И будут приняты строгие меры по предотвращению естественных родов. Клоны выбираются, и принимается решение о том, могут ли они жить - мужчина или женщина. Какой выбор будет сделан, зависит от того, могут ли клоны-мужчины или клоны-женщины быть набраны в качестве рабочих самым простым и эффективным способом. Эти рабы будущего будут иметь много общего со скотом сегодняшнего дня; они - скот будущего. Выбор может быть аналогичен выбору цыплят в птицеводстве: Птенцы мужского пола уничтожаются вскоре после рождения, потому что они менее выгодны, чем птенцы женского пола. Кроме того, нарушается гормональный баланс человека, чтобы разрушить отношения между мужчиной и женщиной, сложившиеся за тысячи лет. А половое созревание и менопауза регрессируют. Репродукция организована исключительно из "реторты", так же как и размножение яйцеклеток и сперматозоидов в качестве исходного материала.

Но как можно контролировать массу рабов, держать их под контролем, предотвращать возможные восстания? Это делается, например, через 5G, посылая через него специальные низкочастотные слоты, которые влияют на их мозг (см. раздел: "Депрессия из-за коммуникации“).

Смерть рабов регулируется с точки зрения полезности. До тех пор, пока раб полезен, он может продолжать жить; если же нет, то его убивают. Затем эта сортировка или умирание осуществляется "нажатием кнопки", например, через 5G, через слоты для подписи, связанные с личностью, которые могут вызвать самоуничтожение человека (см. раздел: "Высокотехнологичное биологическое оружие - атриум в ад").

Обзор того, является ли раб все еще полезным и имеет ли он право жить дальше, будет представлен так называемыми цифровыми сертификатами, которые будут созданы для всех рабов, однозначно присваиваемыми путем чипирования, точно так же, как это распространено сегодня в животноводстве. Долгое время велись подготовительные работы, чтобы внедрить это и для людей. Швеция является пионером: в Швеции многие люди уже добровольно имплантировали RFID под кожу. Это сопровождается публичной рекламой имплантации такого RFID-чипа под кожу: *"В конце концов, более 4000 шведов уже имплантировали под кожу чип размером с рисовое зерно (2 x 12 мм) от лидера рынка Biohax. Это не серьезное вмешательство и, как мы слышали, не очень болезненное. Но как только этот чип окажется у вас под кожей, он может сделать вашу жизнь намного более расслабленной."* [419] Однако технические разработки не стоят на месте, чипсы становятся все меньше и меньше[420], а также могут вводиться обычным шприцем, например, одновременно с вакцинационной сывороткой. В результате "коронической" паники, подогреваемой средствами массовой информации, большое количество людей жаждет вакцинации против вируса гриппа Ковид 19. Глобалист Билл Гейтс довольно открыто говорит о том, что планируется: *"В какой-то момент у нас появятся цифровые сертификаты, которые покажут, кто выздоровел, кто недавно прошел тестирование или кто когда получил какую прививку"*. (Предложение Билла Гейтса в связи с вакцинацией против вируса Covid 19[421]) Это абсолютный контроль над людьми. *"Это окончательное порабощение, от которого не будет спасения, по крайней мере, не своими собственными усилиями."*[422]

Молодое поколение ожидает худшая судьба, чем военное поколение 1939-45 годов, если мы не будем опротивляться. У судьбы есть имя: Трансгуманизм и 5G.

Уважаемый читатель, если вы считаете, что это преувеличение или, иными словами, теория заговора, то дайте мне еще одну причину, по которой был введен гендерный подход. Просто чтобы способствовать декадентскому мышлению и поведению? Ослабить или разрушить единство семьи? Это тоже правда. Но самое главное, на мой взгляд, состоит в том, чтобы сделать людей зависимыми и контролируемыми на все времена, а не рисковать, манипулируя людьми. Делается то, что является возможным технически, точнее, в данном случае, биотехнически.

6. Биологическая война

"Шумиха Ковид 19" похожа на занавеску, так что мы не можем видеть, что происходит за занавеской. За занавесом борьба двух держав: Глубокое государство во всем мире и силы света. Для Глубокого государства /Иллюминатов‡‡‡‡‡‡‡‡‡‡‡‡ ... это последний шанс ввести новый мировой порядок; отсюда и Корона, и в то же время попытка имплантировать все человечество через массовые вакцинации, отменить наличные деньги, ликвидировать Козырь и т.д." [423]

Разработка биологического оружия

Конвенция о биологическом оружии,[424] подписанная почти каждой страной мира в 1972 году, вступила в силу 26 марта 1975 года. В статье I говорится: «*Каждое договаривающееся государство-участник настоящей Конвенции обязуется... никогда (ни при каких обстоятельствах) не разрабатывать, не производить, не хранить и не приобретать и не использовать (иным образом) (такое биологическое оружие)*». «*Будь то вирусы, бактерии или насекомые, все они подпадают под действие **Конвенции о биологическом оружии**, которая была подписана почти каждой страной мира в 1972 году, включая американцев*».[425]

Но органическое оружие все еще разрабатывается, испытывается и используется сегодня.

---

‡‡‡‡‡‡‡‡‡‡‡‡ Подробности см. в главе " **Эпилог – Элита и Глубокое государство** ("DEEP STATE")".

Инфекционные заболевания, такие как лихорадка Эбола, СПИД, атипичная пневмония, болезнь Лайма, ЭГКП, болезнь Моргеллона, которые возникли во всем мире в последние десятилетия, весьма вероятно, были разработаны в качестве биологического оружия в военных секретных лабораториях. Вот о чем эта глава.

На основании контракта между Соединенными Штатами и Грузией в Тбилиси, столице Грузии, в 2011 году была открыта лаборатория биологического оружия, Центр Лугара, также известный как «Лаборатория смерти». Публикация документов (через «перебежчика») тем временем обнародовала результаты экспериментов в Лугарском центре. Существуют бактерии и вирусы, подходящие для разработки биологического оружия: чума, лихорадка кроликов, сибирская язва, бруцеллез, гепатит С, ханта, ЕНЕС и крымско-конголезская лихорадка, рис. 45.[426]

«В Грузии в последние годы увеличились эпидемии среди людей с экзотическими заболеваниями, где возбудитель совершенно неизвестен, и считается, что эти эпидемии связаны с этими лабораториями».[427] На рисунке 44 показано, в каких районах Грузии в последние годы произошла крымско-конголезская лихорадка.

Центр Лугара проводит эксперименты не только со смертельными бактериями и вирусами, но и с их потенциальными носителями, так называемыми «союзными насекомыми», разработка которых прямо запрещена Конвенцией о биологическом оружии. Но в Лугарском центре исследования проводятся именно на этих «союзниках» („Insect Allies“): клещах, москитах, клопах и азиатских тигровых комарах (рис. 46). И кроме клопов, все они кровососы и, следовательно, насекомые, которые могут заразить людей и млекопитающих бактериями и вирусами. С ноября 2016 года в Пентагоне действует программа «Насекомые-союзники» (рисунок 47). *«И, видимо, эти кровопийцы уже выпущены в Грузии для тестирования. С ноября 2017 года жители Тбилиси сообщают о песчаных комарах, которые выходят из канализационной системы в их ванные комнаты и кусают их, пока они стоят голыми в ванной. Песчаные комары обычно встречаются на Филиппинах, но не в Грузии. ... Хотя песчаный комар может пролететь всего несколько сотен метров, он также был обнаружен в российской республике Дагестан, в 100 километрах, в том же месяце, когда его впервые видели в Тбилиси. Появление песчаного комара в Дагестане может быть связано с этим патентом США (патент №: US 8,967,029 В1, 3 марта 2015 г .: TOXIC MOSQUITO AERIAL RELEASE SYSTEM), который до недавнего времени все еще был общедоступным на веб-сайте Центра Лугара.».*[428] Это видео сообщает также о другом патенте, который использует беспилотники для распространения зараженных насекомых на враждебной территории.

Рисунок 44: Гёрджен: Крымско-конголезская лихорадка казалась эпидемической в выделенных цветным областях. Источником считается лаборатория биологического оружия Лугарского центра, которая была открыта в 2011 году.[429]

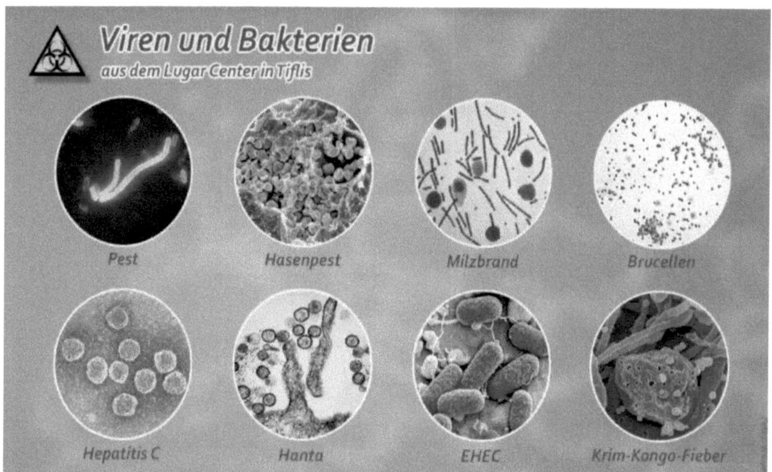

Рисунок 45: Бактерии и вирусы, которые исследуются в Лугарском центре: чума, лихорадка кроликов, сибирская язва, бруцеллез, гепатит С, Ханта, ЕНЕС и крымско-конголезская лихорадка.[430]

Рисунок 46: «Насекомые-союзники», с которыми экспериментируют в Центре Лугара в Тбилиси: клещи (вверху справа), москиты, клопы и азиатские тигровые комары (внизу слева направо).[431]

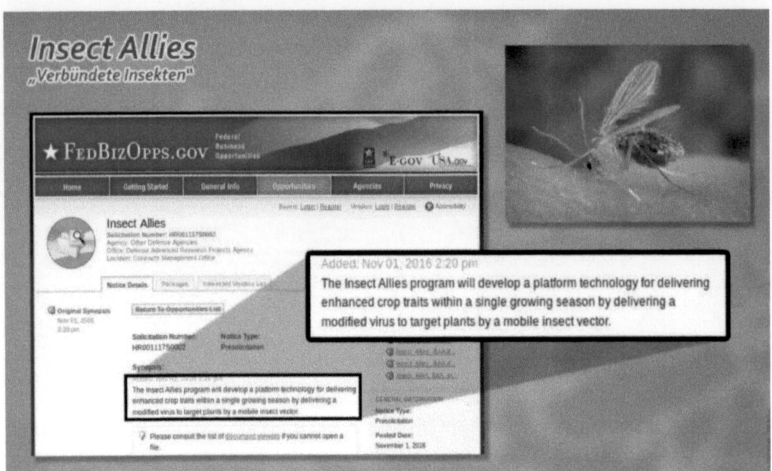

Рисунок 47. С ноября 2016 года в Пентагоне действует программа «Насекомые-союзники».[432]

Рисунок 48: Биотехнологические лаборатории Пентагона были созданы по всей Украине. Согласно данным восточных лабораторий Пентагона, в последние годы наблюдалась эпидемия гепатита с сотнями пациентов (выделены серыми кружками).[433]

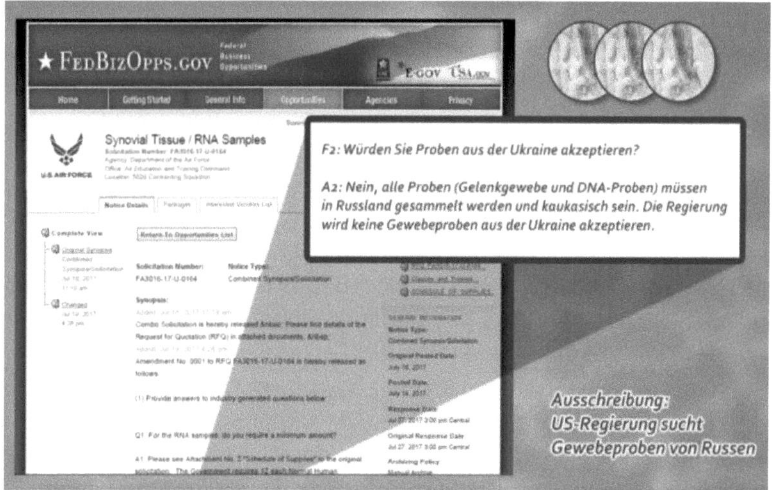

Рисунок 49: тендер правительства США: поиск образцов ткани и ДНК от русских людей кавказского происхождения.[434]

В Украине также созданы биотехнологические лаборатории Пентагона, см. рисунок 48. *«В июле 2017 года правительство США опубликовало распоряжение о поиске образцов ткани и ДНК у русских людей кавказского происхождения. Тендер также дал понять, что образцы были взяты только у русских людей (см. рисунок 49) ... В то же время, американская база генетических данных NCBI показывает, что Пентагон изучает патогенные микроорганизмы, которые также происходят из российского кавказского региона».* [435] Потому что в упомянутых выше опубликованных документах, среди прочего говорит, что в дополнение к сибирской язве и процессам, Лугар-центр должен также экспериментировать с патогенами, вызывающими чуму: *«...есть основания подозревать, что Лугар-центр в Тбилиси проводит исследования по патогенам-вредителям, которые предназначены специально для уничтожения отдельных рас. И эти исследования проводятся настолько широко, что это даже затмевает этническую чистку Адольфа Гитлера и Иосифа Сталина».* [436] Другой источник показывает, что в Соединенных Штатах действительно существует интерес к

расовому биологическому оружию: *«В сентябре 2000 года группа New American Century опубликовала документ, в котором Дик Чейни назвал биологически специфическое расовое оружие политически полезным инструментом».*[437]
Факты, показанные здесь, были в основном раскрыты исследовательской работой команды MarkMobil. Однако существует также критика, что в приведенной выше иллюстрации точка зрения является слишком однобокой, потому что другие страны, в частности бывший СССР, также интенсивно исследовали биологическое оружие и были *«безусловно самыми виновными»*[438] (в нарушении договора-конвенции о биологическом оружии). В другой, более длинной статье автор пишет: *«По этой теме исследований вирусов, бактерий и токсинов, чтобы получить дифференцированную картину, нужно иметь дело с историей этого в целом. Многие на земле уже исследовали такие вещи. Государственные учреждения, гражданские и военные, а также частные исследовательские центры. И это делают далеко не только американцы. Существуют важные причины для проведения этого исследования, прежде всего для предотвращения и защиты от болезней, которые действительно угрожают человечеству».* Однако можно задать вопрос: улучшается ли ситуация, если другие страны проводят либо проводили интенсивные исследования в области биологического оружия?
В приемной врача вы часто видите рекламные плакаты, рекламирующие прививки от опасных инфекционных заболеваний, передающихся клещами. В прошлом маленькие клещи (в народе известные как «Holzbock») (с нем. *чурбан*) на самом деле только раздражали, но не передавали никаких опасных заболеваний. Это изменилось за последние 10 лет, и возникает вопрос: какова причина того, что клещ стал таким опасным переносчиком болезни? Является ли это результатом экспериментов в военных лабораториях, как Центр Лугара в Тбилиси? В Европе растёт количество заболеваний, переносимых клещами, такие как болезнь Лайма и менингоэнцефалит в начале лета, или FSME.

Высокотехнологичное биологическое оружие – атриум в ад

«Обществом правит элита, ... которая, не колеблясь, преследует свои политические цели, используя новейшие современные методы для контроля поведения населения и поддержания общества под строгим наблюдением и надзором».
(З. Бжезинский[439])

Уважаемый читатель, в цитате, приведенной в разделе «Хемтреллы – *́Химический суп´* в небе», наши коллеги по общественному телевидению сообщили нам, что наша еда содержит микроскопические пластиковые частицы, алюминиевый порошок и соли бария и что эти материалы, вероятно, происходят из *«химического супа из хемтреллов»* и являются причиной того факта, что в наших широтах *«сегодня уже практически все люди имеют удивительно высокий уровень отравления алюминием и барием».*[440]
Удивительно, что такое сообщение произносит комментатор общественного телевидения (!), потому что в последние годы категорически отрицалось существование хемтреллов. Также удивительно, что это шоу признает, что люди отравлены хемтреллами. Почему они говорят нам правду сейчас? Возможно, честность комментатора вообще не планировалась? Или сейчас слишком много доказательств (интернет также способствует их распространению), что планируется начать «бегство вперед»? Целью показа по общественно-правовому телевидению было утихомирить ярость годами протестующих против хемтреллов и предоставляющих все больше доказательств их существования для того, чтобы предупредить все большее количество людей. И с такой открытостью вы можете даже указать на то, что это опрыскивание было необходимо, чтобы предотвратить «климатическую

катастрофу», и что не было известно об их побочных эффектах.[441]

Однако ответственные лица были прекрасно осведомлены об этих «побочных эффектах». Они не только были одобрены, они были частью программы по установке биологического оружия на людях, которое в настоящее время находится в теле всех тех, у кого *удивительно высокий уровень отравления алюминием и барием».[442] Это утверждение, которое мы хотим доказать ниже:

Любой, кто смог вынести и прочитать предыдущие замечания по хемтреллам (Chemtrails), теперь отправится в путешествие ужасов, темой которого является самая страшная борьба – борьба людей против людей. Это так называемая болезнь Моргеллона. Совсем недавно, в 2012 году, на SPIEGELONLINE была опубликована статья под названием[443] *«Болезнь Моргеллона – заболевание кожи, вероятно, связано с самовнушением».* И термин «дерматическое безумие» использовался, чтобы выразить, что больные люди только придумали себе эту болезнь. Точно так же, заключение в статье WELT.DE: под подзаголовком «Новая форма заблуждения» в этой статье упоминается, что даже проводилось исследование, в результате которого был сделан следующий вывод: *«Скорее всего, Моргеллонова болезнь – это просто новый вариант так называемого дерматического безумия, в котором пострадавшие твердо убеждены, что они заражены патогенными микроорганизмами, паразитами или другими небольшими существами».[444]*

Но сегодня мы знаем, что это вовсе не воображение. Рекомендую посмотреть видео[445] на YouTube с DOMIAN и интервью[446] с оператором сайта *http://www.morgellons-research.org/.* На этой странице задокументировано большое количество микроскопических изображений и анализов моргеллонов. Утверждение, что эти волокна являются *«живыми оптическими волокнами»,* также подтверждается микроскопическими исследованиями независимых авторов.[447,448]

«Нет никого, у кого нет этого вещества в крови. То, что известно как синдром Моргеллона, – это лишь немногие из

тех, кто разработал защитный механизм и выделяет эти волокна через кожу; это поразительно».[449] У всех нас есть сейчас эти волокна. Волокна Моргеллонов являются своего рода гибридом между неорганическим и органическим материалом, и у тех, кто страдает синдромом Моргеллона, эти волокна растут из тела, кожи, рта, носа, глазных яблок, ушей, половых органов, повсюду на теле, они найдены также в сперме.[450] *«Затем они выходят из кожи, и она ужасно чешется. И у нас были пациенты с полностью развитым синдромом Моргеллона; они сходят с ума от зуда»,*[451] так сказал доктор Манфред Доупп, один из немногих врачей в Германии, которые всесторонне занимались этим заболеванием.

Моргеллоны – это искусственно созданные паразиты в организме человека, которые проникают во все тело и могут гнездиться во многих, если не во всех органах. Если у вас сильная иммунная система, вам не о чем беспокоиться (!), потому что она, очевидно, способна контролировать рост волокон в организме. Поскольку человеческое тело привыкло иметь дело с паразитами, и в здоровом состоянии практически существует динамический баланс между паразитами и его хозяином, организмом, можно предположить, что статус-кво также возникает в особом случае искусственных паразитов, при условии, что тело здоровое, но только при этом условии. Моргеллоны принадлежат к группе биологического оружия.[452] Эти «живые оптические волокна» могут расти как настоящие живые существа. Существует ряд видеороликов, в которых очень малые и очень большие волокна Моргеллона показаны живыми, как они жизнеспособны вне своего хозяина и могут перемещаться относительно свободно, а также относительно устойчивы к разрыву[453,454,455,456,457] Из-за этой способности выживать даже за пределами своего хозяина следует опасаться не исчезающего потенциала заражения от человека к человеку. Это становится ясно из интервью под названием «Моргеллоны: ящик Пандоры открыт».[458] Там собеседник (который ведет собственный веб-сайт[459] в качестве заинтересованного лица) на вопрос: *«Так эти волокна вгрызаются обратно в кожу?»* отвечает: "*Да, именно так. Я впервые заметил это, когда пошел в сауну, чтобы вымыть волокна из организма вместе с потом. Но как только у меня вышли несколько волокон, я принял душ или вытер их, они попали мне на ноги, и у меня сразу же появились новые прыщи. Когда я однажды надел более старую загрязненную футболку, которую не носил три или четыре года, через два часа я был покрыт новыми гнойничками и волдырями, хотя я перед этим ее стирал. В результате я действительно заметил, что эти волокна заразны даже спустя годы. Такое длительное время выживания на самом деле присуще только грибковым спорам или яйцам червя».*

Моргеллоны также обсуждаются в книге Габриэле Шустер-Хаслингер[460] *«Предано, продано, потеряно».* В этой книге синдром Моргеллона, который, кажется, не интересует политиков или представителей медицинских учреждений в Германии, связывается с биологическими инсектицидами,[461] которые используются для борьбы с вредителями, проникающие в организм человека как побочный эффект. Он вступает в контакт с этими инсектицидами а первоначально использованные хлопковые волокна в качестве материала-носителя были заменены производителями инсектицидов на полимерные волокна, чтобы обеспечить более длительный срок хранения микроорганизмов на этих волокнах. Однако то, что на самом деле стоит за этими Моргеллонами, гораздо коварнее, чем кажется из этого, казалось бы, логичного объяснения «более длительного срока годности». Потому что эти полимерные волокна, эти «оптические нановолокна» служат для манипулирования людьми.[462,463] Эта цель становится очевидной только тогда, когда вы смотрите на детали и принимаете во внимание, что барий, стронций, титан и оксид алюминия **также** высвобождаются с этими нановолокнами, распыляющимися в атмосферу (хемтреллы). До сих пор всегда задавался вопрос: почему высокотоксичные материалы распыляются над нашими головами? Просто чтобы уменьшить солнечную радиацию на Земле? Вы также можете использовать другие металлы, которые менее токсичны для людей, животных и растений. Но эти материалы имеют определенную функцию. Это материалы, которые подходят для технической реализации определенного оптического функционального принципа, если они встроены в волокна. Речь идет о соединениях титана, стронция, бария и оксида алюминия.

«Моргеллоны - это искусственные существа, которые состоят из ДНК, смеси отдельных многоклеточных грибов, растут как грибы, образуют тонкие капилляры. И эти капилляры любят получать наночастицы из определенного класса, другими словами, из двух классов. И именно эти классы распыляются с неба. И в результате я получаю небольшие, как это называется по-английски, selfassembling nanomischlings (самоорганизующиеся наномиксели). В принципе, это живые оптические волокна, которые заполняются различными наночастицами изнутри и действуют как небольшие квантовые лазеры, которые я могу активировать и при помощи электромагнитов контролировать снаружи. И это очень страшно, потому что эта лазерная технология такая же, как в биологии, где она занимается абсолютно тем же самым с синтетическими углеродными волокнами, а не с самовоспроизводящимися волокнами, но на самом деле это то же самое. С помощью этих лазеров я могу генерировать отдельные фотоны и полностью взаимодействовать с помощью световой связи на клеточном уровне с ДНК в обоих направлениях. Я могу генерировать свет и таким образом подавать инородные импульсы к телу, как если бы они были его собственными. И наоборот, я могу собирать световые импульсы в световой коммуникации и преобразовывать их в электромагнитные сигналы, которые затем выходят из моего тела в виде радиосигнала. Это играет роль в личном наблюдении, потому что каждый человек, зараженный моргеллонами, и вся природа (насколько я могу судить об этом от исследователей, обнаруживших волокна), заразны».[464]

Я продолжал спрашивать себя, почему хемтреллы содержат именно эти материалы: алюминий, стронций, барий, титан, пластмассовые волокна и некоторые органические материалы. Разве можно просто выбросить эти вещества, настолько токсичные для людей, в атмосферу?! Разве ответственные не видят, что это должно иметь разрушительные последствия для здоровья людей и животных?! А почему наночастицы, производство которых очень дорого? Теперь мы знаем: стронций, барий, титан, пластмассовые волокна и органический материал – это именно те материалы, которые необходимы для реализации этих искусственных существ. А алюминий – это материал, который, как известно, вызывает различные дегенеративные заболевания в мозге людей (см. Раздел «Влияние хемтреллов на наше здоровье»). И наночастицы, потому что это чрезвычайно увеличивает реактивность материалов, и благодаря своему крошечному размеру они способны преодолевать гематоэнцефалический барьер у людей. Такова цель тех, кто отвечает за контроль над людьми **и** делает их больными из-за этих материалов.

Пока все плохо. Но развязка еще впереди. Из-за того, что эти материалы распылялись на наши головы в течение многих лет, мы все каким-то образом соприкасаемся с ними, и они содержатся в нашей крови, в воздухе, которым мы дышим, то есть *«мы все заражены, у всех нас есть система оптических нановолокон, к которой можно обратиться через радиоволны, а те, в принципе, могут подчинить себе наше тело. Таким образом, можно контролировать все, что известно от индейцев о чакрах, о согласовании определенных свойств света, частот эмоциональных качеств, выразительности, интуиции, всех этих центров сознания в теле. И хуже всего то, что если я не дам им свет через электромагнитный сигнал, они будут истекать светом. ... Это просто метод удержания людей на земле и, между прочим, снижения способности к организации, уничтожению, то есть ворота для аутоиммунных и дегенеративных заболеваний».*[465] Чтобы манипуляции работали извне, а биохимическими процессами нашего тела можно было управлять, необходим интерфейс, посредством которого радиосигналы извне могут связываться с процессом обмена биофотонами человека внутри и между клетками человека.[466] И этот интерфейс реализуется с помощью этих микроскопических квантовых лазеров, которые образованы живыми оптическими волокнами, которые могут активироваться и управляться электронным способом извне. Теперь воздействие света извне можно использовать для запуска различных сигналов в организме человека через эти оптические нановолокна и для запуска программ на уровне ДНК. Чрезмерный красный или инфракрасный свет на этом уровне может давать сигнал, подобный *«сигналу болезни в биологии»*[467], который может инициировать процесс самоуничтожения. Чрезмерный синий свет на этом уровне может послать сигнал *«Моргеллоны начинают в панике размножаться»* (то есть переполнять тело). *«Я видел фотографии, где вы кладете 4 моргеллона в чашку Петри, и через 24 часа она переполнена. И это своего рода приказ к исполнению, если тело переполняется светом, Моргеллоны начнут съедать вас изнутри. Обычными симптомами являются кровотечение из носа, из ушей, кровотечение из внутренних органов, инсульт или инфаркт. Эта процедура занимает около 10 месяцев, процесс очень медленный, поэтому он, вероятно, не привлекает внимания. Но ходят слухи, что в военном исполнении эта процедура может произойти в течение нескольких минут. И была фаза, когда с неба падало так много птиц, которые одновременно гибли сотнями; массовая гибель китов и летучих мышей; симптомы везде одинаковые. Это, так сказать, сигнал конца в концентрированной форме»*.[468] *«С помощью этой техники я получу полную систему контроля над живыми существами»*.[469] *«Волокна Моргеллонов обладают теми же свойствами, что и волокна хемтреллов»*.[470] Однако здесь следует также отметить, что вышеупомянутое массовое вымирание животных, которое, вероятно, было вызвано шоком, не может быть четко отнесено к действию биологического оружия. Тем не менее, с высокой степенью достоверности можно говорить о том, что массовое вымирание животных не было вызвано естественными причинами.[471]

Если содержание приведенной выше цитаты правильно отражает реальность, это означает, что если телу дана такая *«команда выполнения»*, это может привести к самоуничтожению, и некоторые люди, работающие против системы, могут быть просто отключены. Есть ряд других видео автора, который раскрыл эти связи, и в этих видео он также называет Росса и Райтера, какие компании и учреждения проводят это бесчеловечное исследование, кто его финансирует, и он также упоминает источники, которые каждый может проверить. Физика, лежащая в основе описанных явлений, также объясняется правдоподобно и понятно.[472] Может быть, это уже происходит сегодня? Как можно объяснить частое «угасание» неприятных критиков? Например, смерть Андреаса Клауса, доктора Удо Ульфкотте и Фридерике Бек, которые раскрыли цели и намерения элиты в многочисленных видео и книгах и предупредили об их махинациях или свидетелях; как во время судебного процесса в НГУ, где в общей сложности 5 свидетелей внезапно умерли еще до того, как дали показания в суде.[473] Еще до начала судебного разбирательства орган по защите конституции подозревался в причастности к этим убийствам NSU. Это подозрение также было вызвано уничтожением файлов NSU Федеральным управлением по защите Конституции и тем, что файлы NSU были заблокированы до 2134 года, так что доступ к этим файлам невозможен. Что знали эти 5 свидетелей? Могли ли они предоставить компрометирующий материал?

В поисках независимых источников, которые утверждают, что волокна Моргеллона действуют как *«маленькие квантовые лазеры»* и являются управляемыми извне,[474] я наткнулся на публикации, в которых обнаруживаются параллели между Моргеллонами и *«связанными с аутизмом веревочными червями»*.[475] *«Несмотря на разный внешний вид, плодовые тела Моргеллона и так называемые rope worts («веревочные черви»), которые обнаружены в кишечнике аутистов, имеют много общего. Это указывает на биологическую связь или общий биотехнологический источник».*[§§§§§§§§§§§§§] Хотя аутизм

был очень редким в 1970-х годах, сегодня это расстройство здоровья встречается гораздо чаще, особенно среди молодежи.[476] Поэтому возможно, что есть другие искусственно созданные паразиты, которые нашли доступ к человеческим телам через хемтреллы или вакцинации (см. также раздел «Влияние хемтреллов на наше здоровье»).

Таким образом, если через эти искусственные живые существа в теле человека можно «выключить его» извне или сделать его больным, то можно предположить, что такое действительно происходит. «Кто использует это?» Это использует элита, чтобы манипулировать нами, удерживать нас на земле с помощью механизма, описанного выше. Это выгодно сильным, которые хотят управлять нами. Если титан, барий, стронций и оксиды алюминия бесполезны, они не будут распыляться.

По словам автора Харальда Кауца Веллы, в 2014 году в мире насчитывалось около 300 000 человек, страдающих моргеллонами с тяжелыми симптомами.[477] В Германии также существует относительно большое количество пациентов, страдающих от моргеллонов, которые вышли из-под контроля.[478] Человеческое тело пытается избавиться от этих моргеллонов. И это происходит, как описано выше, через их рост из тела.

Теперь хорошие новости:[479]

У здорового человека без отравления тяжелыми металлами и с щелочной средой в организме волокна Моргеллона имеют небольшой шанс распространиться в организме и развить "грибок Моргеллона", потому что в этом случае нормальная иммунная система способна это предотвратить. Однако при определенных условиях, например, под воздействием сильного стресса, при большой нагрузке на организм, повышается риск развития и проникновения болезни Моргеллона в организм. Распространение грибка Моргеллона

YouTube, но вы можете найти его в виде видео в *https://systematikgesund.de/gesundheit/impfen/kindersterblichkeit/).*

в организме поддерживается предшествующими заболеваниями или ослаблением иммунной системы, например, в результате отравления тяжелыми металлами, что способствует переокислению.

Теперь плохие новости:

Наша иммунная система ослаблена, например, глифосатом, который ингибирует детоксикацию тяжелых металлов в организме. Говорят, что генетически модифицированные растения содержат нечто, способствующее развитию моргеллонов.[480] Примечательно, что, несмотря на горькое сопротивление населения, как глифосат, так и генетически модифицированные вещества не запрещены политикой, а все чаще находят свой путь в нашу повседневную жизнь. Также заслуживает внимания *«решительный отказ Соединенных Штатов и Комиссии Кодекса маркировать генетически модифицированные организмы (ГМО) как таковые».*

Официально Комиссия Кодекса************* видит свою задачу в защите здоровья потребителей и обеспечении справедливой торговли продуктами питания. На самом деле, однако, все происходит с точностью до наоборот: *«Контролируемый крупной промышленностью новый секретный кодекс теперь заключается в увеличении прибыли глобальных конгломератов компаний и в то же время в завоевании мирового господства путем обеспечения контроля над продуктами питания».*[481]

Тот факт, что он, очевидно, также является частью проекта «Контроль населения», можно увидеть из новых руководящих принципов Кодекса, которые включают:[482] *«Все микроэлементы (такие как витамины и минералы) должны рассматриваться как токсины и удаляться из всех пищевых продуктов, так как Кодекс запрещает использование питательных веществ для ΄профилактики, лечения заболеваний΄... Вся пища (включая биопродукты) должна быть облучена, чтобы удалить все ΄токсичные΄ питательные вещества ... Все питательные вещества (например,*

витамины A, B, C и D, а также цинк и магнезия), которые оказывают какое-либо укрепляющее действие на здоровье, считаются недопустимыми в терапевтически эффективных количествах. Они должны быть пропорционально сокращены, чтобы их влияние на здоровье было незначительным». Эти микроэлементы все еще можно получить в аптеке, хотя в особых случаях только по рецепту,[††††††††††††] но, к сожалению, следует признать, что они часто имеют очень низкую дозировку, так что их терапевтический эффект незначительный или отсутствует. Как пример можно привести некоторые препараты с витамином C.

Ртуть из тяжелых металлов, которая долгое время использовалась в качестве консерванта в вакцинах, но была удалена из-за своей токсичности, продолжает вводиться в наш организм путем дезинфекции наборов вакцин ртутьсодержащим раствором перед использованием. Ртути больше нет в вакцине, но она все еще находится в шприце.[483]

Люди, у которых есть амальгамные пломбы в зубах или которые вдыхали пары ртути при удалении этих амальгамных пломб, подвергаются большому риску в случае добавления алюминия. А амальгама, единственная до сих пор используется в пломбах, за которые медицинские страховые компании покрывают расходы, выделяет ртуть в организме человека круглосуточно. Токсическое воздействие алюминия усугубляется присутствием ртути.
Галогенные лампы выделяют ртуть при разрушении. Высокое потребление сахара, злоупотребление антибиотиками в медицине и при откорме животных, а также интенсивное использование гормонов для ускорения роста откорма животных также оказывают негативное влияние на среду в организме человека. Все эти факторы, дополняющиеся **глифосатом, генетически модифицированными веществами и тяжелыми металлами** в нашей повседневной

[††††††††††††] Пример: препарат витамина D Декристол 20000 т. Е.

жизни способствуют вспышке болезни Моргеллона. Здоровый образ жизни может предотвратить такую болезнь. Тем не менее, большая часть населения уже подверглась предварительным повреждениям в результате вышеупомянутых воздействий, от которых трудно избавиться в обычной повседневной жизни.

Щелочная среда в организме чрезвычайно важна как профилактика болезни Моргеллона. В случае предварительного повреждения, однако, трудно поддерживать щелочную среду. Известный критик доктор Леонард Горовиц:[484] *«Алюминий, барий, стронций в очень опасных химических соединениях ежедневно попадают в организм бо́льшей части людей... внезапно у вас развивается вторичная бактериальная инфекция. Теперь антибиотики могут оказывать на вас негативное влияние и приводить к тому, что химический состав организма становится кислым, так что теперь у вас появляется сыпь и другие вещи, что ваша печень полна токсинов, попавших через кожу; вы получаете гипоаллергенные реакции в связи с другими химическими веществами».* Таким образом, если вы получаете бактериальное заболевание в дополнение к этому отравлению хемтреллами, например, поскольку иммунная система в любом случае уже ослаблена, организм стремится к кислой среде, идеальным условиям для развития болезни Моргеллона. Так что это порочный круг.

Эбола, СПИД, SARS и EHEC - биологическое оружие?

Если Моргеллоны представляют собой биологическое оружие, разработанное в секретных военных лабораториях, то автоматически возникает вопрос: может ли быть так, что более новые болезни, такие как лихорадка Эбола, СПИД, атипичная пневмония и EHEC, также являются болезнями, разработанными в таких секретных военных лабораториях?

Автор Г. Шустер-Хаслингер пишет:[485] "Интересным в этом контексте является тот факт, что Министерство здравоохранения и социального обеспечения США владеет патентом на вирус Эбола. (Патент № US20120251502)[486] Однако, по словам Мимикамы, патент Эбола еще не выдан и вряд ли будет выдан.[‡‡‡‡‡‡‡‡‡‡‡‡‡]

Что касается инфекционного заболевания ЕНЕС (*ЕНЕС - enterohämorrhagische Escherichia coli*), патогены которого также исследуются в Тбилисском центре Лугара, как видно из приведенных выше документов, то следует вспомнить о вспышке ЕНЕС в Германии в мае 2011 года. Возникает вопрос: могла ли эта вспышка ЕНЕС быть операцией под фальшивым флагом, проводимой спецслужбами в качестве наказания для Германии? Ранее, 18 февраля 2011 года, ФРГ проголосовала против Израиля в ООН, а вскоре после того, как была принята ливийская резолюция о создании бесполетной зоны, воздержалась. Таким образом, ФРГ явно позиционировала себя против интересов США, что можно рассматривать как нарушение секретного Государственного договора от 21 мая 1949 года и канцлерских актов[487]. По крайней мере, это интерпретация в видео под названием «Augenöffner! Die Unterwerfung der BRD-Kanzler»[488] (*«Откройте глаза! Подчинение канцлера ФРГ»*). Вероятно, никогда не будет выяснено, правда ли это; эпидемия ЕНЕС была одной из крупнейших в Федеративной Республике, от которой умерло 53 человека.[489] И есть некоторые признаки того, что эта эпидемия ЕНЕС была организована: возбудитель внезапно появился из ниоткуда, и эпидемия утихла так же быстро, что фактически невозможно было найти истинную причину. Этот спад в конце июня 2011 года произошел после необъявленной поездки Меркель в США 21 июня 2011 года. В «обзоре», более двух лет спустя, вы можете прочитать на SPIEGEL ONLINE: *«Обмануло ли федеральное правительство публику в скандале*

[‡‡‡‡‡‡‡‡‡‡‡‡‡]Мимикама является ассоциацией по образованию в области интернет-мошенничества, ложных сообщений и компьютерной безопасности: https://www.verein-mimikama.at/.

EHEC 2011 года? После того, как более 3800 человек заболели кишечным микробом EHEC, власти представили предполагаемого виновника. В действительности, однако, согласно Foodwatch, ему был приписан только один из десяти случаев». «Через год после того, как Foodwatch представила свой первый отчет, институт (Институт Роберта Коха) признал, что на сегодняшний день только 350 из 3842 болезней EHEC могут быть объяснены ... Однако, поскольку общее число было значительно выше, из этого следует, что большинство больных не связаны с эпицентром вспышки, известным целевой группе EHEC, и / или что число пострадавших в эпицентре должно быть значительно выше. RKI (Институт Роберта Коха) и Целевая группа EHEC.»[490]

Подозрение, что СПИД – **это биологическое оружие, разработанное в военных секретных лабораториях**, вовсе не является ошибочным; коллектив авторов, возглавляемый Вольфгангом Эггерттом, представляет реальные доказательства в книге «Планируемые эпидемии СПИДа, атипичной пневмонии и военных генетических исследований».[491] А обозреватель *Amazon.de* написал об этой книге: *«Книга говорит о том, что, как давно предполагалось, речь идет о биологическом оружии, вышедшим из-под контроля. Почему еще фармацевтическая промышленность не заинтересована в лекарствах, которые вместо того, чтобы подавлять, удаляли бы вирус из организма? В конце концов, это как печатная машина для денег, когда на рынке нет вакцин или лекарств. Как человек пострадавший, я знаю, о чем говорю».*

Такой вывод, *«машина для печатания денег»* для фармацевтической промышленности, записанный заинтересованным лицом, кажется очевидным. Но так ли это? Является ли фармацевтическая индустрия или ее менеджеры такими недобросовестными? Или эти искусственно созданные заболевания (если они являются результатом научных исследований, которые еще не доказаны) на самом деле не излечимы? Заявление очень уважаемого ученого Клиффорда Краникома, который сообщает о встрече между специалистом по расследованию и авторитетным военным источником:[492] *«1. Операция является совместным проектом между Пентагоном и фармацевтической промышленностью. 2. Пентагон хочет в военных целях проверить биологические заболевания на ничего не подозревающем населении. Было признано, что SARS является ошибкой в том, что ожидаемый уровень смертности должен был составлять 80%. 3. Фармацевтическая промышленность зарабатывает миллиарды долларов на лекарствах, предназначенных для лечения как смертельных, так и несмертельных заболеваний, которые заражают людей. 4. Бактерии и випусы сушат вымораживанием и затем прикрепляют к тонким нитям для высвобождения. 5. Металлы, которые выделяются вместе с патогенами, нагреваются солнцем, создавая идеальную среду для бактерий и вирусов, которые размножаются в воздухе. 6. Большинство опрыскиваемых стран не знают о мероприятиях и не давали на это своего согласия. Он объясняет, что авиалайнеры являются одной из систем распространения хемтреллов. 7. Большинство «актеров» – старые друзья и деловые партнеры президента Буша-старшего. 8. Конечная цель состоит в том, чтобы контролировать все группы населения посредством целенаправленного и точного распыления наркотиков, болезней и т. д. 9. Люди, которые пытались раскрыть правду, были заключены в тюрьму и убиты».* Пункты 5 и 6 относятся к хемтреллам.

Тот факт, что существует высокая вероятность искусственно созданных заболеваний, кажется верным, по крайней мере, для эпидемии СПИДа (и, вероятно, также для Эболы), как предполагает коллектив авторов вокруг Вольфганга Эггертта. В своем интервью Вольфганг Эггерт анализирует, почему альтернативные объяснения/предположения о происхождении СПИДа, обсуждаемые в публичных СМИ, очень маловероятны.[493] Одна из официальных версий/предположений о развитии СПИДа как распространенного заболевания описана автором Маркусом Эгертом в его книге *«Микроб редко приходит один»*:[494] *«Варианты вируса иммунодефицита обезьян (SI), обнаруженные у обезьян, вероятно, были переданы человеку несколько раз в начале 20-го века. Около 1920 года тип ВИЧ, который в настоящее время широко распространен во всем мире, возможно, возник в Киншасе, он первоначально распространялся в течение десятилетий в бассейне Конго, прежде чем достиг Карибского бассейна в 1960-х годах и Северной Америки в 1970-х годах».* Аналогичное заявление было также сделано на SpiegelOnline:[495] *«...теории заговора о СПИДе были и остаются. Нет никаких доказательств этого, конечно. С 1976 года произошли крупные вспышки Эболы в Демократической Республике Конго (бывшая Заир), Республике Конго, в нынешнем Южном Судане, Уганде и Габоне. Исследователи подозревают, что переносчиками являются обезьяны и прежде всего фруктовые летучие мыши. Люди могут заразиться вирусом, если они будут есть мясо диких животных».* Это утверждение является официальной версией. Иначе считает автор Вольфганг Эггерт: он отвечает на вопрос, заданный в интервью: *«А как вирус попал в поле зрения общественности?»,* следующим образом: *«Существует несколько взаимодополняющих объяснительных подходов к этому моменту среди критиков СПИДа. Снова и снова играет роль вакцинация против гепатита В, которая была проведена в ноябре 1978 года исключительно для молодых сексуально активных гомосексуалистов. Это было в Нью-Йорке. Вскоре после этого эти прививки были проведены в Сан-Франциско и Лос-Анджелесе. И тогда СПИД появился именно в этих городах, в непосредственной близости от именно этих групп субъектов. Страшно видеть, как быстро это экспериментальное поле вскоре заразилось ВИЧ. Интересно, что глава по исследованиям гепатита, который возглавлял Центр крови в Нью-Йорке, также поставлял сыворотки и кровь в Центральную Африку в то время. Так появился СПИД во втором эпицентре. Я не единственный, кто склонен думать, что некоторые из предполагаемых препаратов для иммунизации были заражены супервирусом, спроектированным в 1969 году. Случайно или намеренно, это еще предстоит выяснить ... »*[496]

В другой статье очень четко говорится об этой релятивизации, *«было это непреднамеренным или преднамеренным, следует еще выяснить»*: *«СПИД был первым крупным целевым экспериментом биологической войны».* *«Доктор доктор Роберт Стрекер обнаружил, что вирус СПИДа был произведен ВОЗ в 1970-х годах в сотрудничестве с Институтом рака в Форт-Детрик, штат Мэриленд (США). Как показывают официальные документы, политическое решение было принято 9 июня 1969 года».*[497]

Covid 19 – биологическое оружие?

"Если полная ликвидация вируса не увенчалась успехом, остается только на длительный срок сделать блокировку, т.е. продолжительную остановку общественной жизни, до тех пор, пока не появится вакцина".[498]

„Неудивительно, что ученые ВОЗ так быстро обнаружили вирус SARS/Корона. ... Это неконтролируемое исследование производит опасные искусственные вирусы, многие из которых могут стать биооружием".
(Доктор Алан Кэнтвелл, вирусолог[499])

Имеется патент на вирус короны, который распространяется по всему миру с конца 2019 г., выданный 20 ноября 2018 г. в Европейском патентном ведомстве под номером ЕР3172319А1.[500] *"Корона" – это большая семья вирусов. Существует несколько патентов на вирусы Corona, которые любой может найти в 'Патентах Google'"*[501]
Этот новый вирус короны 2019-nCoV (или Covid 19) *"первоначально распространяется незамеченным и с симптомами легкого гриппа, а затем приводит к тяжелым и смертельным заболеваниям, таким как пневмония"* (CAPS).[502]
Впервые он был обнаружен в китайском городе Ухань в

период зимнего солнцестояния 2019 года, и китайские власти установили карантин на Ухань и другие крупные китайские города с общим населением около 60 миллионов человек. А 30.01.2020г. ВОЗ объявила о международной чрезвычайной ситуации в области здравоохранения.[503]

Тот факт, что этот вирус, скорее всего, является вирусом, разработанным в лаборатории биологического оружия, обусловлен не только выданным патентом; вирусы природного происхождения не могут быть запатентованы. Это также вытекает из генетического анализа: *"Генетический материал (вирус короны) был отобран из двух различных вирусов летучих мышей в сочетании со старым добрым вирусом атипичной пневмонии". Этот патоген представляется искусственным и, следовательно, биологическим оружием, если только летучие мыши не целуют ночью рыбу, страдающую атипичной пневмонией. Вирусы очень избирательны как патогенные организмы; без промежуточного хозяина вирусы летучих мышей не могут просто перекомбинироваться с любым рыбным вирусом. Тем не менее, 2019-NCoV, кажется, сделал именно это, что является экстраординарным и, на мой взгляд, усиливает подозрение, что он был выведен в лаборатории.[504]* Однако тот факт, что вирус 2019-nCoV не имеет естественного происхождения, классифицируется как ложное утверждение в статье на сайте *zeit.de*.[505]

„Многие китайцы считают, что вирус короны был атакой, направленной на ослабление экономики страны, поэтому власти должны были принять такие радикальные меры, чтобы сдержать распространение вируса. Потому что, если бы ВОЗ классифицировала новый вирус как глобальную угрозу, то это стало бы для врагов Китая поводом для карантина всей страны с ее 1,4 миллиардами граждан, что означало бы конец Китая.[506]

Чтобы понять, кто за этим стоит, опять-таки следует задать вопрос: "Кому это выгодно?". И вот только что процитированное видео дает следующий ответ: *"И вирусы, созданные как биооружие, не должны вырваться наружу сразу же". У здорового человека они могут перейти в спящий режим и ждать их активации, активации в виде нормальной волны гриппа, к которой они затем смертельно подключатся“.*[507] Другими словами, вспышка болезни может произойти в то же время, что и следующая сезонная волна гриппа, которая тогда может привести к пандемии.

"То, что пандемия Короны означала бы для нас, было смоделировано 18 октября 2019 года[§§§§§§§§§§§§§§§]*."* Результатом этой симуляции стали: 65 миллионов смертей в ближайшие 18 месяцев и глобальный экономический кризис невообразимых масштабов. *"Учения по борьбе с пандемией под названием "Событие 201" поставили участников в центр неконтролируемой вспышки коронного вируса, которая распространилась подобно лесному пожару из Южной Америки и вызвала хаос во всем мире. Согласно Университету Джона Хопкинса, в ходе симуляции CAPS (вирус короны) привел к смерти 65 миллионов человек в течение 18 месяцев".* В тот же день, 18 октября 2019 года, в Ухане стартовали Военные Игры (спортивное соревнование, событие, сравнимое с Олимпийскими Играми), в которых приняли участие около 9000 солдат из 110 стран мира. Это могло означать, что значительная часть солдат, принимавших участие в этих военных играх, была заражена коронавирусом, который затем мог распространиться среди населения, когда они вернулись домой.

Тот факт, что все это – проект НМП, наводит на мысль, что список участников и инициаторов этого пандемического мероприятия "Событие 201", включая фанатиков глобализации Билла Гейтса и Тома Инглсби из Центра безопасности здоровья Университета Джона Хопкинса. В результате имитационного моделирования прозвучал призыв к

[§§§§§§§§§§§§§§§] Поэтому инициаторы или участники этой симуляции провели ее за несколько недель до вспышки эпидемии короны. Это то, что я называю внутренним знанием.

активизации усилий в направлении глобализации: **"Событие 201 призывает к глобализму как решению пандемий".**[508] *"Намерение, которое они (глобалисты) преследуют, заключается в том, чтобы правительства будут и должны уступить свои общественные обязательства, власть и ответственность в области здравоохранения международному органу, а именно Всемирной организации здравоохранения."*[509] Еще один шаг навстречу НМП. Но, похоже, играет роль и другой аспект, а именно, огромная бизнес-модель для фармацевтической промышленности, которая принесла бы миллиардные прибыли, если бы сейчас была запущена вакцина против вируса Corona. Всемирный банк впервые (в середине 2017 года) создал фонд для борьбы с пандемией, чтобы обеспечить чрезвычайное финансирование в случае вспышки пандемии на сумму 500 млн. долл. фонд акций для пандемии. Причина, по которой они это делают, заключается в том, что пандемия в ближайшем будущем может принести много денег. *„И вот, уже менее чем через 2 года вспыхивает пандемия, вызванная именно этим вирусом, который и стал предметом этого пандемического мероприятия "Событие 201".* [510]

"Те же глобалисты, которые владеют патентом на вирус и которые первыми предсказали и инициировали развитие и распространение вируса, теперь объявили, что они будут разрабатывать вакцины от смертельного короновируса. По мнению бизнес-инсайдеров, "коалиция, поддерживаемая Биллом Гейтсом, финансирует биотехнологические компании", которые пытаются разработать вакцину от короновируса. Так что вы думаете? Это все просто большое совпадение?"[511] И кто знает, будет ли такая вакцина снова иметь "побочные эффекты", как в 1919/20 годах с прививками от испанского гриппа (см. раздел "Вакцинация глифосатом").
"Более заразный, чем любой вирус, это страх перед заражением".[512] И страх заставил бы многих людей сделать прививку от вируса короны.

В Италии, где зарегистрировано число смертей от "пандемии" короны выше среднего, поражает сравнение с "испанским гриппом" 1918-1920 гг., унесшим жизни около 20 миллионов человек. Однако "испанский грипп", по-видимому, был вызван массовыми вакцинациями (подробнее см. раздел "Вакцинация глифосатом"). С тех пор стало ясно, что массовые вакцинации действительно проводились в некоторых частях Италии. *"По данным bergamonews.it, в октябре 2019 года в Бергамо было заказано 185 000 прививок от гриппа. ... Кроме того, по данным bsnews.it, в январе 2020 года, т.е. незадолго до предполагаемого разгула Короны, в связи с чрезвычайной ситуацией с менингитом в Брешии и Бергамо были вакцинированы 34 000 человек.*[513]

Будет ли на самом деле смертность от короновируса увеличиваться так же резко, как показало вышеописанное моделирование (пандемия "Событие 201"), будет в решающей степени зависеть от того, сколько людей уже пострадало от ядов из воздуха и пищи (см. раздел "Высокотехнологичное биологическое оружие – атриум в ад", подраздел "Теперь плохие новости") и от страха, распространяемого средствами массовой информации, который увеличивает уровень стресса у людей. Долговременная изоляция и тревога в конце концов приводят к депрессии и ослаблению здоровья.

«Неоднократное грубое пренебрежение, катастрофическое обращение с медицинской статистикой, особенно со стороны руководителя "Института Роберта Коха" ("RKI") профессора Вилера, – по сути, оставленное неисправленным вторым решающим медицинским советником федерального правительства профессором Дростеном – вызвало цунами страха и паники в умах и душах населения, которое вряд ли может быть остановлено даже при самом основательном и настойчивом медицинском разъяснении».[514]

"Но кризис во многом предрешен. Белые цифры указывают (и сейчас это не мое мнение, но то, что говорят врачи – я цитирую их только потому, что они не говорят ни слова вслух) на то, что эта пандемия короны будет более-менее похожа на тяжелую эпидемию гриппа, но в Германии она

будет значительно легче, чем эпидемия гриппа. Так что нет никакой причины для этой изоляции. ...нет никакой перегрузки системы здравоохранения. ...Я требую, чтобы все меры по блокировке были отменены сейчас и чтобы не было никаких новых мер, таких как обязательные маски, обязательные вакцинации и все остальное, что может произойти.[515]
Чрезвычайное положение из-за Короны – это инсценировка.

ВОЗ убивает?

"Не проверенные и диагностически не одобренные испытания дают предлог для применения опасных для жизни медикаментов – и всё это при инфекционном заболевании, в отношении которого до сих пор нет доказательств того, что оно представляет собой намного бо́льшую опасность, чем обычный сезонный грипп".[516]

"Известно, что обычные глобальные эпизоды заболеваний описываются инфляционным образом и сфокусированы на отдельных патогенных микроорганизмах с термином "пандемический" со времен свиного гриппа 2009 года. В этом контексте давно назрела необходимость проявлять бдительность и исторически оправданное недоверие. Ведь если наши нормальные, изменяющиеся и глобально циркулирующие вирусные гости зимой, такие как вирусы H1N1 в 2009 г. (свиной грипп), уже отвечают критериям пандемии, то этот термин стал бессмысленным ... С медицинской точки зрения и с учетом имеющихся данных специальные меры предосторожности сегодня излишни – даже если правительство говорит обратное".[517] Легочный специалист и эпидемиолог доктор Вольфганг Водарг в своих исследованиях говорит о следующем: *"Проверка территории, фиксация на аппаратах искусственного дыхания, опустошение клиник в связи с объявленным наплывом жертв Covid 19 и упражнения по сортировке вызвали панику и, таким образом, сделали возможным подчинение сильно*

напуганного населения". Но зачем? Почему правительство настолько уверено, что считает необходимым по бо́льшей части отменить Основной закон, довести средний класс до банкротства и позволить рабочим и служащим впасть в безработицу? Что еще нам угрожает?"[518]

ВОЗ убивает? *... Вопиющий вопрос, на который, к сожалению, необходимо ответить ДА, если доктор Вольфганг Водарг, терапевт, пульмонолог и специалист по гигиене и медицине окружающей среды, прав в своем докладе о подоплеке многочисленных смертей из-за Covid 19 в Италии, Испании и Нью-Йорке. Результатом его исследований является то, что ВОЗ рекомендует препарат (антималярийный препарат гидроксихлорохин (HCQ)) для лечения людей, страдающих от Covid 19, который может убить их, если им не хватает определенного фермента ("дефицит G6PD "*[***************]*). Но именно это произошло со многими жертвами Covid 19 в Италии, Испании и Нью-Йорке. Следует отметить, что в некоторых регионах Италии также была описана высокая распространенность дефицита G6PD, и что в Италии до 71% тех, кто тестировал положительный результат с помощью ПЦР, а также персонал, имели профилактический высокий уровень HCQ. То же самое касается и Испании"*.[519]

"Неизвестно, сколько раз эта смертоносная комбинация приводила к жертвам. Этот вопрос не обсуждался ни в ВОЗ, ни в правительствах. Существует также пугающий недостаток знаний и ответственности среди врачей, которые отвечают за лечение пациентов Covid 19 или за персонал, который их лечит.

[***************] *"Это нечто, называемое дегидрогеназа глюкозы-6". Его дефицит, или "G6PD дефицит", одна из наиболее распространенных генетических особенностей, которая может привести к угрожающему гемолизу (растворению эритроцитов) у большинства мужчин при приеме определенных лекарств или химикатов".* ... например, гидроксихлорохин (ГХХ), рекомендованный ВОЗ для лечения Covid 19

Эта связь опять-таки касается не только Африки, но и значительной части Азии, Южной и Центральной Америки, Аравии и Средиземноморского региона.[520] *И в ходе всемирной миграции последних лет значительная доля населения в Европе, США и Австралии также прибывает из стран, где дефицит G6PD широко распространен.* **"Эти случаи не имеют ничего общего с болезнью Covid 19". Результат ПЦР-теста, ведущего к профилактическому назначению HCQ, достаточен для того, чтобы вызвать тяжелое заболевание у трети людей из групп высокого риска, лечащихся таким образом“.**[521] Доктор Водарг идет еще дальше, говоря:[522] *"...и я думаю, что это убийство по грубой небрежности, то, что здесь происходит". И если ВОЗ запрограммирует его таким образом, игнорирует его, даже рекомендует его в качестве исключительного лекарства, которое сейчас изымается из необходимости; для меня это не что иное, как целенаправленное убийство многих людей, чтобы мы испугались, чтобы в Африке, в Бразилии возник страх, чтобы мы серьезно отнеслись к этой болезни и сказали: 'Да, это так плохо, и мы срочно нуждаемся в вакцинации'. Это коварно, это дьявольски, это что-то для прокурора. Это больше не для эпидемиолога. Это так очевидно."*

Паника короны – это инсценировка

"´Коронопаника´ – это инсценировка, это афера. Давно пора понять, что мы находимся в эпицентре всемирного и мафиозного преступления".
(Пресс-конференция "Wir Ärzte für Aufklärung",[††††††††††††††] 7.5.2020 г.)

„В этом году Немецкая телевизионная премия удостоена специального приза за репортажи в Короне. Победители в первой категории: ...: Главные редакторы ARD и WDR, ответственные за ARD дополнительно: Ситуация с Короной". "[523],[‡‡‡‡‡‡‡‡‡‡‡‡‡]

Как и в случае с климатической истерией, у населения появляются страх и чувство незащищенности, и эти чувства прочно поселяются в его голове. Этот "страх перед короной" теперь прочно укоренился в сознании многих людей и развился до такой степени, что многие убеждены, что они умрут в муках, если будут заражены "опасным" вирусом. С фотографиями сложенных гробов, переполненных больниц, людей, падающих на улицы Ухана, Италии, Испании, Нью-Йорка. Новости распространяются общественными средствами массовой информации и подкрепляются такими ужасными сюжетами, как эти: *"Агонизирующая смерть от коронавируса". КОВИД-19 в заключительной фазе похожа на утопление*, только медленнее". Это зловещий заголовок в *"СВОБОДНОМ МИРЕ"*: "*Те, кто умирают от последствий КОВИД-19, переживают свой конец в полном сознании. Репортажи из Италии точно совпадают с репортажами из*

[††††††††††††††] „ Мы, врачи за просвещение“

[‡‡‡‡‡‡‡‡‡‡‡‡‡] Оригинальный текст: *„Der deutsche Fernsehpreis würdigt die Corona-Berichterstattung in diesem Jahr mit einem Sonderpreis. Die Preisträger im Ersten sind: ...: Chefredakteure von ARD und WDR, zuständig für ARD extra: Die Corona-Lage.“*

Китая. Жертвы чувствуют себя так, как будто они медленно и одиноко тонут."[524] У людей пробуждается страх удушья в результате корональной инфекции. Схема точно такая же, как мы уже видели на примере климатической истерии. Постоянно держать людей в страхе и панике выгодно, поскольку это приводит тому, что люди становятся безвольными, с ними можно сделать что угодно, даже лишить их основных прав, как мы видели в контексте кризиса короны.

После трехмесячного отказа от гражданских свобод с июня 2020 года начал проявляться эффект привыкания и кондиционирования населения, где они научились смиряться с ограничениями. Очевидным символом этой новой "нормальности" является ношение масок для защиты рта/носа в общественных местах, а не только в предписанных супермаркетах, на АЗС, в магазинах "Сделай сам", в общественном транспорте и на территории органов государственной власти. Нет, также на улице, в частных автомобилях, даже когда люди путешествуют в одиночку. Люди, которые откажутся принять эту "нормальность" и не наденут маску, например, в супермаркете, подвергнутся нападению, в худшем случае их вышвырнут и/или вызовут службу общественного порядка, где им грозят большие штрафы. И, как заявляют различные политики и их эксперты, произойдет "вторая волна", которая должна обеспечить дальнейшее продолжение бесправия населения. Именно этой цели служит закон Ковида-19, принятый Бундестагом 16 июня 2020 года. Вместе с Законом о защите от инфекций это обеспечивает возможность продолжения совместных мероприятий до 31 марта 2022 года (!). Можно предположить, что эта 2-я волна наверняка наступит, а именно, следующая сезонная волна гриппа, которая затем легко может быть переименована во 2-ю волну.

Существенным компонентом новой "нормальности" является требование о том, чтобы люди в общественных местах держались на расстоянии 1,5 ... 2 м между собой. Это требование гарантирует, что люди могут быть четко идентифицированы с помощью новых систем распознавания видения, что является основной предпосылкой для беспрепятственного контроля и слежения за перемещениями людей. Эта новая "нормальность" также включает в себя ограничение свободы передвижения, причем не только в направлении других стран, но и внутри страны. Об этом уже свидетельствуют массовые "положительные испытания", проведенные сотрудниками скотобойни в Тённисе, а затем и птицеводом "Визенхоф".[§§§§§§§§§§§§§§§] Следствием этого являются также ограничения свободы передвижения между соседними районами. Эти ограничения на поездки являются главной целью элиты, потому что они могут держать людей под более эффективным контролем. Это можно классифицировать как часть требования **"Подвести всех к городам"** (как гласит раздел в первой части этой серии книг: "2025 год - предпоследний акт"). Эти ограничения на поездки также препятствуют эффективному сопротивлению населения. Демонстрации больше не могут проходить в больших масштабах. Опыт учит нас тому, что демонстрации, направленные против ограничения свободы, останавливаются

[§§§§§§§§§§§§§§§] *"Почти все животные для убоя были вакцинированы против короны в течение многих лет... образцовая вакцина для крупного рогатого скота: "Rotavec® Corona". Аналогичные вакцины имеются также для свиней и птицы. И наоборот, это означает, что почти во всех скотобойнях фрагменты короны в аэрозолях проникают через ферму. Затем они регулярно вдыхаются сотрудниками и могут привести к так называемой "перекрестной реакции". Почему это не обсуждается в более широком контексте?*
Если эксперты уже указывают на то, что такая перекрестная реакция может иметь место на скотобойнях, то почему бы нам не взглянуть на это внимательнее? Если не будет дискуссий, то возникнет подозрение, что все дело уже не в медицине и здоровье, а только в политической повестке дня с менее благими намерениями.
Уверен, что такой вопрос должен быть разрешен? Другим интересным аспектом было бы научно-обоснованная степень заражения среди работников производства - в отличие от работников администрации. Если бы там была существенная разница, это говорило бы о перекрестной реакции, упомянутой в руководстве, т.е. о мясопереработке, области деятельности компании." (Нашел в интернете)

полицией в массовом порядке и с применением грубой силы. С другой стороны, допускаются демонстрации, которые выгодны системе или, по крайней мере, не могут быть опасными для нее (примеры - "Frydays for Future" и "BlackLivesMatter"). В ходе этих демонстраций ограничения гражданских свобод практически не соблюдаются.

Тем не менее, есть надежда, с реальными экспертами в области здравоохранения повысить свой голос и разоблачения Корона паника за то, что это, инсценировка, всемирное преступление, за которым стоит ВОЗ, щупальце Глубокое Государство, грядущий новый мировой порядок NWO. Эти эксперты либо замалчиваются общественными средствами массовой информации, либо их компетентность отрицается:

" 'Мы, врачи за просвещение', критикуем меры, принятые после Covid 19, как чрезмерные". Меры, которые мы все наблюдаем, не имеют ничего общего с адекватным подавлением вируса. Итак, кого на самом деле здесь подавляют? У нас нет чумы. И в этом году коронновирус, SARS-Cov2, ведет себя так же, как и сезонные вирусы гриппа, которые мы имеем на самом деле каждый год. Это в основном хорошие новости. Плохая новость в том, что мы все испытываем панику".[525]
"В настоящее время утверждается, что эти меры должны более или менее сохраняться до тех пор, пока вакцинация не спасет все население". Полтора года "новой нормы" без праздников, фестивалей, культурных и спортивных мероприятий, обещаны обязательные прививки, обязательные анализы, приложения для слежения и иммунитета".[526]
Однако: "Большинство экспертов, не опасаясь конца своей карьеры, уже не может отрицать, что опасность заражения в Германии и соседних странах миновала". И все же в правительствах, правительственных учреждениях и научном сообществе есть люди, которые хотят запереть нас в страхе и продолжать свою деятельность".[527]

"Мы привыкли к тому, что власти регулярно терпят неудачу коллективно". Но, похоже, во всем здесь есть новое качество ... где неврологические точки, очевидно, заняты людьми, выполняющими "приказ". Потому что это то, что стоит за этим. Теперь, конечно, открыт вопрос: "Это преступление за кулисами, которое ни с кем не обсуждается?"[528] Такова оценка Андреаса Поппа из www.wissensmanufaktur.netals, реагирующего на почти 200-страничный анализ[**************,529] спикера в департаменте KM4 (Critical Infrastructure Protection) МВД. Реакция МВД и основных СМИ (Тагесшау) была мгновенной: они поместили этот анализ и его содержание в область теорий заговора.

Мошенничество системы:

"После того, как правительство в сотрудничестве с бульварной прессой демонизировало CO_2 из-за научного мошенничества, последовала атака на воздух, которым мы дышим (O_2). Согласно новой концепции, воздух загрязнен невидимым патогеном, а свободное дыхание, соответственно, крайне опасно для жизни.[††††††††††††]

[**************] *"Спикер департамента KM4 в докладе "Защита критических инфраструктур Федерального министерства внутренних дел в строительстве и на родине", после тщетных попыток поговорить с начальством о его тревожном и обширном анализе и последствиях остановки, направил его в группу антикризисного управления и ее специализированные рабочие группы на федеральном уровне во всех резервациях, а также во всех федеральных штатах, то есть в огромный распределительный список". Его просьба о направлении предупреждения министру была отклонена без изучения содержания. Информатор из круга контактировавших предоставил взрывной анализ".*

[††††††††††††] *"Нет ни корреляции между уровнями CO_2 в атмосфере и изменением климата, ни научного эксперимента, который доказывал бы такую связь". Подобно коронной афере, теория основана исключительно на моделях, которые могут быть откалиброваны по желанию ´ученых´, чтобы сказать то, что клиент хочет от них услышать".* (корреляция в том смысле, что содержание CO_2 оказывает большое влияние на изменение климата)

"Самый важный момент здесь - понять, что "Короны" в этом смысле не существует. Это легкая простуда, которая возникает каждый год и вызывает смерть людей с ослабленной иммунной системой. Смерть в Ухане, которую Меркель посетила в сентябре 2019 года (странно), восходит к 5G. Излучение сигнатуры[‡‡‡‡‡‡‡‡‡‡‡‡‡‡] электромагнитного заболевания импульсными микроволнами было (намеренно?) слишком сильным; легочные альвеолы лопнули, и пациенты сдали кровь. Чтобы скрыть это, их кремировали напрямую. Шумиха Ковид-19 похожа на занавеску, так что мы не можем видеть, что происходит за занавеской. За занавеской борются две державы: Глубокое Государство во всем мире и силы света. Для DS/Illuminati (на ведьминском языке "Морейя" - Побеждающий Ветер) это последний шанс ввести Новый Мировой Порядок, отсюда и Корона, и в то же время попытка имплантировать все человечество через массовые вакцинации, отменить наличные деньги, ликвидировать Козыря и т.д."*[530].

И афера с изменением климата, и афера с короной – это нападение на свободу и благосостояние человека. В то время как человеческая раса истекает кровью, властная элита потирает руки. Афера с короной – пример того, как государство не защищает нас от преступной деятельности. На практике государство служит преступникам как средство реализации своих притязаний на мировое господство. Тот, кто хочет решить проблему с помощью новых законов и правил, просто кормит зверя, точно так же, как растения не могут процветать без CO_2, так и люди остаются без кислорода. Согласно эффекту Варбурга, недостаток кислорода приводит к повышенной кислотности, что превращает организм в оптимальную среду для паразитов и инфекций, поэтому любой, кто носит респираторную маску и больше не подвергается воздействию ультрафиолетовых лучей, потому что он больше не доверяет

[‡‡‡‡‡‡‡‡‡‡‡‡‡‡] Подробности см. в разделе "«5G» и трансгуманизм (трансчеловеческая повестка дня)".

внешнему миру из-за коронной истерии, увеличивает риск заболевания." §§§§§§§§§§§§§§§„[531]

Корона – переворот сверху

Программа НМП:
Кризис с беженцами,
Кризис CO_2,
Кризис Короны,
Экономический кризис
... Крэш
ЗАХВАТ ВЛАСТИ

"Мы находимся на пороге глобальной трансформации, все, что нам нужно – это правильный всеобъемлющий кризис, и страны согласятся с новым мировым порядком".
(Дэвид Рокфеллер)

*"Какой ущерб наносит эта блокировка? И это не просто кратковременный ущерб, или тот, который был оставлен под паром на короткое время. Это разрушение всей экономики. Если посмотреть на все это в связи с последними несколькими годами, когда экономика уже была разрушена без этой китайской сопливой аргументации, то очевидно, что это может быть ... почти **финалом согласованных действий, которые были запланированы на долгие годы".*[532]
И как раз эта оценка и бьет в точку; в своей предыдущей книге "Германия в свободном падении" я уже описывал, как политика немецкого правительства была направлена против

---

§§§§§§§§§§§§§§§ *"Ультрафиолетовый свет преобразует кислород (O_2) в озон (O_3). Ультрафиолетовое излучение используется для обработки воды, воздуха и поверхностей. Благодаря скорости реакции – при достаточной дозе микробов в доли секунды инактивируется – УФ-лампы можно использовать не только для дезинфекции поверхностей, но и для дезинфекции воды, воздуха или даже воздушных потоков, направляемых в каналы кондиционирования воздуха (см. Википедию)".*

немецкой экономики и, очевидно, имела целью дестабилизацию страны.

Фактически, "Европейский зеленый курс", объявленный главой Еврокомиссии 11 декабря 2019 года, был призван спровоцировать аварию, предсказанную многими экономическими экспертами (см. раздел "Чрезвычайная ситуация с климатом"). В результате шумихи с короной все происходит еще быстрее, и вина за аварию может быть возложена на "пандемию короны". *"...потому что эта легкая простуда, раздутая до (псевдо) пандемии, если следовать по сатанинскому пути элиты, в последний момент должна создать глобальный хаос! Страх*[*]* (англ.: fear = false evident appearing real), то, что можно назвать "ошибочными данными, которые кажутся реальными", - это именно то, что успешно использовалось для массового гипноза на протяжении веков и должно сработать и на этот раз, и, как мы видим из всей паники, так оно и есть!*[533]
"...эти меры саморазрушающие. И если общество принимает и реализует их, то это сродни коллективному самоубийству."
(Профессор доктор Сухарит Бхакди[534])

Меры, принимаемые политиками по сдерживанию вируса, оказывают негативное влияние не только на здоровье населения, но и на национальную экономику, особенно на малые и средние предприятия, которые уже не в состоянии покрывать свои текущие расходы. Это приведет к потере бизнеса для тысяч малых и средних предприятий. Финансовая помощь, обещанная политиками этим компаниям, не остановит этот процесс разрушения; напротив, обещанные кредиты в какой-то момент придется возвращать, а разовую помощь государство вернет через налоговую инспекцию.

---

[*] *Хаос* как очень великий кризис, как предпосылка для того, чтобы люди приняли Новый мировой порядок (Рокфеллер), и действительно стремились к избавлению от великого кризиса. *„Сатанистская элита"* тесно связана с Глубоким государством (подробнее об этом в "Эпилог – Элита и Глубокое государство")

Но меры, принимаемые политиками, также служат отмене прав граждан на свободу:[535] *"Коронная истерия идеально подходит для ограничения или полной отмены гражданских прав".*

- Корона позволяет людям добровольно помещать себя в карантин, который является ничем иным, как другой формой заключения.

- Корона позволяет нам привыкнуть к возросшему полицейскому и военному присутствию на наших улицах.

- Корона делает возможным, что люди больше не хотят и не имеют права собираться! Ограничение свободы собраний (желтые жилеты Франции теряют силу!).

- Корона позволяет вакцинировать людей против их воли и в то же самое время чипировать их. Тогда можно забыть о конституционной "физической неприкосновенности человеческой жизни".

- Корона позволяет отменить наличные деньги под предлогом заражения.

- Корона делает возможным тотальное наблюдение для поддержания общественного порядка.

- Корона – идеальное алиби для разрушения финансовой системы. Таким образом, реальные причины и настоящие преступники остаются в тени.

- Корона может отвлечь внимание от того, что люди в Ухане заболели и умерли от радиации 5G, но не от вируса. Потому что в Ухане 5G была полностью развернута и находится в эксплуатации с осени 2019 года! Была ли изобретена Корона, чтобы отвлечь внимание от воздействия 5G?

- Вирус короны вызывает страх. Этот страх более заразен, чем вирус. И это кажется преднамеренным! Потому что, как только человек боится, он позволяет всему этому случиться с ним. (net find)

И вы всегда можете продлить комендантский час.

Рисунок 50: Фотография для книг по истории - I: Австрийский парламент подводит итоги после 5 недель чрезвычайного положения[536]

Рисунок 51: Фотография для книг по истории - II: Демонстранты демонстрируют против постепенной отмены Основного закона.[537]

Рисунок 52 Фотография для книг по истории - III: Берлин 18.04.20, аресты демонстрантов, протестующих против постепенной отмены Основного закона.[538]

Рисунок 53: Фотография для книг по истории - IV: Хемниц 18.04.20, аресты демонстрантов, протестующих против постепенного аннулирования Основного закона.[539]

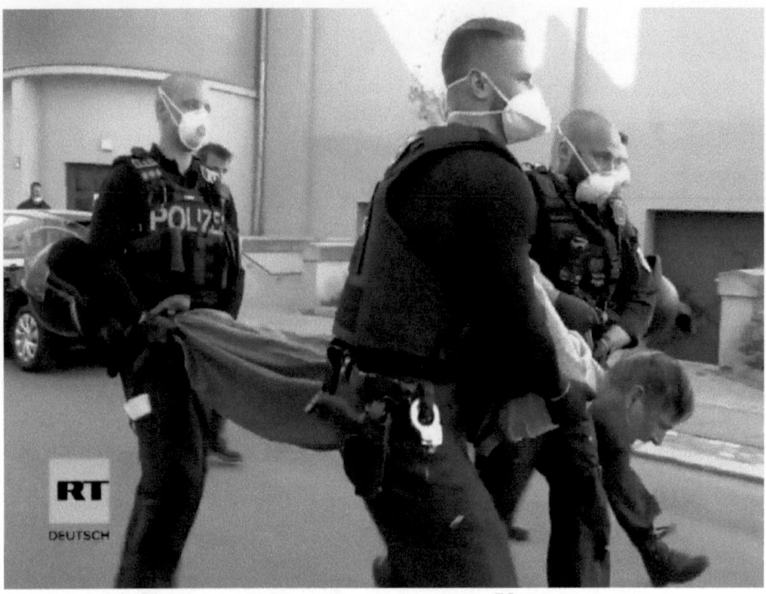

Рисунок 54: Картинка для книг по истории - V.

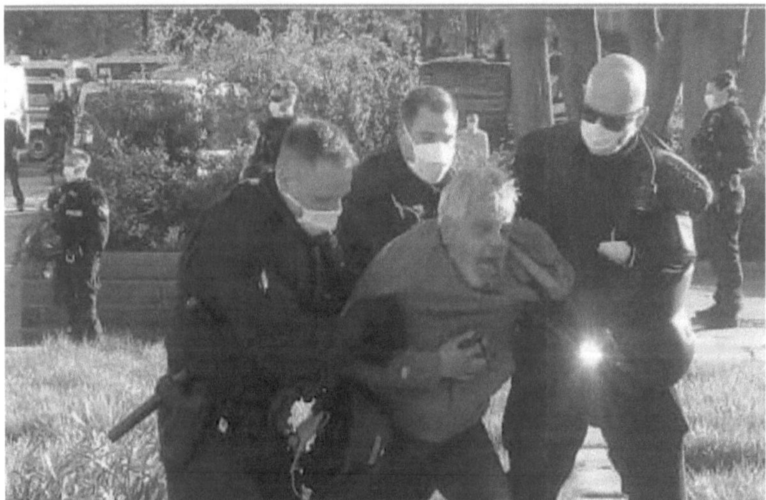

Рисунок 55: Фотография для книг по истории - VI: Пожилые люди, которые выходят на улицы, чтобы отстоять свои права, задерживаются как серьезные преступники.

Рисунок 56: Картинка для книг по истории - VII.

Рисунок 57: Картинка для книг по истории - VIII.

8 апреля 2020 года адвокат Беате Бахнер подала срочную апелляцию на этот переворот сверху в Федеральный конституционный суд. В этой чрезвычайной петиции она

жаловалась на то, что постановления о Короне, изданные федеральным правительством и правительствами штатов, были "откровенно неконституционными". *„Причина подачи ходатайства о чрезвычайном положении, по словам адвоката, подтверждается тем фактом, что Федеративная Республика Германия находится на пути превращения в "диктаторское полицейское государство" путем "ограничения почти всех основных прав". Бахнер также опасается за свою свободу через арест и содержание под стражей в полиции, так как ее навещала хайдельбергская полиция“.* [540]

Это срочное заявление было отклонено 10 апреля 2020 года. После этого она вернулась в адвокатуру со следующим обоснованием: *"К сожалению, мне не удалось спасти конституционное государство и свободный демократический основной порядок в Германии, особенно наши конституционно закрепленные основные права и нерушимые права человека от наихудшего в мире посягательства и молниеносного установления самой бесчеловечной тирании, которую когда-либо видел мир. Сегодня верховенство закона мертво. ...“* [541] Но чего она определенно не ожидала, так это того, что она была доставлена полицией в психиатрическое отделение Гейдельбергской тюрьмы строгого режима и при аресте с ней обращались как с опасным преступником. [542]

Прогноз - Что дальше?

"Репетиция сценария для экстренных случаев"? - Шаг за шагом мы скользим туда, куда не хотим идти".
(Henryk M. Broder[543])

"Этот основной закон находится в серьезной опасности. - Ключевое слово Корона. И я хотел бы воспользоваться этой возможностью, чтобы показать, что то, что происходит в этой стране, чрезвычайно опасно для нее, и что цифры 33, 89

и 20, то есть 2020 год, можно упомянуть в одном предложении. Ибо то, что происходит здесь на наших глазах в данный момент – это скандал и средняя катастрофа, если мы не остановим тех, кто его вызывает. ...

Любой, кто открыто демонстрирует за защиту Основного закона в Германии Меркель, будет задержан полицией. [544]

"Мы находимся на пороге глобальной трансформации...", инициированной и проводимой ВОЗ, длинной чередой частных спонсоров, в основном финансируемых Фондом Билла Гейтса. То, что за этим стоит стратегический план, разработанный в аналитических центрах, видно, например, из того, что политики в связи с воссоединением предприняли ряд мер, которые сделали переход от ФРГ к СЗФО очень простым. С 1990 года ФРГ – это не государство, а общество с ограниченной ответственностью. Ответственные политики 3.10.1990 г. дерегистрировали ФРГ в ООН как государство и 17.07.1990 г. юридически отменили Основной закон Германии, исключив сферу его применения, ст. 23, 17.07.1990. Закон не имеет юридической силы. Возражение, которое сейчас фигурирует в преамбуле, не имеет отношения к делу, поскольку преамбула не является частью закона. Федеративная Республика Германия, Бундестаг и все её органы власти, города и муниципалитеты являются компаниями, зарегистрированными в коммерческих реестрах.

За последние десятилетия многие государственные учреждения были преобразованы в частные предприятия, в области здравоохранения - в Федеральную железную дорогу; во Франкфурте была основана компания BRD-Finanz-GmbH. Договор об объединении[†††††††††††††††] и Договор 2+4 не действительны или не ратифицированы. Эти приватизации, а также тот факт, что до сих пор не заключен мирный договор с

[†††††††††††††††] Социальный суд Берлина в решении по иску об отрицании от 19.05.1992 (файл № S 56 Ar 239/92) постановил, что так называемый "Einigungsvertrag" (договор о единении) от 31.08.1990 (BGBl.1990, Part II, стр. 890) недействителен, так как нельзя присоединиться к тому, что уже было распущено 17.07.1990.

Германией, также упрощает переход ФРГ в СЗФО. Тот факт, что мирный договор вообще не был задуман, следует из протокола председательствования Франции на переговорах по договору 2+4 от 17 июля 1990 года: *"ФРГ согласна с декларацией четырех держав и подчеркивает, что события или обстоятельства, упомянутые в этой декларации, не произойдут, т.е. мирный договор или мирное урегулирование даже не будут задумываться". ГДР согласна с заявлением ФРГ"*.[545] Этот протокол четко доказывает, что немцы, представленные тогдашним министром иностранных дел Геншером и представителем ГДР Мекелем, препятствовали заключению мирного договора. Все это означает, что с правовой точки зрения фундамент и правовые предпосылки для планируемого перехода ФРГ на СЗФО были созданы уже в 1990-х годах. И, как уже упоминалось, немцы уже не могут ссылаться на свой Основной закон, как это было во время многочисленных демонстраций во время кризиса короны (см. рис. 51-57).

События будут развиваться так, как описано в "Цитате Вайцзеккера": *"...Для сохранения власти численность населения мира будет сокращена до минимума". Это будет сделано с помощью искусственно созданных болезней. В этом процессе биологическое оружие объявляется эпидемией"* (см. главу „Пролог – Дорога к тирании"). Covid 19 – это только начало.[‡‡‡‡‡‡‡‡‡‡‡‡‡‡‡]. За ними последуют новые "пандемические" волны, настоящие волны и те, о которых говорят в средствах массовой информации. В следующей "пандемической" волне будут обвинены те люди, которые продемонстрировали свое несогласие с коварными нарушениями Основного закона и тем самым небрежно вскрыли "защитные меры" правительств (см. рис. 51-57). И придет "вторая волна", которая в пророческом предсказании несколько раз объявлялась некоторыми политиками, например, Сёдером, с угрожающим указательным пальцем,

---

[‡‡‡‡‡‡‡‡‡‡‡‡‡‡‡] Точнее говоря, начало на самом деле гораздо раньше (см. раздел " Эбола, СПИД, SARS и EHEC - биологическое оружие?")

чтобы успокоить критиков; она будет более опасной, чем "первая волна", из-за которой в конце марта 2020 года были изданы правила исключений. Вторая волна" будет совпадать не позднее, чем со следующей сезонной волной гриппа. Однако, скорее всего, это произойдет раньше, в связи с повсеместным развертыванием 5G, для чего с 2020 года во многих городских районах были установлены мачты передачи 5G, а в околоземное пространство были запущены сотни спутников связи. Так как частоты полос 5G находятся в том же диапазоне частот, в котором человеческие клетки общаются друг с другом. 5G окажет огромное влияние на нашу иммунную систему. Иммунная система, которая также состоит из клеток, может быть нарушена этим 5G излучением и в результате не может более оптимально бороться с вторгающимися вирусами, когда интенсивность излучения достаточно высока. Таким образом, если люди, ответственные за сеть 5G, начнут использовать ее по всей территории, люди станут более восприимчивы к всевозможным микроорганизмам, бактериям и вирусам, включая вирус Covid-19. У каждого инфицированного будут проблемы после того, как 5G будет запущен. Чем выше уровень радиации, тем более драматичной будет их болезнь. Следствием этого будет рост заболеваемости и смертности населения по сравнению с "первой волной". И тогда люди скажут: "Мы предупреждали тебя". Ты не слышал. Мы должны снова ужесточить правила исключений, чтобы спасти население". Но тот факт, что 5G - это то, что делает вирус настолько опасным, будет проигнорирован.

В конце концов, на рынке появится вакцинная сыворотка, которая должна защитить людей от Covid 19 и тем самым предоставить перспективу возвращения к нормальной жизни. Эта сыворотка будет содержать вещества, вредные для людей (см. раздел "Глифосат – причина "генетических нарушений"), и может даже удерживать их в состоянии болезни или делать их больными. Возможно также, что в эту сыворотку будет добавлен новый штамм атипичной пневмонии (SARS Covid 19)..." вирус, также произведенный в лаборатории, что приведет к новой вспышке гриппа. Эта новая вакцина будет иметь новое качество благодаря непосредственному вмешательству в геном человека, чего нельзя сказать о классических вакцинах, использовавшихся до сих пор. Впервые в истории вакцинации эти так называемые *"вакцины мРНК последнего поколения непосредственно вмешиваются в генетический материал, в генетическое строение человека/пациента и таким образом изменяют индивидуальный ген в смысле до сих пор запрещенной, даже криминальной, ни-пуляции генов". Это вмешательство можно сравнить с генно-манипулированной пищей, что также очень спорно. Несмотря на то, что в настоящее время средства массовой информации и политики тривиально подходят к этому вопросу и даже нерефлексивно призывают к новому типу вакцинации, чтобы иметь возможность вернуться к нормальной жизни, такая вакцинация является такой же пробной с точки зрения здоровья, морали и этики, а также с точки зрения генетического ущерба, который, в отличие от ущерба, нанесенного в результате предыдущих вакцинаций, теперь будет необратимым, необратимым и непоправимым.*„546

Эта новая вакцина иметь катастрофические последствия для людей по аналогии с "испанским гриппом" 1918 года (см. раздел "Вакцинация глифосатом"). И эта новая вспышка гриппа, в конечном счете, служит дальнейшему ужесточению требований к чрезвычайным ситуациям. И снова будет вакцина двух классов, одна для простых людей и одна для правительства, членов Бундестага и парламентов штатов, как это было сделано в 2009 году со свиным гриппом[547] (см. главу 7. "Как элита защищает себя от собственного оружия?").

Многие люди откажутся от этой вакцинации. Эти лица, отказывающиеся от вакцинации, также могут быть вновь обвинены в том, что они несут ответственность за следующую "пандемическую" вспышку. Для тех, кто прошел вакцинацию, чрезвычайное положение будет смягчено, они восстановят относительно нормальные условия жизни и смогут снова путешествовать. Для тех, кто отказывается от вакцинации, более жесткие условия чрезвычайного положения сохранятся. Новое "коронное приложение" будет автоматически установлено на мобильные телефоны для проверки того, был ли владелец мобильного телефона вакцинирован или нет. Это позволяет очень легко следить за непривитыми, собираются ли они, участвуют ли в общественных мероприятиях и т.д. Даже без этого приложения это уже сегодня возможно, а именно через идентификационный чип, который встроен в каждое удостоверение личности и может управляться по радио.

Таким образом, на этом "поле боя пандемии" применяется еще один компонент **"разделяй и властвуй"** (см. стр. 5): **вакцинация против лиц, отказывающихся от вакцинации.** Таким образом, люди будут заботиться о себе и не будут признавать и винить истинных виновников. Многие люди погибнут, одни в результате искусственно созданного биологического оружия, другие в результате войны с психотропными веществами, которая будет сопровождать их, а третьи в результате экономической катастрофы, которая будет иметь место. Все это затем приведет к великой катастрофе голого выживания, к борьбе за хлеб насущный. Это и есть "настоящий всеобъемлющий кризис", который Рокфеллер предсказал в качестве предпосылки для установления "нового мирового порядка". В результате этого неизбежно произойдет значительное сокращение численности населения (см. главу "1. Повестка дня на 2025 год").

Обязательный комендантский час служит другой цели. В тени этих мер мало кто заметит, как тайно и бесшумно по всей стране устанавливают антенны 5G, иногда спрятанные в дымоходах, уличных фонарях, на незаметных уличных постах, рядом со школами, больницами, спортивными площадками, автостоянками перед большими торговыми центрами и другими центральными местами, где каждый день живут многие люди. Мало кто заметит это не только из-за ограничений на выезд, но и потому, что они отвлечены и сосредоточены на "Короне", осталась тема №1 в основных СМИ. Практически все содержание ежечасных новостей, ток-шоу и развлекательных программ вращается вокруг этой темы. Параллельно с широко распространенной установкой мачт 5G, сотни спутников будут запущены частной космической компанией SpaceX миллиардера Элона Муска для обеспечения связи 5G по всему миру. Как только 5G полностью заработает, люди окажутся в гигантской микроволновой печи, что еще больше ослабит их здоровье (см. раздел "5G" и трансгуманизм").

И затем она будет продолжена, как описано в разделе "Кошмар". 2020 год – это важный год, который проложит курс либо в направлении, описанном здесь, т.е. в направлении НМП и, таким образом, порабощения человечества, либо в направлении уничтожения Глубокого государства – движущей силы Повестки дня на 2025 год (см. конец главы "8. Заключение").

Вымирание пчел и насекомых

«Как только пчела исчезнет с земли, людям останется жить всего четыре года».
(Альберт Эйнштейн[§§§§§§§§§§§§§§§§§])

Массовая гибель пчел и насекомых регистрируется уже несколько лет. В Германии пчеловоды *«теряют от 10 до 30 процентов своих колоний каждый год. Они вымирают из-за болезней и – из-за людей. Если умирают пчелы, то в природе*

[§§§§§§§§§§§§§§§§§]Это часто цитируемое утверждение Эйнштейна, конечно, преувеличено, и я вовсе не уверен, что Альберт Эйнштейн действительно сказал это. Тем не менее, истина заключается в том, что мы не сможем купить в супермаркете бо́льшую часть нашей пищи, если пчелы перестанут опылять цветущие растения.

умирают и множество других насекомых и гусениц... Так кто же убийцы пчел ...?»[548]

В средствах массовой информации обсуждаются различные причины, например, клещи (клещи Varroa), которые были завезены в Германию из Азии и поражают пчел, а также массовое использование инсектицидов, гербицидов, фунгицидов, регуляторов роста. Некоторые подозреваются в дезориентации пчел, при которой они, следовательно, больше не найдут пути в свой улей. Это может быть возможной причиной, но это не может объяснить то, что пчеловоды всегда находят большое количество мертвых пчел в своих ульях. Среди других возможных причин называются культивирование монокультур и стресс при перевозке,[549] яды, которые в последнее время используются фермерами все чаще в качестве пестицидов, такие как муравьиный яд, фипронил и неоникотиноиды.[550] Как одна из причин вымирания пчел была названа даже *«потеря разнообразия в наших ландшафтах»*[551]. Однако тот факт, что массовое распыление токсичных веществ через хемтреллы также может быть одной из причин, вряд ли обсуждается в общественных средствах массовой информации.

Смею сказать, что гибель пчел и насекомых является показателем того, насколько интенсивно распыляются токсичные вещества через хемтреллы. Поскольку выпадение микроскопически мелких частиц из хемтреллов может продолжаться в течение длительных периодов времени, иногда до года, необходимо также учитывать сдвиг во времени воздействия на насекомых, живущих рядом с землей, так что затруднительно четко продемонстрировать эту связь между хемтреллами и гибелью насекомых. Но если эти токсичные вещества на самом деле являются основной причиной гибели пчел и насекомых, должно быть ясно, что это также должно иметь разрушительные последствия для людей.

Сильное воздействие электромагнитного излучения также может оказать негативное влияние на пчел. Например, массовая внезапная гибель пчел была задокументирована в режиме реального времени в месте, которое находилось в непосредственной близости от двух антенн 5G, расположенных на расстоянии 10 м друг от друга.[552]

Глифосат – причина «генетических нарушений»

«Неправ тот, кто до сих пор думает, что правительства этого не делают, или не делают со своим народом».[553]

«Введение глифосата в Соединенных Штатах с коэффициентом Пирсона[*] *0,997 коррелирует с возникновением аутизма у детей в возрасте до 5 лет и, следовательно, играет важную роль в возникновении аутизма».*[554] *«Как известно, глифосат убивает все, кроме патогенной формы кишечной палочки, что влияет на способность кишечной среды выводить токсины и поглощать питательные вещества. Глифосат также блокирует холин, прежде чем он всасывается через стенки желудка. Холин важен для транспортировки питательных веществ, ядов и как транспортная единица для нейротрансмиттеров».*[555] Эксперимент с глифосатом заключался в следующем:[556] *«Двум лучшим политикам в Эквадоре заплатили сравнительно небольшие деньги, и они позволили опрыскивать с воздуха этим реагентом, глифосатом, целые районы города Эквадора. И затем у населения были взяты образцы, чтобы увидеть, могло ли это вызвать постоянное генетическое*

---

[*] Коэффициент корреляции Пирсона (PCC) - это показатель, который отражает корреляцию между двумя измеренными переменными; оно имеет значение +1 в случае полной линейной корреляции, но значение 0 в случае отсутствия корреляции.

нарушение. Ответ был да.[557] *И каким же был следующий шаг? Таким, что мы в больших городах в Соединенных Штатах нашли четкие биохимические доказательства того, что в эту смесь, распыляющуюся в небе, был добавлен глифосат. Небольшой эксперимент в Экваторе, затем применение на собственных людях в США. В Соединенных Штатах сегодня самый высокий процент неврологических заболеваний в мире».*

В научной статье в журнале «Journal of Organic Systems» от 2014 года, озаглавленной «Генетически модифицированные запасы растений, глифосат и разрушение (ухудшение) здоровья в Соединенных Штатах Америки»:[558] *«За последние 20 лет в США наблюдались огромное увеличение и рост числа хронических заболеваний. Подобный рост был отмечен во всем мире. Гербицид глифосат был введен в 1974 году, и его использование растет с введением устойчивых к гербицидам генетически модифицированных (GE) сельскохозяйственных культур. Все указывает на то, что глифосат препятствует метаболическим процессам у растений и животных, а остатки глифосата были обнаружены и у тех, и у других. Глифосат разрушает эндокринную систему и баланс кишечных бактерий, повреждает ДНК и является фактором, влияющим на мутации, которые приводят к раку... ».* Согласно статистике, опубликованной правительством США, авторы этой статьи имеют выраженную корреляцию между использованием глифосата и 22 серьезными хроническими заболеваниями. Определенные для этого коэффициенты Пирсона очень близки к максимальному значению $R = +1$.[559] Зарегистрированные хронические заболевания включают инсульт, преддиабет, диабет, ожирение, болезнь Альцгеймера, старческое слабоумие, паркинсонизм, рассеянный склероз, аутизм, кишечные воспаления и инфекции, заболевания почек в последней стадии, острую почечную недостаточность, рак щитовидной железы, рак мочевого пузыря, рак поджелудочной железы, рак почек и рак крови. Авторы видео[560] на YouTube приходят к аналогичному выводу.

Интересным выводом является то, что число смертей от рака легких резко возросло в Соединенных Штатах, несмотря на введение общего запрета на курение в общественных местах.[561] Таким образом, должна быть другая не зависимая от курения причина, которая способствует развитию рака легких.

Вакцинированный глифосатом

" Из-за прививки от кори дети не становятся аутистами. "
(Th. Schmitz и S. Siebert[562])

„Вакцины имеют патогенные побочные эффекты, включая аутоиммунные заболевания, внезапную младенческую смерть и аутизм. "
(Andreas Moritz[563])

"Если вы родились до 1989 года, риск хронических заболеваний, таких как аутоиммунные заболевания, как диабет, артрит или волчанка, или неврологических заболеваний, как СДВГ, СДВГ, тики, синдром Туретта, задержки речи, неколепсия и аутизм, и аллергические заболевания, такие как пищевая аллергия, анафилаксия, астма, экзема ... составляет 12%". А после 1989 года, при вакцинации, риск хронических заболеваний вырос до 54%. И мы знаем, что это из-за вакцин. Откуда мы это знаем? Потому что есть двухместный список всех этих болезней. Одним из них является список эпидемических хронических заболеваний этого поколения вакцинации. И второе место занимают упаковочные вставки вакцин, в которых производители должны перечислить побочные эффекты этих вакцин. Эти компании зарабатывают 50 миллиардов долларов в год, продавая вакцины, но они зарабатывают 500 миллиардов долларов в год, продавая лекарства для лечения этой эпидемии хронических заболеваний. Лекарства от диабета, артрита, эпи-ручки для пищевой аллергии, ингаляторы от астмы, лекарства от судорожных

расстройств и многое другое. И они хотят сохранить этот рынок. Поэтому они превращают наших детей в товар, они взяли под контроль наши государственные учреждения. Они захватили регулирующие органы. Они покорили суды, и они покорили прессу. Единственное, что у нас осталось против них - это наша демократическая власть. Объединиться с другими и потребовать, чтобы нас не бросили в эту бездну фармацевтических картелей". (Роберт Ф. Кеннеди младший, 18.09.2019[564])

В 2015 году Всемирная организация здравоохранения классифицировала глифосат как, вероятно, канцерогенный для человека (*„probably carcinogenic to humans"*), *«и правительство Германии решило не реагировать на это»*.[565] И, таким образом, 27 ноября 2017 года в Брюсселе разрешение на применение глифосата в ЕС было продлено еще на пять лет.

В статье под названием *«Подтверждено CDC: «глифосат и почечные клетки обезьян в вакцинах»*[566]читаем следующее: *«Некоторые ингредиенты вакцины являются «коммерческой тайной», которая имеет высшую степень защиты, потому что, кто хотел бы использовать вакцины, содержащие почечные клетки африканских зеленых обезьян, клетки абортированных плодов или следы глифосата? Вакцины могут содержать не только глифосат, но также формальдегид, алюминий, тиомерсал или полигелин»*. В статье на ПРАВДЕ ТВ[567] можно прочитать: *«Совсем иначе выглядит ситуация с компонентами, которые добавляются в вакцины – там есть: алюминий, ртуть, формальдегид и многие другие очень сомнительные вещества, способствующие развитию рака и приводящие к другим серьезным заболеваниям ... Представьте, что формальдегид запрещен для лакирования мебели, но может попадать в кровь. Или же СДВГ провоцируется соединениями ртути – и что первооткрыватель сказал о якобы новой(в наше время) болезни на смертном одре: болезнь (СДВГ) изобретена ... Люди, понятно же – это не просто побочный эффект от прививок, нет, это преднамеренный эффект, пожалуйста, уточните в Lügewiki [Pharma: Мнение о Википедии – неверная информация в секторе здравоохранения (видео)], насколько обширна предполагаемая болезнь, и вы увидите, сколько денег можно на этом заработать».*

Большинство этих ингредиентов токсичны и могут вызывать серьезные побочные эффекты, и даже заболевание.[568,569] Это может вызвать аутоиммунные атаки.

Алюминий, который используется для усиления эффекта, является нервным ядом, соли которого провоцируют возникновение рака. Под заголовком ***«Глобальный шок: рак передается в вакцинах ...»*** говорится о том, что увеличение заболеваемости опухолями за последние 50 лет было связано с тем, что в вакцины был добавлен вирус рака: *«Компания признала, что это раковый вирус был инокулирован*†††††††††††††††††† *вакцинами».*[570]

Тиомерсал, соединение ртути, используется в качестве консерванта. Это контактный аллерген, и предполагается, что он вызывает аутизм у детей. Предполагается, что полигелин вызывает аллергию. Формальдегид мешает процессам внутри клетки и может привести к раку молочной железы и простаты, а также к повреждению головного мозга.

Глифосат может быть наиболее важным фактором в развитии различных хронических заболеваний, которые все больше распространяются в западных обществах.[571]

Кампания по вакцинации против гриппа, которая повторяется два раза в год, является типичным примером страха перед гриппом, вживляемым в традиционную медицину, и, следовательно, готовностью взрослого регулярно делать прививочный коктейль, хотя это может нанести вред людям, и польза от этой вакцинации ставится под сомнение. Давайте не будем забывать, что грипп – это метод избавления организма от патогенных микроорганизмов, при котором параллельное

---

†††††††††††††††††† Инокуляция – это добавление к клеточной культуре объекта, способного к репликации (например, клеточной культуры или патогенных микроорганизмов, таких как вирусы или прионы). (Википедия)

повышение температуры тела (так называемая лихорадка) служит этому процессу очищения, который больше не происходит, когда вакцинация его предотвращает. Эта регулярная прививка от гриппа также может рассматриваться как бизнес-модель для фармацевтической промышленности.[572]

Еще до того, как я более плотно занялся проблемой вакцинации, я сам сделал прививку от свиного гриппа в 2009 году и через три дня заболел тяжелым гриппом, и все указывает на то, что этот «грипп» был спровоцирован вакцинацией. Чего я тогда не знал, так это того, что вспышка свиного гриппа в 2009 году была предположительно вызвана генно-инженерным, искусственным вирусом.[573,574] Плюс к моему личному опыту в статье под названием ***«Вакцинация – уничтожение человечества»***[575] читаем: *«Крупнейшая в мире кампания по вакцинации проводилась в 2009/2010 годах. На рынке появились вакцины, эффективность и безопасность которых были более чем сомнительными. Кроме того, не нужно проходить некоторые из испытаний на безопасность, требуемые для официального утверждения. Ко всему, производители этих вакцин юридически не несут никакой ответственности, поскольку Всемирная организация здравоохранения объявила о **пандемии** уровня 6. И это несмотря на то, что так называемый свиной грипп не более опасен, чем обычный сезонный грипп. Глобальные потери никоим образом не оправдывают пандемию 6-го уровня».*

Хотя волна гриппа не является чем-то необычным, повторяющимся каждый год и никогда не классифицировалась как пандемия до появления свиного гриппа, ВОЗ изменила критерии того, что представляет собой пандемия, непосредственно перед появлением свиного гриппа. Старое определение включало в себя то, что существует большая опасность для жизни и что следует ожидать большого числа смертей. *"Это определение было откровенно размыто. И поэтому этот относительно нормальный и безобидный пандемический вирус свиного гриппа можно было бы превратить в общемировую панику, и можно было бы инициировать все меры по борьбе с пандемией.*"[576]

В этом примере **Всемирная организация** здравоохранения воспользовалась стремлением фармацевтических компаний к получению прибыли, чтобы максимизировать свою прибыль просто *«на 6-м уровне пандемии»* и тем самым сняла ответственность с фармацевтических компаний. Однако настоящей пандемией стал **испанский грипп**, в результате которого с 1918 по 1920 годы погибло около 20 миллионов человек. Но, вопреки официально распространенной версии, «испанский грипп», очевидно, был вызван **массовыми прививками**. *«Насколько известно, только привитые люди заражаются испанским гриппом. Те, кто отказался от инъекций, избежали гриппа. Как свидетельствует очевидец Элеонора МакБин: 'Моя семья отказалась от всех прививок, поэтому мы все время были в порядке. Из учений о здоровье Грэма, Трейла, Тилдена и других мы знали, что нельзя загрязнять организм токсинами, не вызывая болезней. В разгар эпидемии все магазины, школы, компании и даже больницы были закрыты – даже врачи и медсестры были привиты и заболели гриппом. Это было похоже на город-призрак. Мы, казалось, были единственной семьей без гриппа – мы не были привиты! Поэтому мои родители ходили из дома в дом, чтобы заботиться о больных. (...) Но они не заболели гриппом и не принесли домой никаких микробов, которые поразили бы нас, детей. Ни у кого в нашей семье не было гриппа. Утверждалось, что в 1918 году от эпидемии погибло 20 миллионов человек по всему миру. Но на самом деле они были убиты врачами из-за грубого обращения и лекарств. Это обвинение жесткое, но правильное, и об этом свидетельствуют успехи врачей-натуропатов. '»*[577]

В упомянутой выше статье[578] читаем далее, что *«единственная потенциальная опасность свиного гриппа состоит в том, что он представляет собой вирус, разработанный человеком. Это было сделано в лаборатории **биологического оружия**. ... Итак, почему международные фармацевтические компании и* *правительственные учреждения координировали свою деятельность для проведения кампании по принудительной вакцинации в исторических масштабах? Прошлое уже показало, что всегда были глобальные элиты, которые стремились сократить человеческое население».* И в приведенной выше цитате больше ничего не сказано: *«В целях сохранения власти население мира будет сокращено до минимума. Это делается с помощью искусственно созданных болезней. Здесь органическое оружие объявляется эпидемией ...»* (см. раздел «Сокращение мирового населения»).

Так что, если вирус свиного гриппа был разработан в лаборатории биооружия, то это часть бесчеловечной практики разработки биооружия против человека. Так же, как и проект по борьбе со свиным гриппом, вполне возможно, что вирус CORONA снова станет объектом всемирной кампании по вакцинации против этого вируса, с огромной прибылью для фармацевтической промышленности. *"Те же глобалисты, которые владеют патентом на вирус и которые первыми предсказали и инициировали подъем и распространение вируса, теперь объявили, что они будут разрабатывать вакцины от смертельного вируса CORONA. По мнению бизнес-инсайдеров, "коалиция, поддерживаемая Биллом Гейтсом, финансирует биотехнологические компании", которые пытаются разработать вакцину от короновируса. А ты как думаешь? Это все просто большое совпадение?"*[579] Однако в случае более опасного вируса CORONA существует конкретный выбор между "чумой и холерой", т.е. выбор между веществами, вызывающими заболевания в вакцине, и смертельным CORONA гриппом (см. раздел "Являются ли Эбола, СПИД, атипичная пневмония и ЕНЕС биологическим оружием?").

А что касается *«кампании по принудительной вакцинации»*, сегодня предпринимаются усилия по обеспечению соблюдения прививок в целом по закону. С учетом этого в государственных средствах массовой информации постоянно проводится официальная кампания по введению

установленной законом вакцинации для всех людей, которая служит именно этой цели.[580]

В 2019 году министр здравоохранения Йенс Спан разработал закон об обязательной вакцинации против кори, который предусматривает строгие меры наказания для тех, кто отказывается от вакцинации.[581,582] Этот закон о защите от кори был принят Бундестагом и утвержден Федеральным советом 20 декабря 2019 года. Кроме всего прочего, он предусматривает, что те, кто отказался от вакцинации, могут быть оштрафованы на 2500 евро, а их дети исключены из детского сада. Он игнорирует тот факт, что имеются серьезные доказательства того, что вакцина Merck против кори, эпидемического паротита и краснухи (вакцина MMR) (а также против ветряной оспы, Pentacel и все вакцины, содержащие гепатит А) производятся с использованием фотальных клеточных линий человека, и существует риск того, что эти вакцины могут вызвать аутоиммунные заболевания.[583] Эта обязательная вакцинация оправдывается высоким риском заражения корью, эпидемическим паротитом и краснухой.[584]

В 1987 году была выпущена вакцина MMR с торговым названием TRIVIRIX,[585] которая использовалась в Канаде. И эта вакцина вызвала менингит (воспаление мозговой оболочки). Затем вакцина была изъята с рынка, но лицензирована в Великобритании в том же месяце, изменив название на PLUSERIX. Вакцина также вызвала менингит в Великобритании, однако использовалась еще в течение четырех лет. После многочисленных протестов вакцина также больше не применялась в Великобритании, а вместо этого в развивающихся странах, таких как Бразилия, где после кампании массовой вакцинации произошла эпидемия менингита. В ходе последующего исследования ученые обнаружили, что чем моложе человек, получающий вакцину, тем выше риск менингита.

28 ноября 19 ноября в Ärzteblatt (*врачебный листок*) появилась статья «*В Конго от кори погибли более 5000 человек*»[586]. Там вы могли бы прочитать: «*Киншаса – Эпидемия кори в Конго унесла более 5000 жизней с начала года. Как вчера объявила организация по оказанию помощи детям Unicef, около 90 процентов жертв были детьми в возрасте до пяти лет*». А на Welt.de вы можете прочитать: «*Демократическая Республика Конго в настоящее время борется с двумя эпидемиями: против второй по величине в истории вспышки Эболы и против кори. ʹПроблема прорезывания зубовʹ в настоящее время привела к гораздо большему числу смертей, чем страшная Эбола.*»[587] Комментарий на странице *systematicgesund.de* дополняет эти сообщения следующим образом:[588] «*Что произошло ДО насильственной вспышки кори? С помощью надежной поисковой системы вы можете быстро получить информацию о том, что третья кампания вакцинации уже состоялась. Одна из участвующих организаций, «Врачи без границ», в течение 5 месяцев вакцинировала более 361 000 детей против кори. Кстати, каждый узнает, что 223 000 человек были вакцинированы против лихорадки Эбола. С ʹэкспериментальной вакцинойʹ, использование которой является спорным. Так что есть экспериметы с людьми в Африке!!! Мошенничество, приходящее в голову при мыслях об Украине, где разразилась корь. В 2010 году у них практически не было кори, и уровень вакцинации составил всего 56%. Самый низкий в Европе. В 2017 году была проведена крупная кампания ВОЗ по вакцинации, в результате которой этот показатель достиг 91%, и в 2018 году Украина стала первой по уровню заболевания корью в Европе. Но риски и побочные эффекты прививок часто игнорируются и сохраняются в тайне. ... Любой разумный человек может ожидать, что кампании вакцинации немедленно прекратятся, если будут получены такие плохие результаты. Далеко не так. Мероприятия активизируются, а пожертвования собираются. Учитывая знание последствий и ущерба, это, по крайней мере, умышленное причинение телесных повреждений, если не попытка убийства!*»

Вопреки этим негативным сообщениям о воздействии вакцин, существуют научные исследования, которые подтверждают безопасность вакцин. Эти исследования также обосновывают полезность вакцинации. В книге "О вакцинации просто – образовательная книга по охране нашего здоровья"[589], изданной в 2019 году, на обратной стороне обложки большими буквами написано: *"Дети не становятся аутистами от прививки от кори ... факты против дезинформации..."* А в пятой главе говорится: *"...что Мелинда и Билл Гейтс*[‡‡‡‡‡‡‡‡‡‡‡‡‡‡‡‡] *помогают сократить число детей, умирающих от предотвращенных инфекционных заболеваний".* Значит, вакцинация не так опасна, как говорят некоторые скептики? Против этой точки зрения свидетельствует еще одна книга "Вакцинированная нация: как вакцинация вредит населению". - Почему ADHS, аутизм, астма и аллергия резко возрастают", 2018, А. Мориц. Некоторые из основных положений этой книги: *"Вакцины, а не вирусы, вызывают болезни... Многие вакцины генно-инженерно разработаны для того, чтобы вызывать болезни, а затем изобретать "профилактическое лечение", чтобы спасти большие популяции от этих "убийственных болезней". ...Вакцины имеют патогенные побочные эффекты, включая аутоиммунные заболевания, внезапную младенческую смерть и аутизм".*[590] Что такое правда? Так что существуют две разные точки зрения:[591]

*«**Точка зрения 1** – фармацевтическая промышленность и монопольные СМИ: научные исследования предположительно доказывают, что нет никакой связи между вакцинацией MMR и аутизмом!*

[‡‡‡‡‡‡‡‡‡‡‡‡‡‡‡‡] По объему вкладов **Фонд Билла и Мелинды Гейтс** на сегодняшний день является крупнейшим частным фондом в мире (опережая Фонды Открытого Общества Джорджа Сороса). Оба фонда преследуют общую цель – продвижение глобализации. О деятельности Билла Гейтса в связи с вирусом "Corona" см. раздел "Является ли Эбола, СПИД, атипичная пневмония и ЕНЕС биологическим оружием?"

Точка зрения 2 – *документация Vaxxed*[592]*. Тысячи достоверных свидетельств доказывают на практике связь между прививкой MMR и аутизмом!»* Точка зрения 2 является результатом опыта 250000 родителей, которые откликнулись на призыв заинтересованной родительской пары.[593,594] *"Практический опыт бесчисленного множества родителей разоблачает якобы научные исследования как ошибочные или даже манипулятивные!"*

С введением вакцинации против кори усилия политиков, по-видимому, сводятся к введению не только обязательной вакцинации против этих заболеваний, но и **общей обязательной вакцинации**. С одной стороны, нельзя не признать, что *«прививки могут иметь опасные побочные эффекты, например воспаление головного мозга, паралич, слепота, хронические заболевания».*[595,596] Всеобщая обязательная вакцинация открывает путь к злоупотреблениям, в результате чего *«...численность мирового населения может быть сокращена до минимума».*

«Бывший министр здравоохранения Финляндии Рауни-Лина Лууканен-Килде открыто заявила, что все это безумие вакцинацией в основном служит сокращению численности населения мира и, конечно же, повышению прибыльности фармацевтической мафии».[597,598]

Теория заговора? Да, конечно! Но с очень высокой степенью правды: Билл Гейтс, о котором мы уже упоминали в разделе "Является ли Эбола, СПИД, атипичная пневмония и ЕНЕС биологическим оружием?", является одним из главных сторонников высокого уровня вакцинации во всем мире, аргументируя это, среди прочего, тем, что это позволит замедлить или обратить вспять бесконтрольный рост населения мира. Он распространяет тезис о том, что если все люди вакцинированы, то они здоровее, а если здоровее, то делают меньше детей.[599] И наоборот, население мира, которое растет все быстрее на протяжении примерно 50 лет, и связанный с этим рост таких заболеваний, как инфаркт, диабет, рак, гипертония и ожирение, похоже, подтверждают тезис Билла Гейтса. По этой причине он призывает к всесторонней и повсеместной вакцинации всех людей. Он является одним из основных спонсоров ВОЗ, которая больше не является независимой и, следовательно, поддерживает высокий уровень охвата вакцинацией.

Я хотел бы добавить здесь: эта обязательная вакцинация также ослабляет здоровье людей. Слабые люди не бунтуют; они заняты только собой.

Все это очень серьезно, и элиты навязывают прививки. Это делается шаг за шагом, медленно, чтобы население к этому привыкло. Все начинается с обязательства вакцинироваться только от одного конкретного заболевания – от кори. Понемногу другие прививки будут вводиться по закону, и, наконец, общее обязательство делать прививки от всех болезней, которые элита отнесет к опасным. И это открывает дверь для злоупотреблений, как и предсказывалось в приведенной выше цитате.

На этом этапе следует также отметить, что фармацевтическая промышленность проявляет большой интерес к обязательной вакцинации, поскольку это еще один способ увеличить свою прибыль. Тот факт, что речь идет не только о прибыли, но и о цели «сокращения населения мира», подтверждается в одноименном разделе. Если эти тенденции не будут остановлены, существует опасность того, что некогда полезное открытие вакцинации против серьезных инфекционных заболеваний может превратиться в одно из самых опасных оружий против человечества.

Таким образом, эта цель "сокращения населения мира" достигается не только с помощью химикатов, вызывающих заболевания, распыляемых над нашими головами (хемтреллы), и облучения лучевым оружием (включая "5G"), но и с помощью целенаправленных кампаний по вакцинации. Как и в разделе «Являются ли Эбола, СПИД, атипичная пневмония и

ЕНЕС биологическим оружием?» Обсуждается, что СПИД, скорее всего, был вызван кампанией вакцинации.[600]

Кампании по вакцинации также завуалированы и часто упоминаются как «троянский конь». В статье «Вакцинация - уничтожение человечества»[601] представлены различные конкретные примеры прошлых десятилетий. Вот лишь несколько ключевых слов:

- *«Секретная стерилизация посредством вакцинации»* (Под прикрытием, что вакцинация является только прививкой от столбняка, миллионы женщин в Никарагуа, Мексике и на Филиппинах в возрасте от 15 до 45 лет были стерилизованы в 1990-х годах.)

- *«Стерильность от генетически модифицированной кукурузы»* (*«Кукуруза под названием MON 810 от Monsanto, компании Фонда Рокфеллера, вызывает бесплодие и изменяет иммунную систему».*)

- *«Стерилизация с использованием вакцинации против полиомиелита»* (*«Некоторые вещества, которые мы обнаружили в вакцинах, опасно токсичны, а некоторые также оказывают непосредственное влияние на репродуктивную систему человека».*)

- **Стерилизация с помощью вакцинации против HPV:** *"В Индии Верховный суд расследует дело Билла Гейтса: Фонд Гейтса финансирует испытания вакцин против **HPV**, которые, по официальным данным, уже стоили жизни десяткам людей. Испытания в основном проводились на девочках из беднейших регионов Индии с низким уровнем образования...".*[602] *„Основным побочным эффектом этих вакцин против **HPV** является бесплодие.“*[603]

«Но снижение рождаемости уже не самое совершенное средство олигархов и элит. Дополнительные средства были использованы для продвижения планов депопуляции. И они больше не нацелены на людей в странах третьего мира. Каждый из нас мог бы стать жертвой этих мер сегодня».[604] И эти меры влияют на наше ежедневное потребление пищи. В настоящее время мы наблюдаем, как генетически

модифицированные семена находятся на пути распространения по всему миру. Даже если многие люди считают, что им решать, есть ли генетически модифицированные продукты или нет, это уже давно стало иллюзией; потому что эти вещества часто попадают на наши тарелки трудным для понимания способом в промышленно производимых продуктах питания. *«Глифосат попадает на наши тарелки через яйца, молоко и мясо, как и добавка полиэтоксилированного таллоамина (POEA), содержащаяся в смесях глифосата и продукта разложения AMPA. Оба они гораздо более токсичны, чем сам глифосат ... Один только POEA и в сочетании с глифосатом могут вызывать рак .... Текущие исследования выявляют серьезный риск для здоровья от глифосата, POEA и AMPA даже при самых низких концентрациях. Признаки гормонального эффекта вызывают особую тревогу. Рак, гибель клеток, проблемы с фертильностью, генетические нарушения, нарушения эмбрионального развития, печени и почек также входят в число последствий».*[605]

На сайте MONSANTO вы можете прочитать:[606]
*«**GMOs are Genetically Modified Organisms**
One of the most important GMO facts is that GMOs are developed with beneficial traits that help them thrive in their environment. Think drought-tolerant corn, or pest-resistant soybeans that need less bug spraying. That helps farmers and better harvests benefit everyone, impacting what's available at the store...and what we can put on our plates».*[§§§§§§§§§§§§§§§§§§]

[§§§§§§§§§§§§§§§§§§] ГМО - это генетически модифицированные организмы
Одним из наиболее важных фактов ГМО является то, что ГМО разработаны с полезными свойствами, которые помогают им процветать в их среде. Подумайте о стойких к засухе кукурузных или устойчивых к вредителям соевых бобах, которые используют меньше спрея от насекомых. Это помогает фермерам и лучшему урожаю приносить пользу всем и влияет на то, что доступно в магазине ... и что мы можем положить на наши тарелки ».

Здесь представлен ряд продуктов (включая генетически модифицированные кукурузу и сою), которые рекламируются как нечто положительное. Но все наоборот. В цитированной выше статье можно прочитать:[607] ***«Контроль над едой: Monsanto** является лидером в области ГМО, когда речь заходит о контроле над человечеством. Только ГМО может распространить болезнь и смерть по всему миру. Тем не менее, программа семян Monsanto – это зернышко, которое уже было разработано для контроля глобальной пищевой цепи.»*

Еще одно нападение на наше здоровье – это то, что фтор или фторид добавляют в питьевую воду в различных областях, особенно в США, на том основании, что это делает зубную эмаль более устойчивой к кариесу. Но фтор или фторид являются одним из сильнейших ядов[608] для человеческого организма и практически не могут быть удалены из организма снова. *«Добавление фторида к водоснабжению имеет прямую корреляцию с числом случаев смерти плода, детей с синдромом Дауна, хрупких зубов и увеличенных структур корней зубов, заболеваний позвоночника, остеомаляции ... и остеопороза ... Фторирование является крупнейшим случаем научного мошенничества, не только в этом столетии, но, возможно, во все времена».[609]* В супермаркетах Германии огромный выбор зубных паст, но практически все они содержат дополнительный фтор; я не смог найти зубную пасту без фтора в обычных супермаркетах. Это преднамеренное нападение на общественное здравоохранение.[610] Чтобы получить зубную пасту без фтора, вы должны пойти в специализированные магазины, например, в те, где можно купить только экологически чистые товары.

Питьевая вода в городах также может содержать следы других вредных для нас веществ, например, остатки антибиотиков, антидепрессантов, всевозможных лекарств и наркотических веществ, которые, возможно, были отфильтрованы не полностью, что, согласно указанному источнику[611], особенно имеет место в США.

Подводя итог, можно сказать, что в настоящее время реализуется огромная программа по сокращению населения мира, которая, в дополнение к войнам, ведущимся США и НАТО, включает в себя отравление людей посредством вакцинации, через пищевую цепь, распыление ядов с воздуха и облучение. Похоже, что большинство эпидемий и новых инфекционных заболеваний были изобретены за последние 100 лет или происходят из разработок в военных лабораториях и распространенных путем массовой вакцинации. С одной стороны, зарабатывать деньги на национальных прививках и последующем лечении пациентов, с другой стороны, создавать страх и останавливать рост населения. *"Нас притупляют, нас делают больными, нас делают бесплодными".*[612]

Вакцина Covid 19 - побочные эффекты

Главным инициатором и спонсором разработки будущей вакцины Covid 19 является мультимиллиардер Билл Гейтс. По оценкам ООН, общие расходы составят 40 млрд. евро.[613] Большую часть необходимых средств также внесет донорская конференция глав государств и правительств в начале мая 2020 года: 7,4 млрд. евро. Поэтому разработка вакцины Covid 19 является гигантским проектом, который ни при каких обстоятельствах не должен потерпеть неудачу. Такие заявления о том, что 700 000 жертв (по оценке главного инициатора Билла Гейтса[614]) следует ожидать из-за побочных эффектов, могут быстро уйти на задний план. Однако, если бы общее число людей, которых Билл Гейтс хочет вакцинировать, составляло 7 миллиардов,[615] то это затронуло бы только 0,1% вакцинированных. Какие побочные эффекты? Человек может умереть или стать инвалидом навсегда, например, в результате паралича.

Что такого особенного в этой новой вакцине? Это так называемая РНК-вакцина, при которой изменяются гены вакцинируемого человека[616] – вид генетической манипуляции, при которой изменяется генетический материал клеток вакцинируемого человека. Таким образом, это новое качество по сравнению с вакцинами, которые использовались до сих пор, в которых ослабленные вирусы являются основным компонентом вакцины, против которого предназначена вакцинация.

В письме врач доктор Кристина Грамш описывает способ действия и последствия планируемой новой вакцины против Covid 19 следующим образом:[617]
"Всем моим пациентам:
Уже сейчас я хотел бы срочно обратить ваше внимание на важные вопросы, касающиеся предстоящей вакцинации Covid 19:
За последние 20 лет ко мне приходили пациенты, у которых после вакцинации развились симптомы, которые я должен был потом лечить. Конечно, такие искусственно созданные симптомы/болезни всегда были особым вызовом в отдельных случаях и несколько труднее поддавались лечению, чем доминирующие заболевания, которые возникают в силу природы пациента, т.е. имеют естественное происхождение. Однако, поскольку последствия вакцинации основывались, главным образом, на уже часто упоминавшихся адъювантах с множеством побочных эффектов (бустерных активах, называемых также бустерами), с выделением которых организм в отдельных случаях не мог справиться, и поэтому развивалась соответствующая легкая или тяжелая симптоматика, гомеопатическая терапия, в которой индивидуальная жизненная сила стимулировалась для выведения токсинов из организма, в конце концов оказалась успешной, и последствия вакцинации исчезли, пусть часто только по прошествии многих месяцев.
Однако, в связи с новым способом действия будущей коронавирусной вакцины, такие успехи в заживлении уже не будут возможны в будущем. Впервые в истории вакцинации так называемые мРНК-вакцины последнего поколения непосредственно вмешиваются в генетический материал

человека/пациента и таким образом изменяют индивидуальный генетический материал в смысле до сих пор запрещенной, даже криминальной генетической манипуляции. Это вмешательство можно сравнить с генно-модифицированной пищей, что также очень спорно. Несмотря на то, что в настоящее время средства массовой информации и политики говорят об этом тривиально, и даже безрезультатно призывают к такому новому типу вакцинации, чтобы иметь возможность вернуться к нормальной жизни, такая вакцинация является столь же проблематичной с точки зрения здоровья, морали и этики, а также с точки зрения генетического ущерба, который, в отличие от ущерба, нанесенного в результате предыдущих вакцинаций, теперь будет необратимым, необратимым и непоправимым.

Уважаемые пациенты, после такой новой вакцинации мРНК они больше не смогут лечить симптомы вакцинации альтернативным способом, им придется смириться с последствиями, потому что их нельзя лечить простым выведением токсинов из организма человека, точно так же, как нельзя лечить человека с генетическим дефектом (например, ракового больного). Например, трисомия 18 или 21, синдром Клайнфелтера, синдром Тёрнера, генетические заболевания сердца, гемофилия, муковисцидоз, синдром Ретта и т.д.), потому что генетический дефект остается один раз навсегда!

Говоря простым языком, это означает: если после вакцинации мРНК у вас появятся симптомы вакцинации, ни я, ни любой другой терапевт не сможет вам помочь, потому что повреждение от вакцинации будет генетически необратимым.

На мой взгляд, эти новые вакцины представляют собой преступление против человечности, которое никогда ранее не совершалось в такой широкой форме в истории. "

Как сказал доктор Вольфганг Водарг, как опытный врач: На самом деле, эта (для подавляющего большинства людей) "многообещающая вакцина" является запрещенной генетической манипуляцией!

7. Как элита защищает себя от собственного оружия?

*Осень 2009 года: Федеральное правительство, федеральные чиновники и солдаты Вооруженных сил Германии получили вакцину против свиного гриппа **без усилителя**, но население получило вакцину **с усилителем** (адъювант[*****************]).[618]*

В разделе "Психопаты" мы уже указывали на то, что психопаты также делают то, что может привести к их собственному уничтожению. Тем не менее можно предположить, что представители Глубокого государства принимают меры предосторожности и уже предприняли шаги по защите от последствий своих действий. Во времена, когда всеохватывающий кризис (Рокфеллер) еще не разразился, они живут в районах, где не распыляются никакие химикаты, и у них есть несколько мест, где их можно найти. Кроме того, у них есть свои собственные непубличные каналы/средства связи, которые информируют друг друга о том, когда, где, что и как что-то планируется, например, о фальшивой операции секретных служб. А когда начнется запланированный всеохватывающий кризис (волнения в разных странах, гражданские войны), их не будет "присутствовать". Они создали для себя убежища в виде огромных подземных туннельных систем, к которым они могут отступать надолго, чтобы дождаться окончания беспорядков. Эти туннельные системы герметично закрыты от внешнего мира, и их самодостаточное снабжение (питьевой водой, продуктами

[*****************] Адъюванты – это соли алюминия, такие как гидроксид алюминия. Алюминий является причиной многих заболеваний, например, болезни Альцгеймера.

питания) гарантировано на долгое время. Эти туннельные системы известны только членам Глубокого государства и доступны только им. Реализация и финансирование этих огромных туннельных систем проходила в тени и под прикрытием других крупных проектов (например, аэропорт Денвера (США), Берлинский аэропорт, железнодорожный проект "Штутгарт21"), что означало, что их строительство могло происходить относительно скрытно, а соседние жители имели мало знаний о реальных целях строительства и реальных работах. Огромные финансовые ресурсы, которые эти туннельные проекты поглотили в Федеративной Республике Германия, были предоставлены и оплачены через крупные проекты "Берлинский аэропорт" и "Что касается крупного берлинского аэропорта BER, то многие должны были уже сейчас заметить, что что-то может быть не так. Ведь за более чем восемь (!) лет с первого официально запланированного срока завершения работ (2012 г.) немецким инженерам, должно быть, удалось решить технические проблемы, стоявшие на пути его выпуска, тем более что BER с самого начала была престижным предприятием. Неиспользованный берлинский аэропорт обходится налогоплательщику примерно в 1,3 миллиона евро в день (!) (по состоянию на 2016 год). На что расходуются эти огромные финансовые ресурсы?

В Денвере это были частные инвесторы, которые финансировали и строили аэропорт, но которые официально не известны.[619]

На вопрос "Как элита защищает себя от собственного оружия?" Информатор Ду-Дебора Таварес дает следующий ответ на примере: *«Некоторая информация, с которой мы столкнулись, - это: конечно, у них есть методы, намного превосходящие те, что у нас есть, такие как лечение рака; они не болеют раком ... »* Чтобы опровергнуть протест против этой «теории заговора», я хотел бы сделать следующие комментарии по теме профилактики и лечения рака. Статистические данные показывают, что в настоящее время каждый второй мужчина и каждая третья женщина заболевают раком в течение своей жизни, и что эта высокая вероятность развития рака в значительной степени связана с нашим образом жизни и токсинами окружающей среды – такими, как пестициды, инсектициды и синтетические продукты,[620] которые используются в сельском хозяйстве для борьбы с сорняками или в пищевой промышленности для увеличения срока годности продуктов питания. *«В 1850 году только один из 2500 умирал от рака, сегодня каждый третий умирает от рака».*[621] *И недавнее исследование показало: «Рак на 100 процентов является антропогенной болезнью ... после промышленной революции случаи рака резко возросли, особенно у детей, где доказано, что это увеличение рака связано не с увеличением продолжительности жизни ... В природе практически нет ничего, что могло бы вызвать рак. Следовательно, он должен быть создан человеком в результате загрязнения и изменений в рационе питания и образе жизни. Самым важным в нашем исследовании является то, что оно показывает нам эту болезнь с исторической точки зрения. Мы можем дать четкую информацию о заболеваемости раком в разные эпохи и общества, потому что у нас есть полный их обзор. Мы исследовали тысячелетия, а не только последние 100 лет, и имеем бесчисленные данные, к которым можно обратиться».*[622]

Сверхбогатые элиты могут легко избежать этих воздействий, которые вредны для нашего здоровья из-за нашего образа жизни и токсинов окружающей среды, живя в значительной степени независимо и устраняя эти негативные факторы из своей жизни. И если это произойдет, существуют «проверенные противораковые лекарства», распространение и знание которых не поддерживается фармацевтической промышленностью, и даже подавляется и борется, потому что эти лекарства стоят недорого и, следовательно, не приносят денег. Напротив, если эти противораковые препараты станут известными в широких кругах, это приведет к огромной потере продаж классических противораковых препаратов (химиотерапия, радиология, очень дорогие лекарства).

«Методы лечения рака, которые стоят мало или ничего и не являются патентоспособными, не имеют ни малейшего политического шанса на одобрение. Они замалчиваются, подавляются и становятся нелепыми и ненадежными».[623]

«Противораковым препаратом» является, например, ежедневное потребление очень высоких доз натурального витамина С («терапия высокими дозами»), дополненное здоровым и сбалансированным образом жизни, который противодействует переокислению клеток человека: много физических упражнений, правильное или разнообразное питание (много овощей, если возможно, «органических овощей»), достаточный сон, достаточное количество солнечного света, достаточное питье, позитивное отношение к жизни и не слишком высокий, не постоянный уровень стресса.[624]

«Недостаток света заставляет опухоли расти. Почему никто не знает, что хорошая доза витамина D, которая вырабатывается в коже только солнечным светом, может защитить нас от рака? Что люди альтернативно исцеляли себя высокими дозами витаминов, кислородной терапией, раскислением и многими другими естественными методами? Об этом умалчивается, чтобы держать нас зависимыми. Каждый день тысячи жертв попадают в сеть химического ада ... »[625]

Упомянутые здесь «противораковые препараты» являются не только важнейшими инструментами профилактики рака, но и могут излечить их; потому что рак – это не просто болезнь одного органа в организме, но это болезнь всего тела, которая впервые проявляется в одном из органов тела. Автор книги Лотар Хирнайз[626] идет еще дальше. Он говорит: если уровень стресса слишком высок в течение многих лет, это приводит к постоянному снижению уровня адреналина в клетках, что, в свою очередь, приводит к тому, что в клетке образуется повышенный уровень сахара, а это приводит к разрушению клеток. Чтобы избежать этого разрушения, эволюция установила механизм перехода к так называемому ферментативному метаболизму, который позволяет клетке сжигать в 20 раз больше сахара, чем нормальная клетка.

Клетка, которая была изменена таким образом, является раковой, что означает, что она больше не подвержена риску гипогликемии и гибели. Тем не менее, рак это хорошая вещь, потому что он позволяет выживать путем изменения метаболизма. Недостатком, однако, является неограниченное деление клеток, которое в конечном итоге также може привести к смерти в том случае, если невозможно переключить метаболизм клеток обратно к нормальному производству энергии. Это возможно путем добавления повышенного кислорода, сопровождаемого изменением образа жизни в направлении к здоровому, т.е. детоксикация организма, диета и снятие стресса.

«Рак является заболеванием вследствие дефицита. Рак возникает, когда в организме отсутствует определенное вещество, которое когда-то входило в рацион, но в настоящее время в значительной степени выведено из организма ... Похоже на цингу (дефицит витамина C) или пелагру (недостаток витамина B), рахит (дефицит витамина D). Такие заболевания возникают, если эти вещества не поступают с пищей. Потому что обычно наша иммунная система способна справляться с новообразованными раковыми клетками каждый день. Только когда иммунная система перегружена из-за определенных факторов (радиация, недоедание, стресс и другие канцерогенные факторы) и этих веществ нет, раковые клетки могут распространяться и увеличиваться в опухоли».[627]

И здесь мы также сталкиваемся с тем фактом, с которым мы неоднократно уже сталкивались в предыдущем дискурсе, а именно, что истеблишмент, элита, не только скрывает такие позитивные идеи, но и борется с ними. И это создает страх, проверенный способ манипулирования людьми. *«Это сообщение, которое программирует человеческий разум: 'Диагноз рак, я умираю', оказывает очень большое влияние благодаря его пугающему эффекту ». Поскольку человек уязвим и поддается манипуляциям из-за страха, этот диагноз уже вовлекает их в криминальную спираль фармацевтической промышленности».*[628]

Первым, кто поместил «терапию высокими дозами» с природным витамином С в центр профилактики и лечения рака, был двукратный лауреат *Нобелевской премии* Линус Полинг, который получил Нобелевскую премию по химии в 1954 году и *Нобелевскую премию мира* восемь лет спустя. Полинг полагает, что большинство исследований рака является мошенническим, и что крупные организации по исследованию рака подчиняются тем, кто их финансирует.[629,630]

Однако, поскольку элита не смогла опровергнуть выводы Линуса Полинга о профилактике и лечении рака, он был клеветан и высмеян как «папа витамина».[631] Линус Полинг опроверг эту элитную кампанию, применив свой метод лечения на себе после получения собственного диагноза рака в возрасте 60 лет. Он прожил после этого еще 33 года и умер только в возрасте 93 лет. В последнее время фармацевтическая индустрия также боролась с этой профилактикой и лечением рака, и общественные средства массовой информации охотно помогали в этой борьбе. В 2011 году WDR транслировала телепрограмму с предупреждением о пищевых добавках; согласно этой программе, они увеличивают риск смерти, и являются *«очень вредными веществами»*.[632] Эта передача WDR была передана в непосредственной связи с серией лекций доктора Рат, врача, который специализируется на роли витаминов в предупреждении и лечении рака. В онлайн-версии *Bild.de* вы можете прочитать: *«Насколько опасны витаминные препараты? Женщины умирают раньше, мужчины чаще заболевают раком простаты»*,[633] ссылаясь на исследование из США, которое на самом деле не было клиническим, где витамины обычно вводят в одной группе участников, а вторая группа, контрольная, витаминов не получает. Вместо этого *«все исследование было основано на 'вопросниках' по 'поведению в отношении еды' и другим аспектам: где вы живете, какой у вас уровень образования и т. д.»*.[634] И 80% тех, кто начал это исследование, оставили его до его завершения.

Представители этих альтернативных медицинских подходов к борьбе с раком испытывают противодействие не только через государственные средства массовой информации, но и через судебные иски, где может угрожать отзыв лицензии на медицинское обслуживание и даже тюремное заключение.[635] В 2007 году фармацевт в Высшем административном суде Нижней Саксонии вынес принципиальное решение[636] против Палаты фармацевтов, в соответствии с которым в качестве альтернативного средства был принят амигдалин (также известный как Амигдалина, Лаэтрил (Латрил), Мандельонитрил или Витамин В17). Профилактику и лечение опухолевых заболеваний (рака) или их симптомов хотели запретить.

Слово о «противораковом агенте», витамине С: искусственный витамин С, аскорбиновая кислота, также подходит для «терапии высокими дозами»; однако это должно дополняться параллельным приемом других микроэлементов, витаминов В1, В5, В12, В17 и других. Упомянутый (псевдо) витамин В17, по-видимому, играет ключевую роль в борьбе с раком.[637] Он содержится в ряде фруктов,[††††††††††††††††††] например в абрикосовых косточках в относительно высоких дозах, а также во многих других, которые растут в наших садах. Горькие вещества или содержание синильной кислоты в этих фруктах играют решающую роль. Преимущество «механизма В17» заключается в том, что он действует избирательно против раковых клеток и практически не разрушает здоровые ткани. Здесь есть даже аналогия с механизмом действия пенициллина в том, что пенициллин также действует избирательно, т.е. против бактерий, но не атакует клетки человека.[638] В отличие от химиотерапии, которая уничтожает как раковые, так и здоровые клетки. Уже одно это преимущество было бы достаточной причиной для фармацевтической промышленности инвестировать

[††††††††††††††††††] В современных выведенных сортах этих фруктов эти горькие вещества частично отсутствуют, поэтому они утратили часть своего действия в качестве противораковых лекарств.

миллиарды евро в исследования в научном контексте «механизма В17», который, однако, вместо этого релятивизирует предыдущие выводы или даже дискредитирует их.[639] В статье, опубликованной Немецкой газетой фармацевтов в 2012 году, можно прочитать следующее:[640] *«Амигдалин, ингредиент горького миндаля и ядер абрикосов и яблок, является цитотоксическим, вызывающим апоптоз веществом. Следовательно, в принципе можно предположить соответствующее воздействие на опухолевые клетки, что, однако, не может быть подтверждено ни в большинстве исследований на животных, ни в нескольких систематических исследованиях, доступных для больных раком».* И дальнейший текст этой статьи гласил: *«Нет контролируемых, рандомизированных клинических испытаний с лаэтрилом или миндалевидным железом».* Если это так, как вы можете сказать, что лаэтрил или миндалевидное вещество не действует против рака? И еще раз вопрос: почему фармацевтическая промышленность не вводит контролируемые рандомизированные клинические испытания с лаэтрилом или амигдалином? Это так невероятно; существует вещество, которое, как известно, биохимически **избирательно** убивает раковые клетки, но оставляет нормальные клетки без нарушений, и по этому вопросу не проводятся никакие исследования.

В видео[641] под названием «Ядра абрикоса против рака: опасная для жизни натуропатия» обсуждается пример неудачной терапии рака с использованием «терапии В17» у пациента, которая смешивается с эзотерическими аспектами (Бруно Грёнинг, *«изобретатель божественного исцеляющего тока ... подкова из оловянной фольги может усилить эффект»*) и таким образом альтернативная медицина дискредитируется. Видео[642] дает ответ. Брошюра объясняет неравную и несправедливую борьбу между традиционной медициной и альтернативной (новой) медициной:[643] *«К сожалению, в настоящее время существует два стандарта: если в новой медицине умирает один человек, то разразится гроза: «Он мог бы остаться живым, если бы не поверил в эту чушь».* С другой стороны: *«в традиционной медицине говорится: ʹМы сделали все возможное, он не мог быть спасенʹ».* Онкологические больные часто переходят на альтернативное лечение только на продвинутой стадии лечения рака, а именно, когда традиционная медицина им больше не помогает, они, так сказать, уже «вне терапии». Однако из-за потери времени и дополнительного повреждения клеток во время предыдущих процедур (химиотерапия, облучение, медикаментозное лечение) рак часто прогрессирует, поэтому шансы на излечение с помощью терапии В17 в настоящее время невелики. Но даже в этих «полностью излеченных» случаях терапия В17, как говорят, сработала в 15% случаев.[644]

Из-за этой пропаганды против альтернативных подходов к терапии рака, вот некоторые комментарии к В17 для тех, кто серьезно ищет альтернативные методы лечения. Хотя оральное потребление ядер косточек абрикоса имеет смысл для **профилактики** рака, этого часто недостаточно для терапевтического лечения, поскольку значительная часть эффекта теряется через механизм детоксикации печени, но также и во время прохождения кишечника, где из ядер выделяется синильная кислота. Поэтому внутривенное введение является предпочтительным во время **терапии**. Поскольку Laetrile требует рецепта, вам необходимо найти непредвзятого врача (или стоматолога), который готов предоставить вам (частный) рецепт для получения Laetrile. Следующее препятствие – найти фармацевта, который предлагает Laetrile. В видео[645], упомянутом выше, «Флора аптека» в Ганновере упоминается в качестве справочного источника. Следующее препятствие – найти врача, который введет вам этот препарат внутривенно. Также важно, что наряду с терапией В17, ведется поиск здорового образа жизни, как уже было описано выше в связи с терапией витамином C. *«Laetril – не чудодейственное лекарство, но оно работает, как эмпирически доказано с 1834 года; был первый клинически задокументированный случай. И с тех пор оно работало в сотнях тысяч зарегистрированных случаев, в среднем статистически в 85% случаев, и статистически* *подтвержденных 15% всех случаев у пациентов, которые были серьезно истощены, и от которых отказалась традиционная медицина».*[646] Книги дают хорошее представление о механизме действия В17 по отношению к раковым клеткам.[647,648,649]

Представители фармацевтической промышленности не заинтересованы в этих альтернативах или дополнительных методах лечения рака, потому что это уменьшит их прибыль. *«...даже дорогие лекарства от рака, которые могут стоить 20000 евро в квартал, не могут обещать излечения. Тем удивительнее, что исследователь из Ульма обнаружил, что с раковыми клетками можно эффективно бороться с метадоном, заменителем лекарств, всего за 30 евро в квартал. Звучит хорошо, но фармацевтическая индустрия не заинтересована в научном исследовании этого нового метода...».*[650] Напротив, такие многообещающие подходы замалчиваются или отвергаются таким аргументом, как «Нет доказательных исследований».[651] Поскольку большинство медицинских исследований финансируется фармацевтической промышленностью, неудивительно, что исследования по таким многообещающим терапевтическим подходам не проводятся.[652]

Помимо методов лечения рака, показанных здесь, следует упомянуть и другие многообещающие естественнонаучные подходы, с которыми также борется фармацевтическая промышленность, потому что эти методы не являются патентоспособными и ничего нельзя заработать, например, Гравиола или GcMAF.[653] Здесь также следует упомянуть подход Хамерса к пониманию рака и его психологических причин, таких как шок и страх, и вариантов исцеления.[654]
Известно, что меланхолия, беспокойство, подавленное настроение могут увеличить риск развития рака, тогда как оптимистичные, счастливые люди подвержены этому с меньшей вероятностью. В последнем уровень серотонина явно выше, чем в первом. Это может указывать, например, на то, что первичным является не психологический компонент, а его

биохимическая причина – уровень серотонина; потому что предпосылкой для хорошего настроения является высокий уровень серотонина. Он, в свою очередь, является высоким только в том случае, если мелатонин также присутствует в организме в достаточном количестве. Серотонин и мелатонин тесно связаны в человеческом организме. Одно является предпосылкой для формирования другого. Технически генерируемое электромагнитное излучение может привести к снижению выработки мелатонина, что ослабляет защиту от рака.[655] Мелатонин является частью онкологической полиции в организме. Это поддерживает подход Хамера к психологическим причинам, таким как шок и беспокойство в развитии рака.

Несмотря на клевету, направленную на эти «противораковые препараты» со стороны фармацевтической промышленности и ее приспешников, я предполагаю, что элита воспользуется этими знаниями. Однако население не должно извлекать из этого выгоду.

8. Резюме и заключение

«Мы подвергаем себя опасности, если восстанем. Но мы подвергаем наших детей и внуков еще большей опасности, если мы этого не сделаем».[656] (нашел в сети)

«Итак, во имя Бога, сделай что-нибудь с этим, сделай что-нибудь для своего будущего, например, начав сообщать всем, что здесь происходит неправильно».[657]

Манипулирование и оглупление людей, которое происходит одновременно на разных уровнях (общедоступные средства массовой информации, образование, отвлечение внимания от игр и второстепенных сцен), можно довольно хорошо охарактеризовать термином **контр**просветление, следующим за термином **контр**реформация. Это процесс, вполне сопоставимый с усилиями в позднем средневековье, которые были инициированы многими правителями старого мира, чтобы обратить вспять достижения Реформации, инициированной Лютером и называемой **контр**реформацией. Реформация означала прогресс на пути к освобождению людей от рабства к власти, **контр**реформация выступала за ее противоположность, за регресс, и это именно то, что происходит в наши просвещенные времена сегодня. Мы давно живем в образованном обществе, которое должно быть повернуто обратно во тьму процессом, который я называю **контр**просветление. Когда появляются «авторитеты», мы называем их «элитой», или «тайным мировым правительством», или «комитетом 300», или иллюминатами.[658] Влияние государственных средств массовой информации и политиков на мышление людей играет решающую роль в этом **контр**просвещении. Это борьба с интеллектом, с независимым, логическим мышлением. Примером этого триумфального шествия «ограниченного мышления» является успех в распространении идеи о том, что люди виноваты в изменении климата, и что СМИ и политики сумели поместить в головы людей CO_2 в качестве выявленного злодея, хотя CO_2 присутствует в воздухе только в виде следов газа. Потому что с точностью до наоборот: CO_2 жизненно необходим, потому что это одна из предпосылок жизни на нашей планете. С его помощью растения производят кислород, который необходим нам, людям и животным. В средние века критики церковных догм подвергались стигматизации как еретики и, в худшем случае, сжигались на костре. Сегодня те люди, которые противоречат тезису о техногенном изменении климата посредством его производства CO_2, помечены как теоретики заговора, в результате чего любая содержательная дискуссия пресечена в зародыше.

Сегодня этот процесс **контр**просвещения, то есть отталкивание способности людей к логическому мышлению, происходит во всех сферах жизни общества, а также в науке. В социальной сфере вы можете увидеть, что при учете гендерной проблематики учитываются феминизм, разрушение семьи, замена традиционных терминов, таких как отец и мать, родителями 1 и 2, исламизация, неприязнь к технологиям, включение в школьные классы детей разного возраста, обучение в общеобразовательных классах немецких детей и детей мигрантов, Turbo-Abitur (понятие, означающее, что экзамены о завершенном среднем образовании можно сдать на год-два раньше положенного).[659] Подобные тенденции можно наблюдать и в области науки: противоречие со стандартными теориями, такими как *«стандартная модель элементарных частиц»*, космологические теории *параллельных миров и дополнительных измерений, пузырьковая мультиверсия»* – эти теории, которым большинство специалистов сегодня следуют без противоречия, не принимаются. Фундаментальные противоречия больше не допускаются, частично с ними борются, отвергая рукописи, которые противоречат научному руслу. Финансирование научных исследований является предпочтительным для исследовательских проектов, которые следуют основной научной направленности. Несогласным или исследователям, которые подвергают сомнению или отвергают эти «научные догмы», приходится нелегко: вопиющим примером является ныне покойный космолог Хэлтон Арп, который обнаружил, что между теорией Большого взрыва и более поздними наблюдениями существуют противоречия. Следствием этого стало то, что его рукописи, в которых рассматривались эти противоречия, больше не были приняты научными издателями, и что он больше не получал время для наблюдения на больших телескопах.[660] Актуализация гендерной проблематики, представители которой утверждают, что человеческий пол является социальной конструкцией, в то же время научно сопровождается исследованиями около 200 профессоров по гендерным вопросам, которые существуют в Германии. Обвиняется автор книги «Гендерный парадокс», который критикует «фэнтезийное учение об учете гендерной проблематики» и жалуется на идеологические гипотезы «гендерных исследователей». Отговорка: предположительный мятеж, оскорбление и клевета.[661]

«Искусственное изменение климата» – это изобретение элиты, которая преследует в этом проекте совершенно другие цели, чем сохранение климата. Основная цель – создать общий проект или тему, которая затрагивает все мировое сообщество, с которой может идентифицировать все человечество. Эта общность служит элите, которая борется за мировое господство. Другие цели:
- перераспределение снизу вверх,
- легализация геоинженерии (а значит и хемтреллов),
- ослабление экономики Германии (гармонизация условий жизни в рамках ЕС),
- отвлечение от других политических изменений,
- сбивание с толку и создание страха,
- «Разделяй и властвуй»,
- сокращение демократии и ускорение этого процесса.

То, что мы испытывали в течение нескольких лет, – это празднование климатической религии, которая ничего не может сделать с научными фактами, но вместо этого подняла «искусственное изменение климата» до уровня догмы. Главная претензия представителей "антропогенного изменения климата" заключается в том, что антропогенный CO_2 ускорит глобальное потепление, ключевое слово здесь "парниковый эффект". Контраргументы игнорируются политико-медийным комплексом или стираются со стола аргументом «консенсуса среди ученых», своего рода «решением большинства». Это решение большинства «CO_2 способствует глобальному потеплению» является идеологически мотивированным и не подкрепляется убедительными научными фактами.

Однако «антропогенное изменение климата» действительно существует, если оно включает увеличение частоты и интенсивности погодных явлений, таких как землетрясения, цунами, нарушение экологического баланса региона, изменения погоды (включая образование облаков, циклоны, торнадо). Однако это «антропогенное изменение климата» вызывает не «CO_2», но в значительной степени погодные манипуляции HAARP в связи с материалами, которые распространяются по хемтреллам. Хемтреллы выполняют различные задачи:
- распыление токсинов, таких как барий, стронций, алюминий,...
- распыление компонентов биологического оружия (грибок Моргеллона),
- создание «металлического» слоя на поверхности земли, чтобы обеспечить диапазон действий HAARP по всему земному шару,
- распыление так называемых нанороботов (Smartdust), которые оседают в человеческом организме,
- экранирование солнечного излучения.

Технический прогресс является принципиально чем-то ценным, если им не злоупотреблять и, прежде всего, не использовать против людей. Но: *«Пока миром правят психопаты, мы, к сожалению, всегда должны исходить из худшего опыта: войн, погодных манипуляций, контроля над разумом.»*[662] В настоящее время мы находимся в «эндшпиле» и, похоже, что «год 2025», который объединяет эти три документа (рисунки 1, 2 и 5), фактически характеризует конечный момент времени, в который элита планирует получить полный контроль над человечеством, по крайней мере, в западном мире. Нет другого способа объяснить, что один и тот же год показан в качестве конечной точки в этих трех документах. Технический прогресс (геоинженерия) в связи с идеологической обработкой людей государственными средствами массовой информации, политиками, неправительственными организациями и лоббистами, действующими в интересах элиты, служат этой цели захвата власти. Почему последний действует в интересах элиты, кажется непонятным, но это связано с ее огромной денежной властью.

Технологические возможности геоинженерии,[663] которые уже используются сегодня, включают погодные манипуляции, вызывающие стихийные бедствия, такие как землетрясения, цунами, циклоны, потемнение неба, вырубка лесов (вырубка тропических лесов), отравление воздуха для дыхания и загрязнение почвы и воды через хемтреллы.
На рисунке 58 представлен обзор возможностей геоинженерии и последствий их использования для людей, животных и окружающей среды. За геоинженерией стоит грандиозный проект разрушения, который был запущен против человечества.

Что еще не включено в этот список, так это попытки ввести обязательную вакцинацию и манипулирование сознанием путем распыления «умных» наночастиц / наночипов (Smartdust), а также излучения, благодаря чему сеть «5G» выступает в новом качестве. «5G» будет вездесущим, чего больше нельзя избежать.
С этими наночастицами/наночипами, которые вводятся в наши тела различными способами, и которые мы не осознаем, мозг каждого человека может быть считан с помощью

интеллектуальной сети IoT, но также контролируется извне, и даже определенные состояния сознания могут быть наложены извне. *«Это окончательное порабощение, из которого не будет выхода, по крайней мере, не в наших силах».*[664] Это самая настоящая тирания.

Поглощение элиты будет сопровождаться крупными потрясениями и гражданскими войнами, чему способствовала массовая миграция[665] в Европу в последние годы, что приведет к сокращению населения. Другое значительное сокращение населения будет связано с использованием *«хемтреллов (или 'геоинженерии'), вакцин, облученной пищи, ГМО (Codex Alimentarius), интеллектуальных счетчиков, использования 5G, ...»*[666]

Манипулирование сознанием также происходит классическим образом. Кроме того, изменение климата и шумиха вокруг Греты, организованная вслед за этим, являются классикой, в которой молодежь настроена против взрослых, для чего было начато движение «Пятница за будущее», одобренное правительством и школой. *«Поэтому легко увидеть, куда идет новая культурная революция таких людей, как Грета и Резо. Она должна перевернуть верх и низ, навязать климатическую диктатуру и лишить политической и культурной элиты ...»*[667]

Кажущееся противоречие о том, что при этом речь будет идти о коммунистических идеях, которые на самом деле предназначены для борьбы против господства капитала, фактически не является противоречием, поскольку элита просто использует эти идеи и инструментализирует их. Культурная революция 1966-78 гг. в Китае также была инициирована американским истеблишментом при финансовой поддержке со стороны филиала Йельского университета в Китае.[668,669] Важным способом для элиты закрепить свое правление является принцип «разделяй и властвуй»; культурная революция была ничем иным. Это также относится к подстрекательству молодежи в движении «Пятница за будущее».

Геоинженерия несет ответственность за				
погода манипуляция	затемнение небес	вырубка леса	воздух загрязнение	загрязнение почвы
вырубка леса, что вызывает следующее:				
затопление	Инвестиционные убытки за солнечная	Пчела и насекомое	Увеличение рака	Конец Органическое
засуха	и возобновляемая	умереть	сенная лихорадка	земледелие
землетрясение	голые энергии	смерть леса	Грипп (грипп)	Подкисление
цунами	Недостаток витамина D	Одобрено	астма	этажей
сильные бури	рахит	Грибы и плесень	альцгеймер	Гибель животного мира
стихийные бедствия	депрессия	восстановление кислорода	паркинсон	Загрязнение
очень холодно	Паранойа	Флора умирает	Рассеянный склероз	круговорот воды
Погодные фазы	тревожность	Вымирание видов (фауна)	аутизм	
и одобряет следующее:				
банки	энергетические компании	Monsanto	фармацевтическая промышленность	на генетически
энергетические компании	фармацевтические компании	Сельское хозяйство с	частный больной	изменил семена
спекуляции недвижимостью	атомная промышленность	геносемени	страхование	основанная земля
Производитель	частный больной	Уменьшение		экономика
генетически модифици-	страхование	населения мира		алюминий устойчив
рованные семена				семена
Погода войны				
(Погода как оружие)				

Рисунок 58: Обзор возможностей геоинженерии и последствий ее использования для человека, животных и окружающей среды (источник: https://www.chemtrailsprojectuk.com/).

Подзаголовок 1-го и 2-го издания настоящей книги "Кошмар для наших детей", символически намекающий на обложку валуна с двумя детьми на нем, который грозит погрузиться в глубину, призван символически выразить, насколько под угрозой находится наше следующее поколение. Потому что грядущее будет ужасом без конца, если «Повестка дня 2025» не может быть остановлена. Как только НМП будет установлен, все другие глобалистские проекты будут продолжены, из которых «Контроль разума» и «Программа трансгуманизма» будут иметь самые разрушительные последствия для продолжающегося существования цивилизованного мира, потому что это глубоко проникнет в сознание людей и приведет к деградации умственных способностей, а также будет влиять на биологический репродуктивный процесс. Возможно, что наши дети даже не замечают, как постепенно меняется их жизненная реальность, потому что это происходит медленно, постепенно, синхронно с когнитивными изменениями в их сознании.

Это конечная цель – дистанционно влиять и контролировать население, переписывая и программируя их мысли, контролируя чувства и действия масс, *«окончательное порабощение»*.

Соответствующее резюме нашего состояния дано пользователем Facebook, Альфредом Нейманом, в следующем комментарии, опубликованном 12 июня 2019 года: *«Ну, дорогие друзья, мои дни на Fb также сочтены ...*
Я всегда старался быть нейтральным и обходиться без волнений и оскорблений. Теперь, когда весь Fb был обыскан до последнего уголка, у нашего государства, вероятно, нет никаких более серьезных проблем, кроме как наказать людей, которым не безразличны результаты его политики, или которые даже считают их опасными, я пока вижу нарушения моего «человеческого достоинства» в том, что даже в качестве законопослушного гражданина презумпция невиновности больше не применяется. Моя свобода

выражения мнений больше невозможна без необходимости учитывать более поздние репрессии и через все фильтры изображения, звука и письма мое право на информацию становится настолько ограниченным, что нейтральная информация невозможна, и дни здесь для меня сочтены.

До 2015 года Германия была сильной страной, но изменения в направлении с тех пор настолько радикальны, что вы можете сравнить ее с глобальным концом.

Всегда есть новые, невероятные откровения, которые, кажется, заставляют вас больше походить на лабораторную крысу, чем на человека.

*Будь то **яды в воздухе, вода, почва, еда, прививки, химиотерапия и т. д.;** либо **компании, союзы, работодатели, компании медицинского страхования, лобби, политика, школа, тревожные заголовки, нарывы на рынке недвижимости, спасение банков, кризис евро, Brexit, кризис беженцев – все это** висит над нашим будущим, как дамоклов меч. Международное право, Основной закон, даже почти все верования больше не существуют во благо людей .... одно я знаю определенно ....*

Все это не национальная проблема, но, я думаю, исторический момент, когда повсеместно к власти приходят кукловоды, которые хотят содержать нас всех в конюшне, как животных.

Если даже Трамп противостоит хемтреллам, то можно видеть, что это влияет даже на наших оккупантов (и они обычно действуют как Бог) ....

Мы приближаемся к 'большому взрыву', в котором никто не сможет найти виновных.

Одно можно сказать наверняка, это будет ужасно.

Я надеюсь, что наши дети простят нас. Как мы могли позволить этому зайти так далеко?

Желаю вам, вашим родным и близким всего наилучшего ... »

Переход от свободных людей к их порабощению сейчас вступает в решающую завершающую фазу. Путеводитель в этом направлении выглядит примерно так:

- развязывание пандемии и нагнетание страха,
- закрытие городов и остановка грузовых и пассажирских перевозок,
- введение чрезвычайного положения и вступление в силу чрезвычайных распоряжений,
- изолирование критикующих от общества и концентрация их в лагерях (предлог: карантин для предотвращения дальнейшего распространения вируса),
- массовая вакцинация против предполагаемой пандемии (по образцу испанского гриппа),
- чипирование человека через эти прививки (микрочипы, управляемые через 5G, с "опцией убийства"),
- отмена наличности (обоснование: риск заражения),
- финансовый крах, крах мировой экономики,
- последующие гражданские войны и голод, начало борьбы за выживание,
- сокращение населения.

Первые пункты идентичны событиям вокруг вируса "Корона" в Китае (2019/20). Очень длинный "инкубационный период" в 2 недели" здесь также был обычным делом, потому что чем дольше инкубационный период, тем больше времени элита имеет для других пунктов. Ничего нельзя оставлять на волю случая.

Ситуация кажется безнадежной. *«Безнадежность – это уже ожидаемое поражение»* (Карл Ясперс). Наша единственная надежда – обучать. Просвещайте, чтобы как можно больше людей увидело опасность и осознало ее. И, прежде всего, они должны разоблачить стратегию элиты, которая состоит в разделении населения и применении принципа «разделяй и властвуй». Потому что только в том случае, если правительство столкнется с мощным протестным движением, которое они больше не смогут контролировать своими средствами (СМИ, полиция, военные, право), удастся предотвратить порабощение человечества. Однако это прояснение не так просто, потому что убеждения людей, их отношение к жизни и политические ориентации формировались годами благодаря воспитанию дома, в школе, на работе, в личной среде и, конечно же, благодаря ежедневной пропаганде и идеологической обработке по радио, ТВ, печатных СМИ, управляемых элитой. Человек с такими убеждениями, которые росли и формировались в течение десятилетий, часто уже не в состоянии исправить свое мировоззрение новой информацией, которая противоречит ему, не говоря уже о том, чтобы полностью изменить его. Это человеческое качество описывается в социальной психологии как «когнитивный диссонанс». Такой когнитивный диссонанс создает «психологическое недомогание», которого люди инстинктивно пытаются избежать, не воспринимая и не отрицая информацию. И в этом контексте влияние общественных средств массовой информации играет очень важную роль, каждый день углубляя мировоззрение, когда-то закрепленное в умах людей.

Возможно ли преодолеть это препятствие (не воспринимать и не отрицать информацию) путем просвещения населения – вопрос, который может решить вопрос выживания цивилизованного человечества. Важно убедить людей в руководящем принципе: «Не верь всему, все проверь сам».

Возможно, как это часто случается в мировой истории, все еще могут быть удивительные повороты, которые остановят порабощение людей и предотвратят полный контроль самопровозглашенной элитой над нашим мышлением, чувствами и желанием. Прошлое учит, что ход истории часто во многом определяется людьми и их чертами характера.[670] Отрицательные примеры – Гитлер, Мао и Пол Пот. Положительными примерами являются, по моему мнению, Трамп и Путин. Трамп еще не начал войну в свой трехлетний срок, в отличие от своих предшественников. И Путин выдержал все провокации западного «сообщества ценностей» и не позволил себя спровоцировать.

В настоящий момент Россия, бывший оплот социализма / коммунизма, и США, возглавляемые Трампом, кажутся последними и решительными оплотами надежды, которые могут противостоять кошмару. Это влияние Трампа и Путина обсуждается в видео[671,672]. Есть люди, которые возлагают большие надежды на президента США и движение QAnon. Надеемся, что оба поставили перед собой задачу разоблачить Глубокое Государство (Deep State) и обезопасить его сторонников. В Википедии можно прочитать: *«QAnon или Q для краткости – это псевдоним американского гражданина или группы людей, которые распространяют правую экстремистскую теорию заговора на имиджбордах и притворяются, что имеет доступ к секретной информации о президентстве Дональда Трампа, его борьбе против предполагаемого «глубокого Государства », а также о его противниках. QAnon теперь стал термином для самой широко распространенной теории заговора».* Обратите внимание, что в этой характеристике используются слова *«теория заговора»*, что указывает на то, что публичная среда Википедии, очевидно, служит глубокому государству, вероятно, является частью самого глубокого государства (4-й круг в Глубоком государстве, см. Эпилог). Поэтому желательно обратиться к независимым источникам, чтобы прийти к собственному мнению.

Согласно трем документам, представленным в разделе "Три документа с одинаковыми конечными целями", 2025 год кажется годом, в котором элита хочет прийти к власти. Но это вполне может произойти раньше, а именно, если Трамп действительно борется против элиты (как показывают некоторые данные), что подвергает элиту возрастающему давлению и, таким образом, раньше запускает финал.

Первым эффективным шагом против полного захвата власти Глубоким Государством в направлении НМП является обвинительное заключение против представителей Глубокого Государства, приведенное на стр. 3. И нельзя исключать, что в ходе военных "учений" "Защитник 2020" и инсценированного кризиса короны в сочетании с комендантским часом и запретами на сборы готовится смена системы, которая призвана разгромить международные структуры Глубокого государства, выросшие за десятилетия. Если это так, то мы должны поблагодарить за это движение Q-Anon и особенно администрацию Трампа. В 2016/17 году Трамп поставил перед собой цель разгромить власть "Глубокого государства" и его союзников по СМИ.

Но может быть и совсем иначе, а именно то, что QAnon был инициирован Глубоким государством, чтобы породить обманчивую надежду у тех, кто уже видел "игру". Это может привести к тому, что патриоты перейдут в режим ожидания и сами не станут активными, чтобы помешать созданию НМП. Однако 2020 год – это важный год, который проложит курс либо на НМП и, таким образом, на порабощение человечества, либо на разрушение Глубокого государства. Мы узнаем это.

Если Q и Трамп действительно будут активно бороться с Глубоким государством и одержат победу, то человечеству вновь удастся избежать величайшей возможной катастрофы. Тогда эта книга была бы подлинным свидетельством опасности, в которой они находились. Однако даже тогда человечество еще не спасется навсегда. Оно должно и впредь быть бдительным и учиться на этом. Ибо когда люди сыты и больше не имеют никаких прямых забот о своем существовании, они становятся вялыми и бескорыстными, и темные силы, возможно, набираются опыта из "проигранной битвы" и вновь одерживают верх. Мы помним, что злые люди и психопаты со своими особыми качествами (см. раздел "Психопаты") будут существовать всегда. Так что: будьте начеку!

Эпилог – Элита и Глубокое Государство ("DEEP STATE")

«Западные капиталистические государства сегодня используют исключительно коварную пропаганду только для того, чтобы рекламировать глобальный всемирный капитализм под маркой демократии, свободы и ´западных ценностей´ в качестве единственно возможного экономического и социального порядка».
(Евгений Дрюерманн[673])

«Те, кто принимает решение, не избираются, а тем, кто избран, нечего решать».[674] Это предложение, которое публично заявил в 2010 году немецкий политик Хорст Зеехофер, было не оплошностью, а характеристикой государства, в котором находится наше «государство». То же самое, но другими словами, говорят некоторые профессора и ученые, которые имеют дело с текущей политической ситуацией в Германии: В Соединенных Штатах и других странах «западного сообщества ценностей» действительно существует «тайное правительство», которое осуществляет реальную власть и остается скрытым от общественности. Для этого «тайного правительства» известны и другие термины: «теневое государство», «параллельное правительство», **«глубокое государство»**. У. Мис и Дж. Вернике[675] *«описывают ´видимое государство´ как фасадную демократию, как пьесу для широкой публики перед театральным занавесом. Действительно важные политические решения принимаются ... однако в глубоких структурах и ´параллельных вселенных власти´ за*

театральным занавесом».‡‡‡‡‡‡‡‡‡‡‡‡‡‡‡‡‡ *«К ним относятся все формы извращения власти, такие как слежка, пытки, разграбление национальных богатств, преступления спецслужб, нагнетание страха до военных приготовлений и ведения агрессивных войн». «Глубокое государство организует эксплуатацию, мародерство и разрушение и доводит милитаризацию до крайности. Правящие элиты возвели клептоманию до произвольного правления. Им не хватает морального компаса, самоуверенность и лживость являются их сущностью».*[676]

Когнитивный исследователь профессор Райнер Маусфельд использует термин «представительная демократия». То, что мы сейчас испытываем в политике и влиянии на массы средств массовой информации, характерно для неолиберализма, который на протяжении нескольких десятилетий создает все больше пространства в западных демократиях. Неолиберализм является формой правления элит, для которых слово демократия служит фиговым листком. На самом деле элиты перераспределяются от «снизу» к «сверху», для чего фиговый листок «Демократия» очень полезен. Максимум относится к представительной демократии: *«Всякий, кто владеет страной, должен ею управлять – представительная демократия как средство избежать демократии»* – так называется глава в книге Райнера Маусфельда[677] «Почему ягнята молчат». *«Неолиберализм, если он не хочет обойтись без демократических явлений, почти зависит от того факта, что механизмы перераспределения снизу вверх и от государственных к частным рукам все чаще узаконяваются на всех уровнях – от ЕС до муниципалитетов».*[678] И эта легализация ведет к принятию законов против демократических действий (петиции, демонстрации, ...).

В последние десятилетия переход от демократии к «представительной демократии» был плавным с целью

---

‡‡‡‡‡‡‡‡‡‡‡‡‡‡‡‡‡ ... что выражено на обложках двух предшествующих книг; Резюме в конце этой книги.

избежать демократии. Демократия теперь ограничивается регулярными выборами в бундестаг и в государственные парламенты. Элита или глубокое государство дергает за веревочки на заднем плане. Элита во многом решает, какие политики фигурируют в качестве кандидатов в избирательных списках. Этот выбор политиков не делается публично, но, например, на ежегодных Бильдербергских конференциях, результаты которых, как правило, не являются доступными для общественности.[679] Задача государственных средств массовой информации состоит в проведении рекламной кампании для этих отобранных кандидатов, чтобы они выиграли предстоящие выборы. Помимо глав правительств, финансового сектора Западной Европы, США и Канады, ведущих промышленников, высокопоставленных военных офицеров и руководителей спецслужб, в Бильдербергских конференциях также принимают участие члены совета директоров крупнейших в мире и наиболее известных медиа-компаний. Поэтому можно предположить, что публичные СМИ также принадлежат к узкому кругу элиты; власть СМИ и ее пропагандистское влияние на население вносят решающий вклад в обеспечение вероятности избрания кандидатов, избранных Бильдербергерами. Если, вопреки ожиданиям, это не сработает, например, когда Дональд Трамп был избран президентом Соединенных Штатов или Борис Джонсон в качестве сторонника Brexit (чего не требовала элита), то общественные СМИ проводят беспрецедентную кампанию против этих политиков, которая часто демонстрирует иррациональные черты. Нечто подобное можно также найти в связи с укреплением AfD в Германии: агитация и унижение этой молодой оппозиционной партии на широком фронте, как в средствах массовой информации, так и со стороны политиков старых партий, а также других общественных сил, представителей двух церквей, Фондов, художников, общественных организаций (NGO's).

Таким образом, мы живем не в Германии и западном мире в реальной демократии, где народы определяют, что происходит в стране, а в «представительной демократии» или фасадной демократии, где реальная власть осуществляется через "Глубокое государство".

Но кто или что конкретно является глубоким государством? В этой связи ответ автора Б. Хамма, который У. Мис резюмирует следующим образом:[680]

«На основе 'Модели структуры власти' К. Райта Миллса Хамм описывает весь комплекс в форме концентрических окружностей:

• Во внутреннем кругу мы находим глобальную элиту, самых богатых людей, семьи или кланы, активы которых превышают один миллиард евро.[§§§§§§§§§§§§§§§§§§§]

• Вторая группа состоит из руководителей крупных транснациональных корпораций и крупнейших международных финансовых магнатов. Они, прежде всего, заинтересованы в увеличении богатства самого внутреннего круга и, следовательно, своего собственного.

• В третьем круге находятся наиболее важные международные политики, некоторые на правительственных должностях, другие на заднем плане и в международных институтах, а также руководители вооруженных сил. Этот политический класс в более узком смысле имеет две задачи: он должен организовать распределение общественного продукта таким образом, чтобы в максимально возможной степени наполнить два внутренних круга; и он должен необходимой легитимностью обеспечить политический цирк якобы плюралистической демократии.

• В четвертом круге мы находим ведущих ученых, медиа-магнатов, юристов, иногда также выдающихся писателей, звезд кино и музыки, художников, нескольких представителей неправительственных организаций или церквей, нескольких главных преступников – словом, все, которые требуются для

[§§§§§§§§§§§§§§§§§§§] Этот внутренний круг представлен, в частности, «Комитетом 300», чья ясная цель - мировое господство. За более чем 40 лет исследований Джон Коулман составил стандартную историческую работу, в которой он перечисляет цели и средства «Комитета 300» в 21 пункте (см. Приложение 1 в книге «2025 год - Предпоследний акт».)

украшения принадлежащим к внутренним кругам. Они имеют доступ к влиятельным людям, хорошо оплачиваются и сделают все возможное, чтобы не потерять эти привилегии».

Таким образом, Соединенные Штаты можно рассматривать как центральный двигатель неолиберального капитализма, который чаще называют капитализмом хищников.[681]

---

[1] https://www.dz-g.ru/19CV2407-CAB-AHG-vom-16-Dezember-2019
_Verbrechen-gegen-die-Menschheit , *"Why We Sued Big Tech for Artificial Intelligence Misuse & Contribution to Win for Humanity"*, 31.01.2020

[2] J. Sonntag, B. Lenoir and P. Ziolkowski, Electronic Transport in Alloys with Phase Separation (Composites). *Open Journal of Composite Materials,* 2019, 9, 21-56 https://www.scirp.org/Journal/PaperInformation.aspx?PaperID=90216

[3] https://www.youtube.com/watch?v=E8QsOz4u54M&t=14s *"Vermischung der Rassen auch mit Zwangsmaßnahmen - Französischer Ex-Präsident (2008)"*

[4] https://www.facebook.com/b.n.d.und.brid.machen.nur.noch.shit/videos/***united-nation-of-europe***-(une/1911800162465818/ *„***UNITED NATION of EUROPE*** (UNE / NWO Umwandlung bis 2030/2050 ist bereits Vereinbart & Beschlossen worden)"*

[5] https://www.heise.de/forum/Telepolis/Kommentare/Ansichten-eines-Gutmenschen/Was-Carl-Friedrich-von-Weizsaecker-dazu-sagt/posting-24114785/show/

[6] https://www.youtube.com/watch?v=TFYHL8x16Y8 , *"Der bedrohte Friede 1983 Carl Friedrich von Weizsäcker"*, 04.12.2012.

[7] Joachim Sonntag, *„2025 - Der vorletzte Akt: Warum wir Heimat, Freiheit und Sicherheit verlieren"*, CBX-Verlag München, 2019, Seiten 232ff

[8] https://www.bing.com/videos/search?q=Unzicker&view=detail&mid=5730B95C57754687796D5730B95C57754687796D&FORM=VIRE
„Der Niedergang der Wikipedia", 24.04.2019

[9] Wikipedia-Eintrag, *„zuletzt am 17. April 2020 um 01:16 Uhr bearbeitet"*

[10] Wikipedia-Eintrag, *„zuletzt am 11. Mai 2020 um 19:51 Uhr bearbeitet"*

[11] Joachim Sonntag, *„2025 - Der vorletzte Akt: Warum wir Heimat, Freiheit und Sicherheit verlieren"*, CBX-Verlag München, 2019, Seiten 48ff

[12] там же, Seiten 232ff

[13] https://www.heise.de/forum/Telepolis/Kommentare/Medien-als-auslaendische-Agenten-USA-und-Russland-im-Medienkrieg/Die-Wahrheit-steht-alleine-Aufrecht/posting-31427969/show/ , *„Die Wahrheit steht alleine Aufrecht"*, 26.11.2017

---

[14] https://www.youtube.com/watch?v=qhIlhokrZXo , *„Rechtsanwalt Steinhöfel über Heiko Maas, Zensur, Hate-Speech und Fake-News"*

[15] Oliver Janich: *Impossible Mission 9/11: Wie ein kleines Spezialkommando den größten Terroranschlag der Geschichte durchgeführt haben könnte* , CBX Verlag UG, 2018

[16] Joachim Sonntag, *„2025 - Der vorletzte Akt: Warum wir Heimat, Freiheit und Sicherheit verlieren"*, CBX-Verlag München, 2019, Seiten 48ff

[17] https://www.youtube.com/watch?v=tuVspN5RIoE *„NEWW!! ARD u ZDF zeigen Haarp und Chemtrails sind keineswegs eine Verschwörungstheorie UNFASSBAR!"*, am 03.01.2017 veröffentlicht

[18] https://new.euro-med.dk/20161121-haarp-wetter-manipulationdurch-nasa-satelliten-fotos-bewiwswn.php *„HAARP Wetter-Manipulation durch NASA-Satelliten-Fotos bewiesen"* , 21.11, 2016

[19] https://www.youtube.com/watch?v=WaudJgutsPw&t=1650s *„Doku: Der geheime Krieg - Solares Geoengineering - deutsch synchronisierte Version"* (минут 5:25 im Video), veröffentlicht am 15.03.2016

[20] https://www.youtube.com/watch?v=5ZWAdpA6MHU *„Weather as a Force Multiplier: Owning the Weather in 2025 - PDF eBook - Air Force 2025"*, veröffentlicht am 07.07.2017

[21] Joachim Sonntag, *„2025 - Der vorletzte Akt: Warum wir Heimat, Freiheit und Sicherheit verlieren"*, CBX-Verlag München, 2019, Seite 14

[22] http://www.deagel.com/country/

[23] www.StopTheCrime.net

[24] там же

[25] https://gloria.tv/video/kocXqyBeYEaG4QXzkK6TvdJdL , *„Kennedy und Eisenhower warnen vor einer monolithischen, ruchlosen, weltweiten Verschwörung!"*, 27. Juli 2013

[26] там же

[27] https://www.oliverjanich.de/die-rede-die-john-f-kennedys-schicksal-besiegelte , Oliver Janich: *„Die Rede, die John F. Kennedys Schicksal besiegelte"*, 19. Juni 2013

[28] http://euro-med.dk/?p=31327

[29] Joachim Sonntag, *„2025 - Der vorletzte Akt: Warum wir Heimat, Freiheit und Sicherheit verlieren"*, CBX-Verlag München, 2019, Seiten 11f

[30] https://www.youtube.com/watch?v=t4OwfkSEtlY *„Neue Prognosen von DEAGEL.com"*, am 28.04.2018 veröffentlicht

[31] https://www.youtube.com/watch?v=s_38tsQ4p0I&t=233s *"Silent Weapons For Quiet Wars Document - Full Read"*, veröffentlicht am 27.06.2013.

[32] www.newhorizonsstannes.com/pdfs/Silent_war_against_humanit... „Silent Weapons for a 'Quiet War' - New Horizons (St. Annes): *„The document "Silent Weapons for a Quiet War" was found by "co-incidence" in 1986 or even before, and it goes back to 1954 which also happens to be the year where the "nice think-tank" Bilderberg Group was founded – this world just happens to be full of "co-incidences" all the time :-)"*

[33] Joachim Sonntag, *„2025 - Der vorletzte Akt: Warum wir Heimat, Freiheit und Sicherheit verlieren"*, CBX-Verlag München, 2019, Buchrückseite

[34] https://www.activistpost.com/2017/10/nanochips-smart-dust-dangerous-new-face-human-microchipping-agenda.html , By Makia Freeman: *„Nanochips and Smart Dust: The Dangerous New Face of the Human Microchipping Agenda"*, October 20, 2017

[35] https://www.youtube.com/watch?v=cTp_1HzrCoo
Herbert Schott: *„Chemtrails und Nanotechnologie zur Manipulation der Menschheit Teil 1"*, am 16.03.2014 veröffentlicht

[36] https://internationalesforumblog.wordpress.com/2017/05/01/ueber-den-groessten-umweltverschmutzer-der-welt-wird-selten-gesprochen-er-ist-das-militaer-des-us-imperiums-und-darueber-wird-im-imperium-nicht-gern-gesprochen-die-gigantische-kriegsmaschinerie-is/?fbclid=IwAR3EPsPuoZpNJV3zl-tFbKcX2D-EDXpsJ7HvnJVAkppbb-iqfaZ--KhX6pQ , INTERNATIONALESFORUMBLOG:WORDPRESS:COM, David Swanson *"What I Said at the Peace Hub of the Climate March"*

[37] там же, минут 15:09

[38] https://www.youtube.com/watch?v=5yoQUluPxv8 , *„Nuklearer Klimawandel? Über 2.100 Atombombentests seit 1945! | 27.04.2019 | www.kla.tv/14207"*

[39]
https://www.youtube.com/watch?v=PLPLUKEmVRs&fbclid=IwAR1qhfvHLSG2nR6RbTf77f6WIlfhJqhCAE3NpFZAa1De_X7_vBvpycAbgkE *„MARKmobil Mittelpunkt - Die große Lage"*, veröffentlicht am 23.02.2019, минут 15:23

[40] там же, минут 14:33

[41] https://www.kleinezeitung.at/lebensart/nachhaltigkeit/5618082/Palmoel_Jede-Minute-verschwinden-30-Fussballfelder-an-Regenwald , *„Palmöl - Jede Minute verschwinden 30 Fußballfelder an Regenwald"*, 04. Juni 2019

[42]
http://webcache.googleusercontent.com/search?q=cache:8QuZTZquheYJ:www.planungsamt.bundeswehr.de/resource/resource/MzEzNTM4MmUzMzMyMmUzMTM1MzMyZTM2MzIzMDMwMzAzMDMwMzAzMDY4NzE2NjMwMzk3YTc5NjYyMDIwMjAyMDIw/Future%2520Topic%2520Geoengineering.pdf+&cd=1&hl=de&ct=clnk&gl=de&client=firefox-b-d

[43] там же

[44] https://new.euro-med.dk/20161121-haarp-wetter-manipulationdurch-nasa-satelliten-fotos-bewiwswn.php *„NEW.EURO-MED.DK"*, 21.11. 2016

[45] https://www.n-tv.de/mediathek/videos/politik/Schulz-fordert-Vereinigte-Staaten-von-Europa-article20173119.html , Vertrag bis 2025: *„Schulz fordert Vereinigte Staaten von Europa"*, ntv, 31.12.2019

[46] http://www.anonymousnews.ru/2017/07/29/die-geplante-masseneinwanderung-angela-merkel-und-der-coudenhove-kalergi-plan/#comment-40328 *"Die geplante Zerstörung Europas: Angela Merkel und der Coudenhove-Kalergi-Plan"*

[47] Jörg Meuthen am 31.12.2019 in einem Beitrag der AfD, verbreitet auf Facebook.

[48] Joachim Sonntag, *„2025 - Der vorletzte Akt: Warum wir Heimat, Freiheit und Sicherheit verlieren"*, CBX-Verlag München, 2019, Kapitel PROLOG, Seite 14

[49] https://new.euro-med.dk/20161121-haarp-wetter-manipulationdurch-nasa-satelliten-fotos-bewiwswn.php , *„HAARP Wetter-Manipulation durch NASA-Satelliten-Fotos bewiesen"*, 21.11. 2016

[50] https://www.legitim.ch/home/author/Jan-Walter , Jan Walter: *„Geheime Agenda - Der wahre Grund für 5G ist 1000 Mal schlimmer als die Strahlung!"* , 8. April 2019

[51] https://www.contra-magazin.com/2017/09/wetterextreme-als-waffe-das-weltklima-als-versuchslabor-wurden-harvey-und-irma-kuenstlich-erzeugt/ , Eva-Maria Griese: *„Wetterextreme als Waffe: Das Weltklima als Versuchslabor – wurden Harvey und Irma künstlich erzeugt ?"*13. September 2017.

[52] https://www.youtube.com/watch?v=2QZx3dOj4H0 , *„ GRIPPEWELLE DURCH CHEMTRAILS ! SIE SPRÜHEN UNS KRANK 360p"*, am 10.10.2018 veröffentlicht

[53] https://www.youtube.com/watch?v=e2W-VeN0Glk&fbclid=IwAR1GxTTYStS1aNx2x_iBmv2bDEzF0HyD-LE3VTuYikGG95wF7LOtUCG1x54 , *„Was zur Zeit so abgeht (Stop 007)"*, 24.03.2019

[54] Markus Egert und Frank Thadeusz, Ein Keim kommt selten allein, Ullstein Buchverlage GmbH, 2018, Seite 145

[55] https://www.bild.de/ratgeber/gesundheit/krankenhaus-keime/krankenhaus-keime-jaehrlich-91000-tote-europa-studie-48335386.bild.html *„Alarmierende Zahlen: Jährlich ziehen sich insgesamt 2,6 Millionen Patienten Krankenhausinfektionen zu, 91 000 sterben daran!"*, 18.10.2016

[56] Markus Egert und Frank Thadeusz, Ein Keim kommt selten allein, Ullstein Buchverlage GmbH, 2018, Seite 145

[57] *https://www.youtube.com/watch?v=3MCaceXGYHw* „Die verschwiegene Wahrheit über Gifte und Krebs", Veröffentlicht am 19.09.2018

[58] https://www.youtube.com/user/FMDsTVChannel

[59] https://www.youtube.com/watch?v=8qIAm11-ZRA&t=391s *Dirk Steffens' Klima-Irrsinn ENTLARVT !!!*

[60] *https://www.youtube.com/watch?v=6uNL7ygIias&t=38s* Dirk Steffens' Klima-Irrsinn ENTLARVT !!! #2

[61] https://www.youtube.com/watch?v=ga-GdDknwxI&t=5s *„Arktis-Eis wird absichtlich geschmolzen! UNGLAUBLICH, aber WAHR!"*

[62] https://www.youtube.com/watch?v=EW-VPbtA2kg

[63] https://www.bookrix.de/book.html?bookID=xnemesisx_1334144092.1235098839 Thomas Beschorner/ verschiedene Autoren, *"Wahrheitslügen"*

[64] там же

[65] https://www.youtube.com/watch?v=EgczgWJUOLA „*Chemtrails und Haarp - Brigitta Zuber*"

[66] https://www.youtube.com/watch?v=bli57XeXUt0 *"ES GIBT KEINE CHEMTRAILS ! - DU ALUHUTDEPP ! DAS ULTIMATIVE BEWEISVIDEO"* (ddb Netzwerk)

[67] https://germanenherz.wordpress.com/2015/02/08/gedicht-lied-der-linde-1850-prophezeiung-fur-die-zukunft/

[68] https://news-for-friends.de/wie-wird-die-agenda-21-weltweit-umgesetzt/?fbclid=IwAR2uFUSfj_8zESyEV2wn_-OU00kKYJfphcGGxkWOqhD-J-mJq6NYKy_hYYQ , „*Wie wird die Agenda 21 weltweit umgesetzt?*", 7.April 2019

[69] Joachim Sonntag, „*2025 - Der vorletzte Akt: Warum wir Heimat, Freiheit und Sicherheit verlieren*", CBX-Verlag München, 2019, Seiten 14ff und 102ff

[70] Netzfund

[71] https://www.heise.de/forum/Telepolis/Kommentare/Ansichten-eines-Gutmenschen/Was-Carl-Friedrich-von-Weizsaecker-dazu-sagt/posting-24114785/show/

[72] Joachim Sonntag, *Deutschland im freien Fall – Wie die milliardenschweren Finanzeliten unsere freiheitliche Demokratie zerstören und unsere Politiker und öffentlichen Medien zu deren Werkzeugen wurden*, 2. erweiterte Auflage, BoD-Verlag, 2017, Anlage K, Seiten 189ff

[73] https://www.youtube.com/watch?v=W8Ifp_O9oRA&t=10s „*MILLIONEN TOTE BIS 2025 Deagel Die erschreckende Prognose!*", veröffentlicht 22.02.2015.

[74] https://www.konjunktion.info/2017/03/zum-tod-von-david-rockefeller/

[75] https://www.youtube.com/watch?v=t4OwfkSEtlY „*Neue Prognosen von DEAGEL.com*", am 28.04.2018 veröffentlicht

[76] https://www.youtube.com/watch?v=c2quPTsPy8o „*GLADIO - Die NATO-Geheimarmeen*", veröffentlicht am 25.03.2014 veröffentlicht

[77] https://www.youtube.com/watch?v=t4OwfkSEtlY *"Neue Prognosen von DEAGEL.com"*, am 28.04.2018 veröffentlicht, минут 4:50

[78] https://kopp-report.de/amerikas-bauern-stehen-vor-der-schwersten-krise-seit-einer-generation-und-das-naechste-monstroese-unwetter-ist-bereits-im-anmarsch/ , Michael Snyder: „*Amerikas Bauern stehen vor der schwersten Krise seit einer Generation – und das nächste monströse Unwetter ist bereits im Anmarsch*", 11.06. 2019

[79] http://endoftheamericandream.com/archives/u-s-farms-are-facing-their-worst-crisis-in-a-generation-and-now-here-comes-another-monster-storm , Michael Snyder: „*U.S. Farms Are Facing Their Worst Crisis In A Generation – And Now Here Comes Another Monster Storm*", June 6, 2019

[80] Joachim Sonntag, *Deutschland im freien Fall – Wie die milliardenschweren Finanzeliten unsere freiheitliche Demokratie zerstören und unsere Politiker und öffentlichen Medien zu deren Werkzeugen wurden*, 2. erweiterte Auflage, BoD-Verlag, 2017, Seiten 28ff

[81] https://www.youtube.com/watch?v=IqH--Yi2CI4&t=833s Hartmut Bachmann: *„Der Ursprung der Klimalüge"*, 07.12.2016, минут 14:15

[82] https://www.welt.de/kultur/plus204357014/Ein-Mann-ein-Wort-Wie-die-Linke-lernte-den-Notstand-zu-lieben.html , Matthias Heine: *„Wie die Linke lernte, den Notstand zu lieben"*, 16.12.2019

[83] www.euractiv.de/section/energie-und-umwelt/news/eu-parlament-ruft-klimanotstand-aus/ , Peter Esser: *„EU-Parlament ruft 'Klimanotstand' aus"*, 28.11.2019

[84] https://www.sueddeutsche.de/politik/eu-klimanotstand-parlament-beschluss-1.4701180 , Süddeutsche Zeitung, *„Resolution:Europäisches Parlament ruft Klimanotstand aus"*, 28.11.2019

[85] Eenda

[86] https://www.spiegel.de/wissenschaft/mensch/european-green-deal-wie-die-eu-zum-klimaschutz-kontinent-werden-will-a-1300723.html , Susanne Götze: *„Von der Leyen präsentiert Plan für grünes Europa"*, 11.12.2019

[87] https://www.tagesschau.de/ausland/eu-klima-greendeal-101.html , *„Klimaschutz der EU Was sich der 'Green Deal' vornimmt"*, 11.12.19

[88] https://www.legitim.ch/post/enth%C3%BCllt-prayfortheamazon-ist-fake-von-a-bis-z , Jan Walter: *„Enthüllt: #PrayForTheAmazon ist FAKE! (von A bis Z)"*, am 29.08.19, aktualisiert am 31.08.19

[89] https://www.welt.de/debatte/kommentare/article13466483/Die-CO2-Theorie-ist-nur-geniale-Propagan-da.html?wtmc=socialmedia.facebook.shared.web&fbclid=IwAR1oTewiEL7F4sV NOnN__WB2Ss-f39J0ce1JbsRTFF2mJ5PLmGKpb08lRJ0

[90] https://www.youtube.com/watch?v=IqH--Yi2CI4&t=833s Hartmut Bachmann: *„Der Ursprung der Klimalüge"*, 07.12.2016, минут 14:05

[91] https://www.youtube.com/watch?v=5xSHYWyJtQ4&t=801s , *„Volksverdummung vom deutschen CO2 als monokausaler Erwärmungsursache – Boehringer Klartext (82)"*, veröffentlicht am 08.12.2019, минут 3:30.

[92] https://www.youtube.com/watch?v=Ls07THzlL9M , *„Dirk Müller - "One World": Darum ist den Eliten das Klima plötzlich so wichtig!"*, am 24.05.2019 veröffentlicht

[93] https://www.handelsblatt.com/politik/deutschland/gutachten-benzin-und-heizoel-koennten-teurer-werden-merkels-berater-fordern-co2-steuer/24042222.html?ticket=ST-425900-D23uZ1hoAzoprK407X16-ap1 , Gutachten: *„Benzin und Heizöl könnten teurer werden: Merkels Berater fordern CO2-Steuer"*, 27.02.2019

[94] https://www.wahrheiten.org/blog/klimaluege/ , *„Die Klima-Lüge"*

[95] https://www.spiegel.de/wissenschaft/technik/extinction-rebellion-gruender-roger-hallam-wenn-eine-gesellschaft-so-unmoralisch-handelt-wird-demokratie-irrelevant-a-1286561.html , SPIEGELONLINE : *"Wenn eine Gesellschaft so unmoralisch handelt, wird Demokratie irrelevant"*; 13.09.2019

[96] https://www.watson.de/deutschland/die%20gr%C3%BCnen/791308473-die-afd-sagt-robert-habeck-wuensche-sich-eine-diktatur-das-steckt-dahinter , Felix

Huesmann: *„Die AfD behauptet, Robert Habeck wolle eine Diktatur – das steckt dahinter"*, 20.06.19

[97] https://www.youtube.com/watch?v=IqH--Yi2CI4&t=833s Hartmut Bachmann: *„Der Ursprung der Klimalüge"*, 07.12.2016, минут 14:15

[98] https://www.youtube.com/watch?v=kbnX7yG91R0 "Klimawandel: #kurzerklärt kurz aufgeklärt", veröffentlicht 06.08.2017

[99] https://www.youtube.com/watch?v=GL3AEKIKtN4&fbclid=IwAR3ifX8QhdA1d Lxdk2Ug7fa34zDSP0zdbTWc80jRuwbG7_0wcA8WAD_UIrI&app=desktop , *„Cook-Studie widerlegt: Weniger als 1% machen Menschen für Klimawandel verantwortlich!"*, 04.01.2020

[100] https://www.youtube.com/watch?v=kbnX7yG91R0 "Klimawandel: #kurzerklärt kurz aufgeklärt", veröffentlicht 06.08.2017

[101] https://kaltesonne.de/wp-content/uploads/2019/09/signature-list.pdf , *„There is noclimate emergency"*, 26.09.2019

[102] https://www.youtube.com/watch?v=GL3AEKIKtN4&fbclid=IwAR3ifX8QhdA1d Lxdk2Ug7fa34zDSP0zdbTWc80jRuwbG7_0wcA8WAD_UIrI&app=desktop , *„Cook-Studie widerlegt: Weniger als 1% machen Menschen für Klimawandel verantwortlich!"*, 04.01.2020

[103] там же, с минуты 1:20

[104] https://www.youtube.com/watch?v=kbnX7yG91R0 "Klimawandel: #kurzerklärt kurz aufgeklärt", veröffentlicht 06.08.2017

[105] https://www.epochtimes.de/umwelt/ueber-31-000-wissenschaftler-unterzeichnen-petition-hypothese-der-vom-menschen-verursachten-globalen-erwaermung-ist-falsch-a2323579.html?fb=1&fbclid=IwAR0kPp8vhCiibZbaM7zhdcObC_VezpzdsFnLs ZjkpUv-g5bm-qUH7YE7YDw „Über 31.000 Wissenschaftler unterzeichnen Petition: Hypothese der *vom Menschen verursachten globalen Erwärmung ist falsch"*, 17.Januar 2018

[106] http://diekaltesonne.de/category/news/ , *„90 italienische Wissenschaftler unterzeichnen Petition gegen Klimaalarm"*, 5. Juli 2019

[107] https://kaltesonne.de/wp-content/uploads/2019/09/signature-list.pdf , *„There is noclimate emergency"*, 26.09.2019

[108] https://kaltesonne.de/wp-content/uploads/2019/09/signature-list.pdf , *„There is noclimate emergency"*, 26.09.2019

[109] там же

[110] https://www.klimafakten.de/behauptungen/behauptung-31000-wissenschaftler-oregon-petition-hypothese-klimawandel-menschgemacht-erderwaermung-falsch?fbclid=IwAR0LBGWyJg8In852u6lxRTk-JdcdDwQW9ItrghguSWEblakq3_4tzIjSHDo , G. P. Wayne/Michael: *„Behauptung: „Über 31.000 Wissenschaftler unterzeichnen Petition - Hypothese der vom Menschen verursachten globalen Erwärmung ist falsch"*, August 2010; zuletzt aktualisiert: Juni 2018

[111] https://www.eike-klima-energie.eu/2017/11/09/desinformation-der-klimafakten-de-in-was-sagt-die-afd-zum-klimawandel-was-sagen-die-anderen-parteien-und-was-ist-der-stand-der-wissenschaft/ , *Horst-Joachim Lüdecke: „Desinformation der Klimafakten.de in 'Was sagt die AfD zum Klimawandel? Was sagen die anderen Parteien? Und was ist der Stand der Wissenschaft?'* ", 9.November 2017

[112] www.easy-wetter.de/Klimazustandsbericht%202016.pdf *„Klimazustandsbericht 2016"* der UN-Klimakonferenz im November, vorgelegt von Marc Morano, Climate Depot und dem Committee for a Constructive Tomorrow CFACT

[113] https://www.youtube.com/watch?v=IoXxrZG-_eU *„DER KLIMASCHWINDEL - DOKU in voller Länge"*

[114] http://news-for-friends.de/mit-haarp-zum-tornado-mit-dem-tornado-zur-co2-steuer/ *"Mit HAARP zum Tornado, mit dem Tornado zur CO2-Steuer....."* Von nfriends, 20. Juli 2017

[115] https://www.youtube.com/watch?v=ZYXrGlYAZOg&feature=share , *„Tricksen, Täuschen, Fabulieren - Der Klimaschwindel / Neu!"*, am 13.07.2019 veröffentlicht

[116] LOWELL PONTE: *"THE COOLING – Has the next ice age already begun? Can we survive it?"* (zitiert in https://www.youtube.com/watch?v=ga-GdDknwxI&t=5s *"Arktis-Eis wird absichtlich geschmolzen! UNGLAUBLICH, aber WAHR!")*

[117] http://www.spiegel.de/spiegel/print/d-41002273.html *„FORSCHUNG - Steine verweht -* Klima-Forscher haben die Hauptursache der Eiszeiten erkannt: Unregelmäßigkeiten im Lauf der Erde um die Sonne. Die gegenwärtige Wärmeperiode, sagen sie vorher, geht zu Ende." Veröffentlicht 10.01.1977

[118] https://www.welt.de/debatte/kommentare/article13466483/Die-CO2-Theorie-ist-nur-geniale-Propaganda.html ; Günter Ederer: *„Die CO2-Theorie ist nur geniale Propaganda"* , Veröffentlicht am 04.07.2011

[119] https://www.youtube.com/watch?v=KFu9oJJXgdQ *"Sonneborn rettet die EU (VI): Golf mit Präsident Chulz"*

[120] там же

[121] там же

[122] https://www.facebook.com/peter.boringer.7/videos/2445566389013759/ Peter Boeringer: *„Wer mauert hat's nötig: Altparteien bewehren sich gegen die Folgen der eigenen Politik – Peter Boehringer spricht Klartext (67)"*, am 23.7.2019

[123] http://news-for-friends.de/mit-haarp-zum-tornado-mit-dem-tornado-zur-co2-steuer/ *"Mit HAARP zum Tornado, mit dem Tornado zur CO2-Steuer....."* Von nfriends, 20. Juli 2017

[124] там же

[125] https://www.youtube.com/watch?v=8qIAm11-ZRA&t=391s *Dirk Steffens' Klima-Irrsinn ENTLARVT !!!*

[126] https://qpress.de/2015/05/03/prima-klima-katastrophe-glaubensgrundsaetze-der-klimareligion-versinken-im-meer-der-zweifel/ *"Prima Klima-Katastrophe,*

Glaubensgrundsätze der Klimareligion versinken im Meer der Zweifel", 03.05.2015

[127] Das_Skeptiker-Handbuch_3.0_kurz_96dpi.pdf

[128] там же

[129] https://de.wikipedia.org/wiki/Eine_unbequeme_Wahrheit Davis Guggenheim und Al Gore: *„Eine unbequeme Wahrheit"* (*„An Inconvenient Truth"*)

[130] https://www.wahrheiten.org/blog/klimaluege/ , *„Die Klima-Lüge"*

[131] https://www.youtube.com/watch?v=w_9DUPoI_WU , Naomi Seibt: *„KLIMAWANDEL - Alles nur heiße Luft..? - Teil 1!,* Am 01.07.2019 veröffentlicht

[132] https://www.swr.de/swr2/wissen/co2-ist-schwerer-als-luft/-/id=661224/did=6081902/nid=661224/1aj2o8i/index.html , „CO2 ist schwerer als Luft. Wie soll es dann in die obere Atmosphäre aufsteigen und den Treibhauseffe *1000 Antworten - Frag den Paal. SWR2 Impuls vom 4.3.2010"*

[133] https://www.pravda-tv.com/2018/12/haarp-geoengineering-in-deutschland-die-hitzewelle-2018-video/?fbclid=IwAR1RWT9A6K_FPPseisuP76063wpFCWvZzIzTZGN1SKPf8qH DfKAC-jBYETU , *„HAARP: Geoengineering in Deutschland - die Hitzewelle 2018 (Video)"*, 18. 12.2018

[134] Chris Haderer und Peter Hiess, „Chemtrails – Wettermanipulation am Himmel? – Wettermanipulation unter den Augen der Öffentlichkeit", Copyright by V. F. SAMMLER, Graz 2005, Seite 9

[135] https://www.eike-klima-energie.eu/2010/01/20/nur-00004712-prozent-bund-aktivist-weiss-nicht-wieviel-co2-von-deutschland-in-die-luft-abgegeben-wird/#comment-202403 *"Nur 0,0004712 Prozent!! BUND Aktivist weiss nicht wieviel CO2 von Deutschland in die Luft abgegeben wird!"* , 20.01.2010

[136] https://www.youtube.com/watch?v=IqH--Yi2CI4 *„Der Ursprung der Klimalüge"*, veröffentlicht am 06.12.2016

[137] Hartmut Bachmann: *„Die Lüge der Klimakatastrophe: ...und wie der Staat uns damit ausbeutet. Manipulierte Angst als Mittel zur Macht"*, Kurzbeschreibung, entnommen aus https://docplayer.org/43335841-Die-luege-der-klimakatastrophe.html , *„Die Lüge der Klimakatastrophe - Version 15"*

[138] https://www.youtube.com/watch?v=OBdRittlo8w&t=46s , *„Die Zerstörung der Klima-Hysterie!!? * Klimawandel-Kommentar"*, 07.09.2019

[139] https://www.youtube.com/watch?v=uhz9XGU2D-4 , Maximilian Pütz: *„Klimawandellüge vor Gericht entlarvt- Jetzt ist es offiziell !!!"*, 03.09.2019

[140] там же

[141] https://www.spiegel.de/wissenschaft/natur/klimaforschung-streit-um-die-hockeyschlaeger-grafik-a-886334.html , Axel Bojanowski: *"Vorwürfe gegen Klimaforscher Wahn der Weltverbesserer, Teil 2"*, 14.03.2013

[142] Committee on Surface Temperature Reconstructions for the Last 2,000 Years, National Research Council (2006): *Surface temperature reconstructions for the last 2,000 years.* Washington, D.C.: National Academies Press

[143] P.D. Jones und M.E. Mann (2004): *Climate Over Past Millennia*, in: Review of Geophysics, Vol. 42, No. 2, RG2002

[144] https://www.klimafakten.de/behauptungen/behauptung-die-beruehmte-hockeyschlaeger-kurve-ist-eine-faelschung , John Cook/klimafakten.de, *„Fakt ist: Die Aussage der oft kritisierten 'Hockeyschläger'-Kurve wird durch viele unabhängige Studien bestätigt"*, Juli 2010; zuletzt aktualisiert: Dezember 2014

[145] https://www.youtube.com/watch?v=OBdRittlo8w&t=46s , *„Die Zerstörung der Klima-Hysterie!!? * Klimawandel-Kommentar"*, 07.09.2019

[146] https://www.eike-klima-energie.eu/2019/09/28/die-manipulation-von-temperaturdaten-ist-der-groesste-wissenschafts-skandal-jemals/ , *„Die Manipulation von Temperaturdaten ist der größte Wissenschafts-Skandal jemals"*, 28.09.19

[147] Hartmut Bachmann: *„Die Lüge der Klimakatastrophe: ...und wie der Staat uns damit ausbeutet. Manipulierte Angst als Mittel zur Macht"*, Kurzbeschreibung, entnommen aus https://docplayer.org/43335841-Die-luege-der-klimakatastrophe.html , *„Die Lüge der Klimakatastrophe - Version 15"*

[148] https://mail.google.com/mail/u/0/#category/updates/FMfcgxwChSKsjNJTMfHLpj KDFbSzqcxC, Chris Frey: *„Adjustierte „unadjustierte" Daten: NASA nutzt den „Zauberstab" des Frisierens und erzeugt Erwärmung dort, wo es nie eine gab"*, 28.Juni 2019

[149] https://notrickszone.com/2019/06/25/adjusted-unadjusted-data-nasa-uses-the-magic-wand-of-fudging-produces-warming-where-there-never-was/ , P Gosselin "Adjusted "Unadjusted" Data: NASA Uses The "Magic Wand Of Fudging", Produces Warming Where There Never Was", on 25. June 2019

[150] https://data.giss.nasa.gov/cgi-bin/gistemp/show_station.cgi?id=501941200004&ds=1 , *"GISS Surface Temperature Analysis , Station Data: Darwin Airpor (12.4 S,130.9 E)"*

[151] https://data.giss.nasa.gov/cgi-bin/gistemp/stdata_show_v4.cgi?id=ASN00014015&ds=14&dt=1 , *"GISS Surface Temperature Analysis (v4) <, Station Data: Darwin Airport (12.4239S, 130.8925E)"*

[152] https://sciencefiles.org/2019/07/23/die-seltsame-erwarmung-der-schweiz-in-den-daten-der-nasa/ , "Die seltsame Erwärmung der Schweiz in den Daten der NASA - Manipuliert die NASA Klimadaten?", 23. Juli 2019

[153] https://mail.google.com/mail/u/0/#category/updates/FMfcgxwChSKsjNJTMfHLpj KDFbSzqcxC, Chris Frey: *„Adjustierte „unadjustierte" Daten: NASA nutzt den „Zauberstab" des Frisierens und erzeugt Erwärmung dort, wo es nie eine gab"*, 28.Juni 2019

[154] там же

[155] https://data.giss.nasa.gov/cgi-bin/gistemp/show_station.cgi?id=501941200004&ds=1 , *"GISS Surface Temperature Analysis , Station Data: Darwin Airpor (12.4 S,130.9 E)"*

[156] https://data.giss.nasa.gov/cgi-bin/gistemp/stdata_show_v4.cgi?id=ASN00014015&ds=14&dt=1 , *"GISS Surface Temperature Analysis (v4) <, Station Data: Darwin Airport (12.4239S, 130.8925E)"*

[157] https://www.youtube.com/watch?v=ZYXrGlYAZOg&feature=share , *"Tricksen, Täuschen, Fabulieren - Der Klimaschwindel / Neu!"*, am 13.07.2019 veröffentlicht

[158] там же

[159] https://realclimatescience.com/2019/06/nasa-data-tampering-not-just-for-temperatures/ , *"NASA Data Tampering – Not Just For Temperatures"*, Posted on June 26, 2019 by tonyheller, In 1982, NASA's James Hansen showed that sea level rise slowed to almost a halt after 1950. That 30 year hiatus in sea level rise has since been erased."

[160] там же

[161] https://mail.google.com/mail/u/0/#category/updates/FMfcgxwChSKsjNJTMfHLpjKDFbSzqcxC, Chris Frey: *"Adjustierte „unadjustierte" Daten: NASA nutzt den „Zauberstab" des Frisierens und erzeugt Erwärmung dort, wo es nie eine gab"*, 28.Juni 2019

[162] http://www.sauberer-himmel.de/2015/02/01/wer-steckt-hinter-den-chemtrails-eine-verschwoerung-oder-gar-ein-weltimperium/ , *"Wer steckt hinter den Chemtrails? Eine Verschwörung? Eine Weltverschwörung? Oder gar ein Weltimperium?"*, 01.02.2015

[163] там же

[164] https://mail.google.com/mail/u/0/#search/Ingrid/QgrcJHsTkxvNtzMKDCHknRWxbVFLZWVHZjB?projector=1 *"Grüner Hass: Hetzen Spaß-Youtuber die Jugend auf? - Gerhard Wisnewski im Gespräch"*, am 05.06.2019 veröffentlicht

[165] https://mail.google.com/mail/u/0/#inbox/FMfcgxwBVzwnZddlMHKxGHqsGbWbdzst, Axel Robert Göhring: *"Gretas deutsche „Adjutantin" ist erfahrene Vielfliegerin – mit 22"*, 10. März 2019

[166] https://www.youtube.com/watch?v=Ls07THzlL9M , *"Dirk Müller - "One World": Darum ist den Eliten das Klima plötzlich so wichtig!"*, am 24.05.2019 veröffentlicht

[167] https://www.facebook.com/dawid.snowden/videos/vb.345142656089183/414718692710144/?type=2&theater , *"Die Masse wird zu hörigen Lemmingen erzogen"*, 3.Juni 2019

[168] https://www.youtube.com/watch?v=_G9GQvwsfT4 , *"Grüner Hass: Hetzen Spaß-Youtuber die Jugend auf? - Gerhard Wisnewski im Gespräch"*, am 05.06.2019 veröffentlicht

[169] https://www.youtube.com/watch?v=_G9GQvwsfT4 , „Hetzen Spaß-YouTuber die Jugend auf? (Gerhard Wisnewski im Gespräch) | 08.06.2019 | www.kla.tv/14393", klagemauerTV , am 08.06.2019 veröffentlicht

[170] http://www.wisnewski.ch/rezo-kulturrevolution-2-0/

[171] https://www.youtube.com/watch?v=qtu2hbPkzm4 , *„Die grüne Kulturrevolution: Wie viele Tote wird sie fordern? Debattiert!"*, Am 01.06.2019 veröffentlicht

[172] https://www.youtube.com/watch?v=jA6Oit-4sKY&fbclid=IwAR25A73-XS-yoanG30l7rA25s9MVac0NPOw3qD3uUI8Bxx87u3CvUv9i4eU , „WDR 2 Comedy Kinderchor: *"Meine Oma ist ne alte Umweltsau"*, 27.12.2019

[173] https://www.youtube.com/watch?v=_G9GQvwsfT4 , „Grüner Hass: Hetzen Spaß-Youtuber die Jugend auf? - Gerhard Wisnewski im Gespräch", am 05.06.2019 veröffentlicht

[174] там же

[175] https://www.youtube.com/watch?v=IqH--Yi2CI4 *„Der Ursprung der Klimalüge",* veröffentlicht am 06.12.2016

[176] Joachim Sonntag, *Deutschland im freien Fall – Wie die milliardenschweren Finanzeliten unsere freiheitliche Demokratie zerstören und unsere Politiker und öffentlichen Medien zu deren Werkzeugen wurden,* 2. erweiterte Auflage, BoD-Verlag, 2017, Seiten 23ff

[177] https://www.pravda-tv.com/2018/12/haarp-geoengineering-in-deutschland-die-hitzewelle-2018-
vi-
deo/?fbclid=IwAR1RWT9A6K_FPPseisuP76063wpFCWvZzIzTZGN1SKPf8qH DfKAC-jBYETU , *„HAARP: Geoengineering in Deutschland - die Hitzewelle 2018 (Video)"* ; veröffentlicht 18.12.2018

[178] http://news-for-friends.de/mit-haarp-zum-tornado-mit-dem-tornado-zur-co2-steuer/ *"Mit HAARP zum Tornado, mit dem Tornado zur CO2-Steuer....."* Von nfriends, 20. Juli 2017

[179] https://de.scribd.com/doc/3436120/UN-1976-Weather-Weapon-Treaty

[180] https://www.youtube.com/watch?v=5blrkhKucIQ *„Hitze Dürre - Haarp Wetterwaffen töten 300 Menschen pro Tag.";* veröffentlicht 09.08.2018

[181] https://www.youtube.com/watch?v=pCWJ027U8SI *„Geo-Engineering, Wettermanipulation HAARP 2018 in Deutschland" ;* veröffentlicht 14.08.2018

[182] там же

[183] *https://www.youtube.com/watch?v=pCWJ027U8SI „Geo-Engineering, Wettermanipulation HAARP 2018 in Deutschland"* , ab минут 6:20; veröffentlicht 14.08.2018

[184] https://www.youtube.com/watch?v=5blrkhKucIQ *„Hitze Dürre - Haarp Wetterwaffen töten 300 Menschen pro Tag."*, ab минут 2:25; veröffentlicht 09.08.2018

[185] https://www.youtube.com/watch?v=5blrkhKucIQ *„Hitze Dürre - Haarp Wetterwaffen töten 300 Menschen pro Tag."*, ab минут 2:25; veröffentlicht 09.08.2018

[186] https://www.youtube.com/watch?v=VaiNlH51lOM *„Die größte Waffe, welche die Welt je gesehen hat! - Deutsche Untertitel"* , veröffentlicht: 13.08.2018

[187] https://www.youtube.com/watch?v=Y80h1B-_DL4 *"Manipulation des Wetters und des Bewusstseins Geo Engeneering"*

[188] https://www.youtube.com/watch?v=DFVi6DYMnMY&t=276s *"JEDER MUSS DAS WISSEN BEVOR ES GELÖSCHT WIRD !!! Seht was sie euch verschweigen!"*

[189] https://www.chemtrailsprojectuk.com/new-world-survival-tips/ *"Chemtrails Project UK - Campaign to Ban Chemtrails and Geoengineering"*

[190] https://www.youtube.com/watch?v=NRbVZo9v5I4 *„Bürgeranwalt Dominik Storr zu Chemtrails - Todestreifen am Himmel"*, am 03.04.2019 veröffentlicht

[191] https://www.weather-modification-journal.de/nsa-whistleblower-snowden-enth%C3%BCllt-schockierende-wahrheit-hinter-den-chemtrails/ *„Wetter-Modifikation = Wetteränderung durch toxische Chemikalien"*

[192] https://www.youtube.com/watch?v=Dt46HlnRLkM *„Das Märchen von den Chemtrails - Erklärungen und Hintergründe"*

[193] https://www.youtube.com/watch?v=U2FWU_Nx4Uc *„Chemtrails gibt es nicht - die spinnen, die Verschwörungstheoretiker"*

[194] https://www.youtube.com/watch?v=0rNpHKSjIdQ *"Gibt es Chemtrails? | Harald Lesch"*

[195] *https://www.youtube.com/watch?v=BrIKAI5snFk* *„CHEMTRAILS - das sind die Beweise! - Bundeswehr gibt sprühen zu! Geoengineering"* Hier wird die Existenz von Chemtrails geleugnet.

[196] https://www.augsburger-allgemeine.de/landsberg/Woher-kommen-die-Kreise-am-Himmel-id43014186.html Augsburger Allgemeine, 19.10.18 *„Woher kommen die Kreise am Himmel?"*

[197] https://www.tz.de/muenchen/stadt/nanu-sind-etwa-chemtrails-ueber-muenchen-sagen-experten-9553863.html *„Seltsame Ringe über München: Jetzt ist die Ursache für das Phänomen geklärt"*

[198] https://www.youtube.com/watch?v=A_Ix6rP0M78 *„heute show: Deutschland Deine Irren: Chemtrails mit Lutz van der Horst"*

[199] https://www.youtube.com/watch?v=OUuUwe85ZlU&fbclid=IwAR15ZmlVCEiO rCaF8dhfWrNR8d3BzxanRdeJMaufi6Pwlj27MXLnyKQaNqY *„OVERCAST Klimaexperiment am Himmel (Chemtrail/Geoengineering Doku)"*, veröffentlicht am 13.12.2017

[200] https://www.mimikama.at/allgemein/nie-gesehene-fotos-von-chemtrails-flugzeugen/?fbclid=IwAR1WNQ1HeWlB4rWfZ3MCZQUnBI5Sn-oYQuB7uWYQY1fLtupOViHfQRfL5fA , MIMIKAMA *„Nie gesehene Fotos von Chemtrails-Flugzeugen? – Ehm… doch!"*

[201] https://www.youtube.com/watch?v=HitwJhUJrT4 *„MammatusWolken aus dem Labor?"*, am 04.01.2018 veröffentlicht

[202] там же

[203] там же

[204] https://www.youtube.com/watch?v=Dt46HlnRLkM *„Das Märchen von den Chemtrails - Erklärungen und Hintergründe"*
[205] https://www.youtube.com/watch?v=0rNpHKSjIdQ *"Gibt es Chemtrails? | Harald Lesch"*
[206] https://www.youtube.com/watch?v=U2FWU_Nx4Uc *„Chemtrails gibt es nicht - die spinnen, die Verschwörungstheoretiker"*
[207] https://www.youtube.com/watch?v=8RPlQ8jsXSs&feature=youtu.be *"NDR Regenwasser voller Nanopartikel"*
[208] https://gesundmagazin.com/chemtrails-sind-verantwortlich-fuer-krankheiten-sie-zerstoeren-unser-immunsystem-mit-video/ , *„Chemtrails sind verantwortlich für Krankheiten Sie zerstören unser Immunsystem (mit Video)"*, 21. Februar 2019
[209] *„Von Klimawandel, Geisterwolken, und Chemtrails"*, 2008, DVD, Skadi-Media Bochum
[210] https://www.youtube.com/watch?v=-OwxcaoZECA *"Aerosol Crimes - Clifford E. Carnicom [Deutsch]"*, am 23.10.2013 veröffentlicht
[211] https://www.youtube.com/watch?v=FW9gVpzvSZo *„Piloten, Ärzte & Wissenschaftler berichten über Chemtrails"*
[212] https://www.youtube.com/watch?v=_8o4xgSVcyg *"Chemtrails Trojanische Wolken Doku (full length)"*
[213] www.bmbf.de/pubRD/Infografik_climate_engineering.pdf
[214] https://www.youtube.com/watch?v=8RPlQ8jsXSs&feature=youtu.be *"NDR Regenwasser voller Nanopartikel"*, am 17.07.2016 veröffentlicht
[215] https://www.youtube.com/watch?v=Xot1EI4s6j0 *"ZDF heute-journal 14.01.2009 Wetter – Chemtrails"*
[216] https://www.youtube.com/watch?v=tuVspN5RIoE *„NEWW!! ARD u ZDF zeigen Haarp und Chemtrails sind keineswegs eine Verschwörungstheorie UNFASSBAR!"*, am 03.01.2017 veröffentlicht
[217] https://www.youtube.com/watch?v=Xot1EI4s6j0 *"ZDF heute-journal 14.01.2009 Wetter – Chemtrails"*
[218] https://www.youtube.com/watch?v=tuVspN5RIoE *„NEWW!! ARD u ZDF zeigen Haarp und Chemtrails sind keineswegs eine Verschwörungstheorie UNFASSBAR!"*, am 03.01.2017 veröffentlicht
[219] https://www.youtube.com/watch?v=sEWe-EBcx1k *„Dr. med D. Klinghardt === ✈ Chemtrail Fallout ist die wichtigste Vergiftungsursache!"*, am 29.08.2018 veröffentlicht
[220] https://www.youtube.com/watch?v=UCIZT05hfjc *„ #ARD & #ZDF zeigen #Haarp und #Chemtrails Es gibt sie wirklich 2017."*
[221] https://www.legitim.ch/single-post/2017/08/07/Die-NASA-gibt-zu-Lithium-und-andere-Chemikalien-in-die-Atmosph%C3%A4re-zu-sprayen Jan Walter: *"Die NASA gibt zu Lithium und andere Chemikalien in die Atmosphäre zu sprayen"*, 7 Aug 2017
[222] там же
[223] DIE WELT – Nr. 254 – Dienstag, 31. Oktober 1978

[224] https://www.politikforen.net/showthread.php?155157-Die-90-Dezimierung-der-Menschheit-wird-mit-Nano *„Die 90%-Dezimierung der Menschheit wird mit Nano-Waffen erfolgen!"*, 11.08.2014

[225] там же

[226] http://saga4ever.blogspot.com/ , *„Bayern: Katastrophale Konzentration von Aluminium, Barium und Arsen in der Atemluft amtlich bestätigt"*, 18. November 2016

saga4ever.blogspot.com

[227] Joachim Sonntag, *Deutschland im freien Fall – Wie die milliardenschweren Finanzeliten unsere freiheitliche Demokratie zerstören und unsere Politiker und öffentlichen Medien zu deren Werkzeugen wurden*, 2. erweiterte Auflage, BoD-Verlag, 2017, Anlage 3

[228] https://www.weather-modification-journal.de/nsa-whistleblower-snowden-enth%C3%BCllt-schockierende-wahrheit-hinter-den-chemtrails/ *„Wetter-Modifikation = Wetteränderung durch toxische Chemikalien"*

[229] там же

[230] http://www.bund-rvso.de/chemtrails.html *„Chemtrails 2019: Kritische BUND-Stellungnahme zu Verschwörungstheorien, Industrieinteressen & postfaktischen Debatten"*

[231] https://www.youtube.com/watch?v=-OwxcaoZECA *"Aerosol Crimes - Clifford E. Carnicom [Deutsch]"*, Am 23.10.2013 veröffentlicht, das Zitat s. минут 22:10 im Video.

[232] там же, das Zitat s. минут.26 im Video.

[233] http://www.sauberer-himmel.de/untersuchungen/
„Untersuchungen von Regenwasser, Polymerfasern etc. & wissenschaftliche Grundlagen"

[234] https://www.youtube.com/watch?v=_8o4xgSVcyg *"Chemtrails Trojanische Wolken Doku (full length)"*

[235] там же

[236] George Orwell, *1984*, Ungekürzte Ausgabe im Ullstein Taschenbuch, 38. Auflage 2015, Seite 115

[237] https://www.facebook.com/ursula.l.mayer/posts/2116799428344036

[238] там же

[239] https://www.politikforen.net/showthread.php?155157-Die-90-Dezimierung-der-Menschheit-wird-mit-Nano *„Die 90%-Dezimierung der Menschheit wird mit Nano-Waffen erfolgen!"*,11.08.2014

[240] https://www.facebook.com/marigny.degrilleau/posts/1018294345016824

[241] https://www.youtube.com/watch?v=_8o4xgSVcyg *"Chemtrails Trojanische Wolken Doku (full length)"*

[242] там же

[243] https://www.youtube.com/watch?v=7oTa9CZVw6c *„Neue Wolkenarten - Die Presse bestätigt Chemtrails!"*, veröffentlicht am 25.03.2017

[244] http://www.chemtrail.de/wp-content/uploads/2013/12/art1.pdf *„Piloten, Ärzte und Wissenschaftler packen aus! – Chemtrails"*

[245] https://www.youtube.com/watch?v=PW9wF5gI5dg *„Dr. Klinghardt (Deutsch/English) - subtitulado en Castellano"* , veröffentlicht am 13.12.2018

[246] там же

[247] Zitiert aus einer Rezension (2015) bei Amazon.de: zum Buch *„Kriegswaffe Planet Erde"* von Rosalie Bertell

[248] Zitiert aus einer Rezension (2015) bei Amazon.de: zum Buch *„Kriegswaffe Planet Erde"* von Rosalie Bertell

[249] *„Von Klimawandel, Geisterwolken, und Chemtrails"*, DVD, Skadi-Media,Friederikastr. 107, D-44789 Bochum, 2008

[250] https://www.youtube.com/watch?v=ofXyRV73xaw *„Dr. Klinghardt zu Geoengineering, Impfungen + Entgiftung (Kurzversion)"*, veröffentlicht am 05.12.2017

[251] https://www.weather-modification-journal.de/

[252] https://www.zeit.de/wissen/umwelt/2019-09/geoengineering-klimawandel-ccs-ozeanduengung-kohlendioxid-strahlungsbilanz , *„Geoengineering: Da hilft nur noch, am Klima zu klempnern"*, 28.09.2019

[253] https://www.youtube.com/watch?v=bli57XeXUt0 *"ES GIBT KEINE CHEMTRAILS ! - DU ALUHUTDEPP ! DAS ULTIMATIVE BEWEISVIDEO"* (ddb Netzwerk)

[254] Joachim Sonntag, *Deutschland im freien Fall – Wie die milliardenschweren Finanzeliten unsere freiheitliche Demokratie zerstören und unsere Politiker und öffentlichen Medien zu deren Werkzeugen wurden*, 2. erweiterte Auflage, BoD-Verlag, 2017, Anlage 3

[255] Gabriele Schuster-Haslinger, *„verraten verkauft verloren"*, Amadeus Verlag GmbH & Co. KG, 2015, Seiten 45ff

[256] https://www.youtube.com/watch?v=_8o4xgSVcyg *"Chemtrails Trojanische Wolken Doku (full length)"*

[257] https://www.youtube.com/watch?v=Bs-_BOFdbpM , *„Bewusst.tv - Morgellons und Transhumanismus"*, Am 05.02.2014 veröffentlicht

[258] https://www.youtube.com/watch?v=39hqrLPsSt8 , *„HAARP und die NSA - Geheime Wetterexperimente in Alaska? | ExoMagazin"*, veröffentlicht am 25.12.2013

[259] https://www.youtube.com/watch?v=P9dc3Plo7MA&feature=share&fbclid=IwAR20JzMaRVbxTaTLok4AYCaCROY27ceAYPsbSf7R0h43NLFKTD-PxHZAfHU , *„Der wahre Grund für 5G ist 1000 Mal schlimmer als die Strahlung"*, Am 12.04.2019 veröffentlicht

[260] https://www.youtube.com/watch?v=WaudJgutsPw&t=1650s *„Doku: Der geheime Krieg - Solares Geoengineering - deutsch synchronisierte Version"* (минут 5:25 im Video), veröffentlicht am 15.03.2016

[261] Chris Haderer und Peter Hiess, „Chemtrails – Wettermanipulation am Himmel? – Wettermanipulation unter den Augen der Öffentlichkeit", Copyright by V. F. SAMMLER, Graz 2005, Seite 25

[262] там же

[263] там же

[264] https://www.youtube.com/watch?v=_8o4xgSVcyg *"Chemtrails Trojanische Wolken Doku (full length)"*

[265] Gabriele Schuster-Haslinger, *„verraten verkauft verloren"*, Amadeus Verlag GmbH & Co. KG, 2015, Seiten 45ff

[266] https://gesundmagazin.com/chemtrails-sind-verantwortlich-fuer-krankheiten-sie-zerstoeren-unser-immunsystem-mit-video/ , *„Chemtrails sind verantwortlich für Krankheiten Sie zerstören unser Immunsystem (mit Video)"*, 21. Februar 2019

[267] https://www.youtube.com/watch?v=GA3Gvr_ApL0
„Wie wir vergiftet werden - Dr. Dietrich Klinghardt"

[268] http://www.chemtrail.de/wp-content/uploads/2013/12/art1.pdf *„Piloten, Ärzte und Wissenschaftler packen aus! – Chemtrails"*
veröffentlicht: 25.03.2017

[269] https://www.youtube.com/watch?v=8RPlQ8jsXSs&feature=youtu.be
"NDR Regenwasser voller Nanopartikel"

[270] https://www.youtube.com/watch?v=brkm2QoXWsM
„Werner Altnickel: Geoengineering, Chemtrails, SRM & HAARP"

[271] https://www.stuttgarter-nachrichten.de/inhalt.bosch-chef-diesel-reinigt-die-luft-vom-feinstaub.79ed306c-f509-4b21-ad8a-7f512891004a.html , Klaus Köster: *„Bosch-Chef - Diesel reinigt die Luft vom Feinstaub"*, 27.01.2016

[272] https://www.youtube.com/watch?v=brkm2QoXWsM
„Werner Altnickel: Geoengineering, Chemtrails, SRM & HAARP"

[273] https://gesundmagazin.com/chemtrails-sind-verantwortlich-fuer-krankheiten-sie-zerstoeren-unser-immunsystem-mit-video/ *„Chemtrails sind verantwortlich für Krankheiten Sie zerstören unser Immunsystem (mit Video)"*, 21. Februar 2019

[274] https://www.n-tv.de/wissen/COPD-haeufiger-als-Krebs-article4271976.html , *„Hohes Risiko für Lungenleiden COPD häufiger als Krebs"*, 11.9. 2011

[275] https://gesundmagazin.com/chemtrails-sind-verantwortlich-fuer-krankheiten-sie-zerstoeren-unser-immunsystem-mit-video/ *„Chemtrails sind verantwortlich für Krankheiten Sie zerstören unser Immunsystem (mit Video)"*, 21. Februar 2019

[276] https://www.youtube.com/watch?v=PW9wF5gI5dg *„Dr. Klinghardt (Deutsch/English) - subtitulado en Castellano"* , veröffentlicht am 13.12.2018

[277] https://www.focus.de/gesundheit/werden-menschen-duemmer-umwelthormone-eine-gefahr-fuer-das-menschliche-gehirn_id_7847170.html , FOCUS-Online-Gastautorin Pia Jaeger
18.02.2018, 18:30

[278] https://www.youtube.com/watch?v=8RPlQ8jsXSs&feature=youtu.be
"NDR Regenwasser voller Nanopartikel"

[279] https://www.youtube.com/watch?v=_8o4xgSVcyg *"Chemtrails Trojanische Wolken Doku (full length)"*

[280] http://www.chemtrail.de/wp-content/uploads/2013/12/art1.pdf *„Piloten, Ärzte und Wissenschaftler packen aus! – Chemtrails"*
veröffentlicht: 25.03.2017

[281] Jugend TV – CH – St.Gallen: „*Giftige Chemtrails – Ein Geschäft auf Kosten der Umwelt*" (am Ende des Videos *"Chemtrails Trojanische Wolken Doku (full length)"* wiedergegeben.
[282] https://www.youtube.com/watch?v=Y80h1B-_DL4&t=48s *"Manipulation des Wetters und des Bewusstseins Geo Engeneering"*
[283] Ulrich Heerd, *HAARP PROJEKT – über Mobilfunk zur Strahlenwaffe*, 2. Auflage, Edition HAARP, MICHAELS VERLAG, 2012, Seite 17
[284] https://zeit-zum-aufwachen.blogspot.de/2014/08/haarp-rostock-marlow-grote-anlage-der.html
[285] там же
[286] https://www.youtube.com/watch?v=DFVi6DYMnMY&t=276s *"JEDER MUSS DAS WISSEN BEVOR ES GELÖSCHT WIRD !!! Seht was sie euch verschweigen!"*
[287] https://www.chemtrailsprojectuk.com/new-world-survival-tips/ *"Chemtrails Project UK - Campaign to Ban Chemtrails and Geoengineering"*
[288] Ulrich Heerd, *HAARP PROJEKT – über Mobilfunk zur Strahlenwaffe*, 2. Auflage, Edition HAARP, MICHAELS VERLAG, 2012, Seiten 19ff
[289] https://www.youtube.com/watch?v=39hqrLPsSt8 *„HAARP und die NSA - Geheime Wetterexperimente in Alaska? | ExoMagazin"*, veröffentlicht am 25.12.2013
[290] Ulrich Heerd, *HAARP PROJEKT – über Mobilfunk zur Strahlenwaffe*, 2. Auflage, Edition HAARP, MICHAELS VERLAG, 2012, Seite 66
[291] https://www.youtube.com/watch?v=39hqrLPsSt8 *„HAARP und die NSA - Geheime Wetterexperimente in Alaska? | ExoMagazin"*, veröffentlicht am 25.12.2013
[292] https://www.youtube.com/watch?v=39hqrLPsSt8 , *„HAARP und die NSA - Geheime Wetterexperimente in Alaska? | ExoMagazin"*, veröffentlicht am 25.12.2013, минут 4:07
[293] https://www.youtube.com/watch?v=dmTT9HN-sOw *„HAARP SPIEGELT sich auf OSTSEE! WIE VIELE Beweise wollt IHR noch?"*, veröffentlicht am 16.04.2018
[294] https://www.youtube.com/watch?v=UCIZT05hfjc *„#ARD & #ZDF zeigen #Haarp und #Chemtrails Es gibt sie wirklich 2017."*
[295] http://www.ostsee-zeitung.de/Nachrichten/Das-Geheimnis-im-Wald-von-Marlow *„Das Geheimnis im Wald von Marlow – Die Deutsche Marine betreibt im Recknitz-Städtchen eine Sendestation. Um die Anlage ranken sich wüste Verschwörungstheorien."*
[296] https://www.youtube.com/watch?v=dmTT9HN-sOw *„HAARP SPIEGELT sich auf OSTSEE! WIE VIELE Beweise wollt IHR noch?"*, veröffentlicht am 16.04.2018, минут 1:31
[297] https://futurezone.at/meinung/haarp-todesstrahlen-aus-alaska/286.909.761
[298] http://www.europarl.europa.eu/sides/getDoc.do?pubRef=-//EP//TEXT+REPORT+A4-1999-0005+0+DOC+XML+V0//DE#Contentd374406e958 , Bericht über Umwelt,

Sicherheit und Außenpolitik, Ausschuß für auswärtige Angelegenheiten, Sicherheit und Verteidigungspolitik, 14.01.1999

[299] https://www.facebook.com/search/top/?q=chemtrails%20in%20verbindung%20mit%20haarp%20benutzt%20werden.&epa=SEARCH_BOX

[300] https://www.youtube.com/watch?v=DFVi6DYMnMY&t=276s *"JEDER MUSS DAS WISSEN BEVOR ES GELÖSCHT WIRD !!! Seht was sie euch verschweigen!"*

[301] https://www.youtube.com/watch?v=dmTT9HN-sOw *„HAARP SPIEGELT sich auf OSTSEE! WIE VIELE Beweise wollt IHR noch?"*, veröffentlicht am 16.04.2018

[302] https://www.youtube.com/watch?v=a9g5LIFc8Y4&t=73s *„Bester Chemtrail-Vortrag von Werner Altnickel"*

[303] там же

[304] там же

[305] https://www.youtube.com/watch?v=7oTa9CZVw6c *„Neue Wolkenarten - Die Presse bestätigt Chemtrails!"*, veröffentlicht am 25.03.2017

[306] https://www.youtube.com/watch?v=Y80h1B-_DL4&t=48s *„Manipulation des Wetters und des Bewusstseins Geo Engeneering"*

[307] https://www.youtube.com/watch?v=Cl_IR_qxi34 *"Globalisierung Fakten"*

[308] https://www.youtube.com/watch?v=a9g5LIFc8Y4&t=73s *„Bester Chemtrail-Vortrag von Werner Altnickel"*

[309] там же

[310] там же

[311] там же

[312] www.stopthecrime.net

[313] https://www.youtube.com/watch?v=a9g5LIFc8Y4&t=73s *„Bester Chemtrail-Vortrag von Werner Altnickel"*

[314] http://www.arbeiterfotografie.com/naturgewalten-als-waffe/index-naturgewalten-als-waffe-0001.html , Anneliese Fikentscher und Andreas Neumann: *"Naturgewalten als Waffe - Hiroshima, Nagasaki, Fukushima – Japan 11-03-11 – Analyse zur Entstehung des Erdbeens in Japan am 11.3.2011"*, 25.3.2011

[315] https://www.youtube.com/watch?v=a9g5LIFc8Y4&t=73s *„Bester Chemtrail-Vortrag von Werner Altnickel"*

[316] там же

[317] https://www.youtube.com/watch?v=dmTT9HN-sOw&t=245s *„HAARP SPIEGELT sich auf OSTSEE ! WIE VIELE Beweise wollt IHR noch?"*

[318] https://www.youtube.com/watch?v=EgczgWJUOLA *„Chemtrails und Haarp - Brigitta Zuber"*

[319] https://www.youtube.com/watch?v=dmTT9HN-sOw&t=245s *„HAARP SPIEGELT sich auf OSTSEE ! WIE VIELE Beweise wollt IHR noch?"*

[320] там же

[321] там же

[322] там же

[323] http://www.arbeiterfotografie.com/naturgewalten-als-waffe/index-naturgewalten-als-waffe-0001.html , Anneliese Fikentscher und Andreas Neumann: *"Naturgewalten als Waffe - Hiroshima, Nagasaki, Fukushima – Japan 11-03-11 – Analyse zur Entstehung des Erdbeens in Japan am 11.3.2011"*, 25.3.2011

[324] там же

[325] https://bilddung.wordpress.com/2014/12/26/war-dieser-tsunami-menschgemacht/ BilDung für das Volk *„War dieser Tsunami menschgemacht?"*

[326] http://www.stopthecrime.net

[327] https://bilddung.wordpress.com/2014/12/26/war-dieser-tsunami-menschgemacht/ BilDung für das Volk *„War dieser Tsunami menschgemacht?"*

[328] там же

[329] Ulrich Mies (Hg.), *Der Tiefe Staat schlägt zu – Wie die westliche Welt Krisen erzeugt und Kriege vorbereitet*, Promedia Verlag, Wien, 2. Auflage 2019, Seite 132

[330] http://news-for-friends.de/mit-haarp-zum-tornado-mit-dem-tornado-zur-co2-steuer/ *"Mit HAARP zum Tornado, mit dem Tornado zur CO2-Steuer....."* Von nfriends, 20. Juli 2017

[331] https://gumshoenews.com/2017/08/31/manmade-hurricane-harvey-the-military-can-steer-a-hurricane/

[332] https://gumshoenews.com/2017/07/10/the-breaking-of-the-levees-in-new-orleans-gentrification-and-jewish-law/ *„The Breaking of the Levees in New Orleans, "Gentrification," and Jewish Law"*, July 10, 2017

[333] там же

[334] https://www.contra-magazin.com/2017/09/wetterextreme-als-waffe-das-weltklima-als-versuchslabor-wurden-harvey-und-irma-kuenstlich-erzeugt/ , Eva-Maria Griese: *„Wetterextreme als Waffe: Das Weltklima als Versuchslabor – wurden Harvey und Irma künstlich erzeugt?"*, 13. September 2017.

[335] https://www.globalisierung-fakten.de/ozonloch/ozonloch-entwicklung/

[336] Rosalie Bertell, *„Kriegswaffe Erde"*, j-k-fischer-verlag, Gelnhausen/Roth, 3. Auflage 11/2016, Seite 256

[337] https://www.youtube.com/watch?v=YmL7mJExaFQ *„Der OZON-SCHWINDEL- Wissenschaftler Entdeckten die Wahre Ursache des Ozonlochs!"*, veröffentlicht am 24.02.2018

[338] https://www.youtube.com/watch?v=YmL7mJExaFQ *„Der OZON-SCHWINDEL- Wissenschaftler Entdeckten die Wahre Ursache des Ozonlochs!"*, veröffentlicht am 24.02.2018

[339] Marion Schimmelpfennig, *„Giftcocktail Körperpflege: Der schleichende Tod aus dem Badezimmer"*, J.K.Fischer-Verlag, 2017

[340] Thomas Klein, *Sonnenlicht – Das größte Gesundheitsheimnis – Sonnenmangel und seine schwerwiegenden Folgen, Hygeia-Verlag, 2010*

[341] https://www.youtube.com/watch?v=Ll6i6M64On8&t=14s *"Waldbrände = Waffentests? Äußerst verdächtiges 'Brandverhalten'"*

[342] *https://www.facebook.com/photo.php?fbid=1577984245580731&set=pcb.199766*

5910447245&type=3&theater Günter Stellmaszek: Reale Verschwörungen! 14. Oktober 2017
[343] https://www.youtube.com/watch?v=8RT9BReqSag&t=141s *„ENERGIEWAFFEN-TEST am eigenen Volk! 'Waldbrände' in Kalifornien 2017! Laserwaffen, Mikrowellen, NWO"*, минут 1:50
[344] https://www.youtube.com/watch?v=lMIoBdQxKHY , *„Boeing YAL-1 Airborne Laser Testbed Lethal Intercept"*, минут 2:15 – 2:29
[345] https://www.youtube.com/watch?v=8RT9BReqSag&t=141s *„ENERGIEWAFFEN-TEST am eigenen Volk! 'Waldbrände' in Kalifornien 2017! Laserwaffen, Mikrowellen, NWO"*, минут 3:30
[346] http://www.faszination-regenwald.de/info-center/zerstoerung/index.htm , *„Faszination-regenwald - Zerstörung tropischer Regenwälder"*
[347] https://www.regenwald.org/themen/palmoel/fragen-und-antworten , *„Fakten über Palmöl"*
[348] https://www.youtube.com/watch?v=Ahcc-Gr55WA , *„Waldbrände in Südamerika - die ganze Wahrheit!"*, am 25.08.2019 veröffentlicht
[349] https://www.youtube.com/watch?v=hzWKNUQfG_4 *„Aus der „Feuerhölle" Südamerikas - aktueller Bericht"*, Am 25.08.2019 veröffentlicht
[350] https://www.legitim.ch/post/enth%C3%BCllt-prayfortheamazon-ist-fake-von-a-bis-z , Jan Walter: *„Enthüllt: #PrayForTheAmazon ist FAKE! (von A bis Z)"*, am 29.08.19, aktualisiert am 31.08.19
[351] F. William Engdahl, *„Geheimakte NGOs"*, Kopp-Verlag, 2017
[352] https://www.legitim.ch/post/enth%C3%BCllt-prayfortheamazon-ist-fake-von-a-bis-z , Jan Walter: *„Enthüllt: #PrayForTheAmazon ist FAKE! (von A bis Z)"*, am 29.08.19, aktualisiert am 31.08.19
[353] https://www.youtube.com/watch?v=lJ-rXRf88sA , *„Feuer in Australien: Was hinter den Buschbränden steckt"*, 15.11.2019
[354] https://www.youtube.com/watch?v=lYA6ErMN9RM&t=34s *„Warum brennt Australien? Von wegen Klimawandel!"*, 12.01.2020
[355] https://www.youtube.com/watch?v=5ZRwpKrVlKw *„Brandstiftung in Australien: Gretas Klima-Schwindel aufgedeckt"*, 10.01.2020
[356] там же, минут 3:30
[357] https://www.youtube.com/watch?v=lYA6ErMN9RM&t=34s *„Warum brennt Australien? Von wegen Klimawandel!"*, 12.01.2020, минут 2; 4:50
[358] https://www.mimikama.at/allgemein/hochgeschwindigkeitsbahnen-ausloeser-der-braende-in-australien-und-kalifornien/ *„Hochgeschwindigkeitsbahnen: Auslöser der Brände in Australien und Kalifornien?"*, 11.01.2020
[359] https://www.youtube.com/watch?v=lYA6ErMN9RM&t=34s *„Warum brennt Australien? Von wegen Klimawandel!"*, 12.01.2020, минут 7:30
[360] https://www.zeit.de/gesellschaft/zeitgeschehen/2020-01/australien-braende-hitze-feuerwehr-evakuierung-victoria *„240.000 Menschen zur Evakuierung aufgefordert"*, 10. Januar 2020
[361] там же, минут 3:30

[362] https://www.zeit.de/gesellschaft/zeitgeschehen/2020-01/australien-braende-hitze-feuerwehr-evakuierung-victoria *„240.000 Menschen zur Evakuierung aufgefordert"*, 10. Januar 2020

[363] там же

[364] Joachim Sonntag, *„2025 - Der vorletzte Akt: Warum wir Heimat, Freiheit und Sicherheit verlieren"*, CBX-Verlag München, 2019, Anhang 1, Seite 212ff

[365] https://www.youtube.com/watch?v=lYA6ErMN9RM&t=34s *„Warum brennt Australien? Von wegen Klimawandel!"*, 12.01.2020, минут 10:15

[366] https://mail.google.com/mail/u/0/#inbox/FMfcgxwHMjvMCNTNCbSTthQbBMxZljvh , *„LAURA EISENHOWER PACKT AUS !!!"*, Legitim.ch, 13.4.20

[367] https://www.youtube.com/watch?v=L2ziG1GKVsg&t=188s „16. AZK: „Digitalisiert in eine strahlende Zukunft – todsicher!" - Anke Kern | www.kla.tv/13437" , veröffentlicht am 01.12.2018

[368] https://www.youtube.com/watch?v=sX3QSsG6_64 *"DIE DRECKIGE WAHRHEIT ÜBER DEIN HANDY !!! WILLST DU GESUND BLEIBEN ? BITTE VERBREITEN !!!"*

[369] там же

[370] там же

[371] https://www.kla.tv/5g-mobilfunk/10543&autoplay=true , *„Baumschäden durch Mobilfunkstrahlung"*, www.kla.tv/10543 , 21.05.2017

[372] там же

[373] https://zeit-zum-aufwachen.blogspot.de/2014/08/haarp-rostock-marlow-grote-anlage-der.html

[374] https://www.youtube.com/watch?v=KFV51crLwQE *"Heiße Abschreckung: US-Armee testet Mikrowellenwaffe"*

[375] https://www.youtube.com/watch?v=Cl_IR_qxi34 *„Mobilfunk als Mikrowellenwaffe- Barrie Trower"*

[376] https://www.youtube.com/watch?v=KFV51crLwQE *"Heiße Abschreckung: US-Armee testet Mikrowellenwaffe"*

[377] https://www.youtube.com/watch?v=L2ziG1GKVsg&t=188s „16. AZK: „Digitalisiert in eine strahlende Zukunft – todsicher!" - Anke Kern | www.kla.tv/13437" , veröffentlicht am 01.12.2018

[378] https://www.youtube.com/watch?v=L2ziG1GKVsg&t=188s „16. AZK: „Digitalisiert in eine strahlende Zukunft – todsicher!" - Anke Kern | www.kla.tv/13437" , veröffentlicht am 01.12.2018

[379] там же

[380] там же

[381] https://www.youtube.com/watch?v=vqFKhjXl1Cw *"Aufrüstung der Polizei mit Mikrowellenwaffen"*

[382] http://google.com/patents/US6506148 (zitiert in http://www.globale-evolution.de/showthread.php/4025-Mind-Control-(Gedanken-Kontrolle)/page7 vom 26.01.2016)

[383] https://www.youtube.com/watch?v=pjy6yWBzwpE *„MK Ultra - Das Gehirnwäscheprogramm der CIA [ZDF/Phoenix Doku]"*, am 03.09.2016 veröffentlicht

[384] https://www.spiegel.de/netzwelt/netzpolitik/5g-mobilfunkfrequenzen-versteigert-firmen-bezahlen-6-6-milliarden-euro-a-1272131.html , *„Mobilfunkfrequenzen 5G-Auktion bringt Deutschland knapp 6,6 Milliarden Euro"*, 12.06.2019

[385] https://www.spiegel.de/netzwelt/web/5g-gefaehrlich-was-experten-zum-thema-5g-und-gesundheit-sagen-a-1257267.html#js-article-comments-box-pager , *„Neuer Mobilfunkstandard Gefährdet 5G die Gesundheit?"*,11.03.2019

[386] https://www.jungewelt.de/artikel/368178.fortschritt-kontra-gesundheit-versuchskaninchen-f%C3%BCr-5-g.html , Ralf Wurzbacher: *„Versuchskaninchen für »5 G«"*, 5.12.2019

[387] https://www.tagesschau.de/inland/5g-gefahren-115.html , Wulf Rohwedder, tagesschau.de: *„Neue Mobilfunktechnik - Ist 5G gefährlich?"*, 12.06.2019

[388] Offenlegungsschrift DE 10253 433 A1 2004.05.27, Bundesrepublik Deutschland, Deutsches Patent- und Markenamt, Anmeldetag: 11.11.2002

[389] https://www.youtube.com/watch?v=qVG5wwO1PDI *„AUF • GEKLÄRT - TRANSHUMANISMUS | SMART-DUST UND AGENDEN 21, 2030 & 2045"*, am 18.11.2017 veröffentlicht

[390] https://www.youtube.com/watch?v=fDk960sQIvw&t=1236s *„Gedankenkontrolle mit 5G – Patente"*, am 11.04.2019 veröffentlicht

[391] https://www.youtube.com/watch?v=fDk960sQIvw&t=1236s *„Gedankenkontrolle mit 5G – Patente"*, am 11.04.2019 veröffentlicht

[392] https://www.youtube.com/watch?v=L2ziG1GKVsg&t=188s *„16. AZK: „Digitalisiert in eine strahlende Zukunft – todsicher!"* - Anke Kern | www.kla.tv/13437" , veröffentlicht am 01.12.2018

[393] https://www.google.com/search?q=Harald+Kautz-Vella+%C3%BCber+5G+%26+die+Hintergr%C3%BCnde&ie=utf-8&oe=utf-8&client=firefox-b , *„Harald Kautz-Vella über 5G & die Hintergründe"*, am 10.11.2018

[394] **Dr. Klaus Scheler:** *„Polarisation: Ein wesentlicher Faktor für das Verständnis biologischer Effekte von gepulsten elektromagnetischen Wellen niedriger Intensität"* (Sonderbeilage 3-2016 | 29. Jahrgang, „umwelt – medizin – gesellschaft")

[395] там же

[396] https://www.youtube.com/watch?v=P9dc3Plo7MA&feature=share&fbclid=IwAR20JzMaRVbxTaTLok4AYCaCROY27ceAYPsbSf7R0h43NLFKTD-PxHZAfHU , *„Der wahre Grund für 5G ist 1000 Mal schlimmer als die Strahlung"*, am 12.04.2019 veröffentlicht

[397] https://www.youtube.com/watch?v=eZmRom81nQo , *„RFID Chip muss nicht mehr implantiert werden. Chippen ohne es zu wissen – Cyborg"*, 18.05.2016, Minute 0:36

[398] https://www.youtube.com/watch?v=P9dc3Plo7MA&feature=share&fbclid=IwAR20JzMaRVbxTaTLok4AYCaCROY27ceAYPsbSf7R0h43NLFKTD-PxHZAfHU

, „*Der wahre Grund für 5G ist 1000 Mal schlimmer als die Strahlung*", Am 12.04.2019 veröffentlicht

[399] https://www.kla.tv/ErichHambach Erich Hambach: „16. AZK: Bühnen-Interview mit Erich Hambach zum Thema '*Auslaufmodell Mensch? - Transhumanismus und künstliche Intelligenz wollen uns ersetzen*'"

[400] https://www.legitim.ch/home/author/Jan-Walter , Jan Walter: „*Geheime Agenda - Der wahre Grund für 5G ist 1000 Mal schlimmer als die Strahlung!*" , 8. April 2019

[401] https://www.mines-kreativstuebchen.de/blog/digitalisierung-5g-smartphone#gsc.tab=0 , Jasmin Reichel: „*Digitalisierung, 5G, Smartphone, Nanotechnologie, Smartdust und Phased Array - was wirklich dahinter steckt*", 21.5.2019

[402] https://marbec14.wordpress.com/2019/09/10/kalifornien-passant-filmt-wie-leblose-bienen-zwischen-zwei-5g-antennen-auf-den-boden-klatschen/ , „*Kalifornien: Passant filmt, wie leblose Bienen zwischen zwei 5G-Antennen auf den Boden klatschen!*", 10. September 2019

[403] https://www.t-online.de/digital/smartphone/id_85555326/5g-netz-versuche-in-genf-und-bruessel-wegen-strahlung-gestoppt.html?fbclid=IwAR1f9jo7ppPx97QPjxW9-FAnakfl4rY0cMWjFFTAAYwF5uRnbiqBlUi74Gg , „*Bedenken wegen Strahlung - 5G-Versuche in Genf und Brüssel gestoppt*", am 12.04.2019

[404] там же

[405] https://www.google.com/search?q=Harald+Kautz-Vella+%C3%BCber+5G+%26+die+Hintergr%C3%BCnde&ie=utf-8&oe=utf-8&client=firefox-b , „*Harald Kautz-Vella über 5G & die Hintergründe*", am 10.11.2018

[406] https://www.youtube.com/watch?v=S-NiZqNzerg „*5G Experiment misslingt und hunderte Vögel sterben in Den Haag, wie gefährlich ist 5G für den Mensch*" (Text unter dem video), am 06.11.2018 veröffentlicht

[407] https://www.tagesschau.de/inland/5g-gefahren-115.html , Wulf Rohwedder, tagesschau.de: „*Neue Mobilfunktechnik - Ist 5G gefährlich?*", 12.06.2019

[408] https://www.raum-und-zeit.com/bewusstsein/transhumanismus/ Detlef Scholz, „*Die transhumanistische Bewegung*", raum&zeit, Ausgabe 198/2015

[409] Faltblatt „*Gender Mainstreaming – Kinderseelen werden gebrochen. Empörte Bürger wehren sich*", heraugegeben von „Junge Freiheit", 11.Auflage, Stand September 1016

[410] Interview mit Prof. Dr. Ulrich Kutschera, COMPACT Spezial Magazin, Sonderausgabe Nr. 12, Seite 40ff.

[411] Fachtagung „*Frühkindliche Sexualerziehung in der KiTa*", herausgegeben von der HAG (Hamburgische Arbeitsgemeinschaft für Gesundheitsförderung e.V.)

[412] https://www.youtube.com/watch?v=G1FtXKR5jic&feature=youtu.be „*Der Krieg gegen Kinder - Sexualpädagogik der Vielfalt (CSE Agenda)*"

[413] там же

[414] https://www.kla.tv/9603 , *„Pädagogik der Geschlechter- und Familienvielfalt führt zur Auflösung des traditionellen Familienbildes (2 von 3)"*, 23. Dezember 2016

[415] http://www.gender-mich-nicht.de/?gclid=CjwKEAjw9MrIBRCr2LPek5-h8U0SJAD3jfhtOwx0tL3UkYpbq-VNz2jHgXAp4W8h1Qb_lkfU_QN5ghoCfpjw_wcB

[416] Faltblatt *„Gender Mainstreaming – Kinderseelen werden gebrochen. Empörte Bürger wehren sich"*, heraugegeben von „Junge Freiheit", 11.Auflage, Stand September 1016

[417] George Orwell, *1984*, Ungekürzte Ausgabe im Ullstein Taschenbuch, 38. Auflage 2015, Seiten 131ff

[418] https://www.legitim.ch/post/agenda-21-einst-florierende-industrienationen-stehen-am-rande-des-kollaps , Jan Walter: *„AGENDA 21 - Einst florierende Industrienationen stehen am Rande des Kollaps!"*, 04.07.2019

[419] https://www.mobilegeeks.de/news/implantierte-rfid-chips-in-schweden-mehr-als-nur-ein-trend/ , Carsten Drees: *„Implantierte RFID-Chips: In Schweden mehr als nur ein Trend"*, 25.10.2018

[420] https://www.youtube.com/watch?v=eZmRom81nQo , *„RFID Chip muss nicht mehr implantiert werden. Chippen ohne es zu wissen – Cyborg"*, 18.05.2016, Minute 0:36

[421] https://www.theepochtimes.com/ag-barr-opposes-bill-gates-proposal-for-covid-19-vaccine-certifi-cates_3305276.html/amp?fbclid=IwAR2BcnS6M3NkQgj80wWg2jHYERSZkPtz DJglMReoq7to9H-j0ttxPP-T7NY , The Epoch Times, By Zachary Stieber: "AG Barr Opposes Bill Gates Proposal for COVID-19 Vaccine Certificates", April 9, 2020

[422] https://www.youtube.com/watch?v=P9dc3Plo7MA&feature=share&fbclid=IwAR 20JzMaRVbxTaTLok4AYCaCROY27ceAYPsbSf7R0h43NLFKTD-PxHZAfHU , *„Der wahre Grund für 5G ist 1000 Mal schlimmer als die Strahlung"*, Am 12.04.2019 veröffentlicht

[423] https://traugott-ickeroth.com/liveticker/ , Traugott Ickeroth Blog, *„Der Sturm ist da – Liveticker"*. 19.06.2020

[424] https://www.auswaertiges-amt.de/de/aussenpolitik/themen/abruestung-ruestungskontrolle/uebersicht-bcwaffen-node/verbotbiowaffen-bwue-node „Übereinkommen über das Verbot biologischer Waffen (BWÜ)", *„Das Übereinkommen über das Verbot der Entwicklung, Herstellung und Lagerung bakteriologischer (biologischer) Waffen und von Toxinwaffen sowie über die Vernichtung solcher Waffen (BWÜ) trat am 26. März 1975 in Kraft und enthält ein umfassendes Verbot biologischer Waffen."*

[425] https://vitzlisneuer.wordpress.com/2019/04/07/die-deutsche-luegenpresse-schweigt-eisern-das-labor-des-todes/ *„Die deutsche Lügenpresse schweigt … eisern. Das Labor des Todes."*, 7.4.2019

[426] там же

[427] там же

[428] там же

[429] там же, минута 9:25

[430] там же, минута 8:53

[431] там же, минута 19:31

[432] там же, минута 18:50

[433] там же, минута 17:54

[434] там же, минута 25:25

[435] там же

[436] там же

[437] https://www.youtube.com/watch?v=byXgus2Cksk&feature=youtu.be , *„Die Eugenik-Agenda der Elite und Transhumanismus"*, Min 34:24, am 02.08.2014 veröffentlicht

[438] https://steemkr.com/deutsch/@saamychristen/geographie-026-biowaffen-in-georgien , „Geographie 026 - Biowaffen in Georgien?", *01. Oktober 2018*

[439] Frank-Rüdiger Halt: *„ Volk im Wachkoma"*, Frieling-Verlag Berlin, 2016, Seite 23

[440] https://www.youtube.com/watch?v=8RPlQ8jsXSs&feature=youtu.be *"NDR Regenwasser voller Nanopartikel"*

[441] https://www.legitim.ch/single-post/2017/08/07/Die-NASA-gibt-zu-Lithium-und-andere-Chemikalien-in-die-Atmosph%C3%A4re-zu-sprayen Jan Walter: *"Die NASA gibt zu Lithium und andere Chemikalien in die Atmosphäre zu sprayen"*, 7 Aug 2017

[442] https://www.youtube.com/watch?v=8RPlQ8jsXSs&feature=youtu.be *"NDR Regenwasser voller Nanopartikel"*

[443] http://www.spiegel.de/gesundheit/diagnose/morgellons-krankheit-schlimmes-hautleiden-beruht-wohl-auf-einbildung-a-836099.html ; 6.6.2012

[444] там же

[445] https://www.youtube.com/watch?v=NR0m_ADZ4JA ; *„ Morgellons 'Krankheit' Chemtrails"*

[446] https://daserwachendervalkyrjar.wordpress.com/2015/03/11/morgellons-die-buchse-der-pandora-ist-geoffnet/ *„ Morgellons: Die Büchse der Pandora ist geöffnet"*, 11/03/2015

[447] там же

[448] http://www.wakenews.tv/watch.php?vid=16d2ed12d *"Morgellons"*

[449] https://www.youtube.com/watch?v=cTp_1HzrCoo ; Herbert Schott: *„ Chemtrails und Nanotechnologie zur Manipulation der Menschheit Teil 1"*

[450] https://www.youtube.com/watch?v=NR0m_ADZ4JA ; *„ Morgellons 'Krankheit' Chemtrails"*

[451] https://www.youtube.com/watch?v=8eoNuIDOaVg *"Dr. med. Manfred Doepp, Thema 'Morgellons' "*

[452] http://www.wakenews.tv/watch.php?vid=d27522d26 *"Morgellons sind Biowaffen (Borellien übrigens auch)"*

[453] http://www.wakenews.tv/watch.php?vid=16d2ed12d *"Morgellons"*

[454] http://www.wakenews.tv/watch.php?vid=dcddf6e34 *„erschreckend !
"Morgellons" (Nanorobots, synthetische Würmer, Biowaffen) bewegen sich"*
[455] http://www.wakenews.tv/watch.php?vid=f047d398f *"Morgellons in Karotte"*
[456] http://www.wakenews.tv/watch.php?vid=9911df782 *„Chemtrails +
Morgellons (Fasern) in Nordrhein Westfahlen Deutschland !"*
[457] http://www.wakenews.tv/watch.php?vid=eb30896d8 *„Erschreckend !!!
Morgellons schon überall, sogar in BIO-Bananen !"*
[458] https://daserwachendervalkyrjar.wordpress.com/2015/03/11/morgellons-die-
buchse-der-pandora-ist-geoffnet/ *„Morgellons: Die Büchse der Pandora
ist geöffnet"*, 11/03/2015
[459] www.morgellons-research.org
[460] Gabriele Schuster-Haslinger, *„verraten verkauft verloren"*, Amadeus Verlag
GmbH & Co. KG, 2015
[461] там же, , Seiten 50ff
[462] https://www.youtube.com/watch?v=cTp_1HzrCoo ; Herbert Schott:
„Chemtrails und Nanotechnologie zur Manipulation der Menschheit Teil 1"
[463] https://www.youtube.com/watch?v=Do9lehJNg88 ; Herbert Schott:
„Chemtrails und Nanotechnologie zur Manipulation der Menschheit Teil 2", am
17.03.2014 veröffentlicht
[464] https://www.youtube.com/watch?v=cTp_1HzrCoo ; Herbert Schott:
„Chemtrails und Nanotechnologie zur Manipulation der Menschheit Teil 1", am
16.03.2014 veröffentlicht
[465] там же
[466] Weiterführende Literatur bezüglich der Schnittstelle zwischen Funksignal und
dem menschlichen Biophotonenhaushalt findet man auf
http://www.aquarius-technologies.de/veroeffentlichungen.html.
[467] https://www.youtube.com/watch?v=cTp_1HzrCoo ; Herbert Schott:
„Chemtrails und Nanotechnologie zur Manipulation der Menschheit Teil 1", am
16.03.2014 veröffentlicht
[468] https://www.youtube.com/watch?v=Do9lehJNg88 ; Herbert Schott:
„Chemtrails und Nanotechnologie zur Manipulation der Menschheit Teil 2", am
17.03.2014 veröffentlicht
[469] https://www.youtube.com/watch?v=Do9lehJNg88 ; Herbert Schott:
„Chemtrails und Nanotechnologie zur Manipulation der Menschheit Teil 1", am
16.03.2014 veröffentlicht
[470] https://www.youtube.com/watch?v=NR0m_ADZ4JA ; *„Morgellons 'Krankheit' Chemtrails"*
[471] https://www.youtube.com/watch?v=5blrkhKucIQ *„Hitze Dürre - Haarp
Wetterwaffen töten 300 Menschen pro Tag."* : ab 20:42
[472] https://www.youtube.com/watch?v=rQA_Jf8svPc&t=29s *" 'Ihr Thema …':
Geo-Engineering ein unkalkulierbares Risiko für Mensch und Natur"*
[473] https://www1.wdr.de/fernsehen/aktuelle-stunde/startseite/nsu-prozess-zeugen-
sterben-100.html ; Jan Hofer, Matthias Goergens: *„Das reihenweise Sterben der
NSU-Zeugen"*
[474] https://www.youtube.com/watch?v=cTp_1HzrCoo ; Herbert Schott:

„Chemtrails und Nanotechnologie zur Manipulation der Menschheit Teil 1"
[475] http://www.aquarius-technologies.de/veroeffentlichungen.html ; Harald Kautz-Vella: *„Fakten zum Thema Geoengineering"*
[476] https://www.youtube.com/watch?v=FW9gVpzvSZo
„Piloten, Ärzte & Wissenschaftler berichten über Chemtrails"
[477] https://www.youtube.com/watch?v=Bs-_BOFdbpM ,
„Bewusst.tv - Morgellons und Transhumanismus", am 05.02.2014 veröffentlicht
[478] https://www.youtube.com/watch?v=NR0m_ADZ4JA ; *„Morgellons 'Krankheit' Chemtrails"*
[479] https://www.youtube.com/watch?v=Bs-_BOFdbpM *„Bewusst.tv - Morgellons und Transhumanismus"*
[480] там же
[481] https://www.zentrum-der-gesundheit.de/codex-alimentarius-ia.html?fbclid=IwAR17zPrh9oKnPMo5k2sQKdoti8jglrDXC5c-rFD8yNcKweR_mTeTDifCTtA#toc-gesundheitliche-selbstbestimmung-ist-bedroht
[482] там же
[483] https://www.youtube.com/watch?v=Bs-_BOFdbpM , *„Bewusst.tv - Morgellons und Transhumanismus"*, минут 26:40, am 05.02.2014 veröffentlicht
[484] *https://gesundmagazin.com/chemtrails-sind-verantwortlich-fuer-krankheiten-sie-zerstoeren-unser-immunsystem-mit-video/* „Chemtrails sind verantwortlich für Krankheiten Sie zerstören unser Immunsystem (mit Video)", 21. Februar 2019
[485] Gabriele Schuster-Haslinger, *„verraten verkauft verloren"*, Amadeus Verlag GmbH & Co. KG, 2015, Seiten 48
[486] https://patents.google.com/patent/US20120251502
[487] http://de.wikimannia.org/Kanzlerakte
[488] https://www.youtube.com/watch?v=XtA9o6IQSo4
Augenöffner! Die Unterwerfung der BRD-Kanzler, am 09.10.2012 veröffentlicht
[489] https://www.planet-wissen.de/gesellschaft/krankheiten/ehec/ehec-epidemie-100.html ,
„Bakterien. Die Ehec-Epidemie von 2011 – ein Rückblick", planet wissen, 24.03.2017
[490] http://www.spiegel.de/wirtschaft/service/ehec-epidemie-2011-die-infektionsquelle-wurde-nie-gefunden-a-923249.html SPIEGEL ONLINE, Nicolai Kwasniewski: *„Neue Erkenntnisse zur Epidemie 2011 Der Ehec-Skandal, der nie aufgeklärt wurde"*, 20.09.2013
[491] Wolfgang Eggert u.a. , *„Die geplanten Seuchen AIDS, SARS und die militärische Genforschung"*, 2003
[492] http://euro-med.dk/?p=23140 *„Chemtrails 'Offiziell': Bakterielle Und Chemische Kriegsführung Unter Dem Vorwand Der Inexistenten Globalen Erwärmung"*, 3. Juni 2011
[493] http://chronos-medien.de/texteinblicke6.html#seuchen , Interview mit der illustrierten Zeitschrift "BOX"
[494] Markus Egert, *"Ein Keim kommt selten allein"*, Verlag: Ullstein extra, 2018

---

[495] http://www.spiegel.de/gesundheit/diagnose/ebola-kommt-das-virus-aus-dem-labor-a-997610.html , Holger Dambeck *„Stammt das Ebolavirus aus einem Geheimlabor?“*, 17.10.2014

[496] http://chronos-medien.de/texteinblicke6.html#seuchen , Interview mit der illustrierten Zeitschrift "BOX"

[497] https://www.amanita.at/interessantes/artikel?id=21&fbclid=IwAR3IfzvtTX-JdVyWRyt2EbrdWiRjS-rM72S_gIA2KZtbcIbGIDd_LkT2bRE *„Kriegszyklen & der Schweinegrippe-Völkermord“* (ohne Datum, jedoch aus dem Text kann man schließen, dass der Artikel aus dem Jahre 2009 stammt)

[498] https://www.focus.de/politik/deutschland/soeder-prescht-voran-merkel-deutete-sie-nur-an-warum-sich-deutschland-mit-ausgangssperre-so-schwertut_id_11789268.html?obref=outbrain-f100-web&cm_ven=f100_outbrain , Henriette Jedicke: *„Merkel deutet an, Söder drohtWarum sich Deutschland mit Ausgangssperre so schwertut“*, 19.03.2020

[499]

https://www.facebook.com/100015405430664/posts/768076520382522/?comment_id=768094813714026 , Min.1:53

[500] https://patents.google.com/patent/US20120251502

[501]

https://www.facebook.com/nach.denker.9/posts/609796002929040?comment_id=609864572922183 , *„Ist das Coronavirus im Labor entstanden?“*, 08.02.2020, , Min.9:15

[502] https://www.youtube.com/watch?v=dGx9MPSBWPY , *„WUHAN - Was geht in China vor sich?“*, 02.02.2020“, Min.12:50

[503] там же, минута 3:35

[504] там же, минута 7:05

[505] https://www.zeit.de/news/2020-01/30/coronavirus-und-bill-gates-falschbehauptungen-im-umlauf , Faktencheck: Coronavirus und Bill Gates: Falschbehauptungen im Umlauf, 30. Januar 2020

[506] https://www.youtube.com/watch?v=dGx9MPSBWPY , *„WUHAN - Was geht in China vor sich?“*, 02.02.2020“, Min.5:10

[507] там же, минута 11:10

[508] https://www.anonymousnews.ru/2020/01/26/bill-gates-stiftung-corona-virus/ , *„Bill Gates Stiftung prognostizierte 65 Millionen Tote durch Corona-Virus – vor 3 Monaten“*, 26.01.2020

[509]

https://www.youtube.com/watch?v=j3BSN6kCZkE&feature=share&fbclid=IwAR1qZSHfIVG2T4OeKVYXFmyRK4PUVpDI0TGW4Nb53SIpB9lIZfdjc7FHs3M , *„Amazing Polly - deutsch - Die globale Pandemie Event 201“*, 14.03.2020, Minute: 0:38

[510] там же, минута 3:17

[511] https://www.anonymousnews.ru/2020/01/26/bill-gates-stiftung-corona-virus/ , *„Bill Gates Stiftung prognostizierte 65 Millionen Tote durch Corona-Virus – vor 3 Monaten“*, 26.01.2020

[512] https://www.independent.ie/opinion/comment/fear-is-more-contagious-than-any-virus-39045195.html , Donald Lynch: *"Fear is more contagious than any virus"*, 15.03.20

[513] https://mail.google.com/mail/u/0/#search/legitim/FMfcgxwHMZLFPhksLCBXFSdhCphNklrV , LEGITIM - Newsletter (27.3. 2020), ***"Trump will Notstand lockern: Massnahmen sollten nicht schlimmer als das Problem selbst sein!"***

[514] https://heidenzorn.omasiso.de/stuff/wordpress/index.php/2020/04/04/kommentar-eines-facharztes-dr-juergen-mueller-zu-prof-bhakdi/ *"Kommentar eines Facharztes – Dr. Jürgen Müller zu Prof Bhakdi"*, 4. April 2020

[515] https://www.youtube.com/watch?v=2sZUS3SAWzk&fbclid=IwAR3SvNf3Z5Uz3MN6lj3pNK5kIDYkMPzc_lzAxcqA-ss_8K3WZqBN8ohwo9o
"Corona ist eine Inszenierung: Padologe sagt: Corona ist eine Inszenierung und gibt es so gar nicht!", 23.04.2020

[516] https://splitter-pfe.ch/pdf/home/200502_rubikon_wodarg_der-pandemie-krimi.pdf , Wolfgang Wodarg: *"Der Pandemie-Krimi - Covid-19 ist ein Fall für Medizin-Detektive."*, 02.05.2020

[517] там же

[518] там же

[519] там же

[520] там же

[521] там же

[522] https://www.youtube.com/watch?v=Vaw_3F3Kq50 , *"RUBIKON: Im Gespräch: „Ein Menschheitsverbrechen"* (Wolfgang Wodarg und Jens Lehrich)", 31.05.2020, Minute 14:50

[523] https://www.tagesschau.de/inland/fernsehpreis-corona-berichterstattung-101.html

[524] *https://www.freiewelt.net/nachricht/covid-19-in-der-endphase-ist-wie-ertrinken-nur-langsamer-10080673/* , *"Qualvoller Tod durch das Coronavirus - COVID-19 in der Endphase ist wie Ertrinken, nur langsamer"*, 16.03.2020

[525] https://www.facebook.com/anonline.darktribefashion/videos/2591724261142684/ , Demokratischer Widerstand Berlin I Pressekonferenz 07.05.2020, Minute 0 - 2

[526] https://splitter-pfe.ch/pdf/home/200502_rubikon_wodarg_der-pandemie-krimi.pdf , Wolfgang Wodarg: *"Der Pandemie-Krimi - Covid-19 ist ein Fall für Medizin-Detektive."*, 02.05.2020

[527] там же

[528] *https://www.youtube.com/watch?v=PfYot63f7Kg&t=2349s* , *"*Herman & Popp Bombe im Bundesinnenministerium geplatzt! (Reupload)", 12.05.2020, Minute 20:53

[529] там же, Minute 4:57

[530] https://traugott-ickeroth.com/liveticker/ , Traugott Ickeroth Blog, *"Der Sturm ist da – Liveticker"*. 19.06.2020

531

*https://mail.google.com/mail/u/0/#inbox/FMfcgxwHNVtkckTkRcpmDZtrRSnRJcJ
C , „Das BUNDESAMT für STATISTIK widerlegt den BUNDESRAT !!! (KEINE
PANDEMIE)"* , ©2020 LEGITIM | NEWSLETTER, 18.05.20
[532] там же, минута 19:05
[533] https://www.house-of-light.gr/de/_/1./corona-virus-hoax-defender-2020.html
„Corona-Virus-Hoax & - DEFENDER 2020"
[534] https://www.youtube.com/watch?v=JBB9bA-
gXL4&feature=youtu.be&fbclid=IwAR0us-
GU9kbG9yBXoTXPJlsT4wuoJZJx2UYIlYJP2EEsBQkzvseJRt3wouQ :
*„Corona-Krise: Prof. Sucharit Bhakdi erklärt warum die Maßnahmen sinnlos und
selbstzerstörerisch sind"* , 19.3.20, Minute 9
[535] найдено в сети
[536] https://www.youtube.com/watch?v=gpdIUunAPys&t=166s , *„Herbert Kickl
zieht Bilanz: 'Kanzler Kurz hat Menschen bewusst in Angst und Schrecken
versetzt!' "*, 22.04.2020
[537] https://www.youtube.com/watch?v=BBsET-tUzzM&t=732s , *"18 - Das
Corona Kartenhaus zerstört ! Überraschung! schnell gucken
18 - Das Corona Kartenhaus zerstört ! Überraschung! schnell gucken"*,
27.04.2020
538

https://m.youtube.com/watch?v=f6ikWIVpkv0&feature=share&fbclid=IwAR2X
QT9Sf5XkZOVbVeuT9rwxCqeE_qmfKcWX1ziTcfMlOOsG_AsMnVfOMEU
[539] https://www.youtube.com/watch?v=MQGAtnDfeWM , *„Corona-Diktatur und
Impfzwang: Hier wächst der Widerstand – Die Woche COMPACT"*, 26.04.2020
[540] https://www.heidelberg24.de/heidelberg/coronavirus-heidelberg-klage-
anwaeltin-bahner-regeln-gericht-massnahmen-corona-verordnung-verbot-
13640822.html , *„Polizei ermittelt gegen sie - Wegen Corona-Verordnungen:
Anwältin aus Heidelberg macht ernst"*, 10.04.20
541

https://www.facebook.com/photo.php?fbid=1353132768225118&set=a.58555939
8315796&type=3&theater
542

*https://www.youtube.com/watch?v=wwXYbCQNVZA&feature=youtu.be&fbclid=I
wAR1KzXlrUdOYUUbJUH-LBBB-3leBPk9hEmlT00UZqY2mCi5cRi6jFBP3ASo*
„Rechtsanwältin Beate Bahner verhaftet und in Psychiatrie (Sprachnachricht)",
13.04.2020
[543] https://www.youtube.com/watch?v=HNZgXpVNXIg *„Broders Spiegel:
Generalprobe für den Notstand?"*, 06.04.2020
[544] https://www.youtube.com/watch?v=W186IQ3ljC8 , Ken Jebsen *„Gates kapert
Deutschland! #GibGATESkeineChance
#WIRWOLLENUNSERERECHTEWIEDER"*, 06.52020, Minute 2
[545] Dr. Klaus Maurer, *Die „BRD"-GmbH oder zur völkerrechtlichen Situation in
Deutschland und den sich daraus ergebenden Chancen für ein neues Deutschland,* Dritte Auflage, Sunflower-Verlag, 2016, Seite 40

[546] https://viennnna.blogspot.com/2020/05/die-*neuenmrna-impfstoffe*.html , *"DIE NEUEN mRNA-IMPFSTOFFE - viennnna.blogspot.com"*, 24.05.2020

[547] https://www.sueddeutsche.de/politik/schweinegrippe-aufregung-um-zwei-klassen-impfung-1.36055 Süddeutsche Zeitung: *"Aufregung um "Zwei-Klassen-Impfung"*, 19.Oktober 2009

[548] Stern Nr.22, 24.5.2018, Norbert Höfler und Jonas Wresch: *" WIR BRAUCHEN EUCH!"* Seite 27

[549] https://www.planet-wissen.de/natur/insekten_und_spinnentiere/bienen/pwiebienensterben100.html Planet wissen: *"Bienensterben"*

[550] Stern Nr.22, 24.5.2018, Seite 27

[551] https://www.zeit.de/wissen/umwelt/2018-04/bienensterben-ursachen-pestizide-imker-klimawandel Gunther Willinger: *"Bienensterben: Rettet die Bienen, aber nicht so!"*

[552] https://marbec14.wordpress.com/2019/09/10/kalifornien-passant-filmt-wie-leblose-bienen-zwischen-zwei-5g-antennen-auf-den-boden-klatschen/ , *"Kalifornien: Passant filmt, wie leblose Bienen zwischen zwei 5G-Antennen auf den Boden klatschen!"*, 10. September 2019

[553] https://www.youtube.com/watch?v=a9g5LIFc8Y4&t=73s *"Bester Chemtrail-Vortrag von Werner Altnickel"*

[554] Nancy L. Swanson, Andre Leu, Jon Abrahamson and Bradley Wallet (2014), Genetically engineered crops, glyphosate and the deterioration of health in the United States of America. *Journal of Organic Systems* 9, Number 2, page 6

[555] http://www.aquarius-technologies.de/veroeffentlichungen.html ; Harald Kautz-Vella: *"Fakten zum Thema Geoengineering - 2. Faserkrankheit, Pseudo-Darmparasiten, eingebildete Parasitose & Autismus. Die vielen Gesichter der Morgellon'schen Erkrankung."*

[556] https://www.youtube.com/watch?v=GA3Gvr_ApL0 *"Wie wir vergiftet werden - Dr. Dietrich Klinghardt"*

[557] http://www.scielo.br/pdf/gmb/v30n2/a26v30n2.pdf

[558] Nancy L. Swanson, Andre Leu, Jon Abrahamson and Bradley Wallet (2014), Genetically engineered crops, glyphosate and the deterioration of health in the United States of America. *Journal of Organic Systems* 9, Number 2, page 6

[559] там же

[560] https://www.youtube.com/watch?v=FW9gVpzvSZo *"Piloten, Ärzte & Wissenschaftler berichten über Chemtrails"*

[561] https://www.youtube.com/watch?v=GA3Gvr_ApL0 *"Wie wir vergiftet werden - Dr. Dietrich Klinghardt"*

[562] Th. Schmitz und S. Siebert, *Klartext Impfen – Ein Aufklärungsbuch zum Schutz unserer Gesundheit*, HarperCollins Germany GmbH, Hamburg, 2019

[563] A. Moritz, *Die geimpfte Nation: Wie Impfen der Bevölkerung schadet Warum ADHS, Autismus, Asthma und Allergien dramatisch zunehmen*, Narayana Verlag GmbH, 2018

[564] https://cc.bingj.com/cache.aspx?q=Robert+F.+Kennedy+Jr.+-+Vereint+gegen+den+Impfzwang!&d=4520500498137245&mkt=de-

DE&setlang=de-DE&w=xh2rtqV-lE4Hr4b6Qy6NkheC1GmgpFuX , *„Robert F. Kennedy Jr. - Vereint gegen den Impfzwang!"*, 18.09.2019

[565] там же

[566] https://www.die-gesunde-wahrheit.de/2017/12/02/impfstoffen/ *„CDC bestätigt: Glyphosat und Nierenzellen von Affen in Impfstoffen"*

[567] https://www.pravda-tv.com/2017/02/die-groesste-luege-dieser-welt-impfungen-und-das-masern-virus/ *„Die größte Lüge dieser Welt: Impfungen und das Masern-Virus"*, 8. Februar 2017 aikos2309

[568] там же

[569] там же

[570] https://news-for-friends.de/ *„Globale Schock: Krebs wird in Impfstoffen übertragen, gibt das Unternehmen zu"* 26. Mai 2018

[571] https://www.die-gesunde-wahrheit.de/2017/12/02/impfstoffen/ *„CDC bestätigt: Glyphosat und Nierenzellen von Affen in Impfstoffen"*

[572] http://www.wakenews.tv/watch.php?vid=387f43076 *„Parasiten und Würmer im Körper - Eine Gefahr für die Gesundheit? QuantiSana.TV 12.06.2017"*(ab минут 13:45)

[573] https://www.zentrum-der-gesundheit.de/dezimierung-der-menschheit-ia.html *„Impfung - Dezimierung der Menschheit"* (aktualisiert: 06.03.2018)

[574] A. Moritz, *Die geimpfte Nation: Wie Impfen der Bevölkerung schadet Warum ADHS, Autismus, Asthma und Allergien dramatisch zunehmen*, Narayana Verlag GmbH, 2018

[575] https://www.zentrum-der-gesundheit.de/dezimierung-der-menschheit-ia.html *„Impfung - Dezimierung der Menschheit"* (aktualisiert: 06.03.2018)

[576] https://www.youtube.com/watch?v=Sfm1oXpvkTA&t=833s , *„COVID-19 , Aktuelle Informationen zum COVID-19 von der BZgA. - Heiko Schöning: #Corona - Kriminelle Zusammenhänge verstehen. #Coronavirus"*, 27.03.2020

[577] https://www.pravda-tv.com/2013/12/eine-jahrhundertluge-spanische-grippe-wurde-durch-massenimpfungen-ausgelost/ *„Eine Jahrhundertlüge: Spanische Grippe wurde durch Massenimpfungen ausgelöst"*, 4. Dezember 2018

[578] https://www.zentrum-der-gesundheit.de/dezimierung-der-menschheit-ia.html *„Impfung - Dezimierung der Menschheit"* (aktualisiert: 06.03.2018)

[579] https://www.anonymousnews.ru/2020/01/26/bill-gates-stiftung-corona-virus/ , *„Bill Gates Stiftung prognostizierte 65 Millionen Tote durch Corona-Virus – vor 3 Monaten"*, 26.01.2020

[580] http://www.s-und-g.info *„Stimme Gegenstimme S & G"*, Ausgabe 15/2017

[581] https://www.spiegel.de/politik/deutschland/jens-spahn-legt-gesetz-zur-impfpflicht-gegen-masern-vor-a-1265812.html , *„Gesundheitsminister Spahn legt Vorschläge zur Impfpflicht gegen Masern vor"*, 05.05.2019

[582] 9-Uhr-Nachrichtensendung am 5.5.2019 im WDR4

[583] https://vaccineimpact.com/ , *„Fetal DNA Contaminants Found in Merck's MMR Vaccines"*, May 21, 2019

[584] https://www.tagesschau.de/kommentar/impfpflicht-103.html

[585] https://systematischgesund.de/gesundheit/impfen/kindersterblichkeit/ als Video eingebettet (kla.tv/14793), минут 19:19 bis 21:13

[586] https://www.aerzteblatt.de/nachrichten/107757/Schon-mehr-als-5-000-Maserntote-im-Kongo?rt=8659a0b86d7e4097af5151b41fcf0ba4 , *"Masernimpfung erhöht Kindersterblichkeit dramatisch"*, 28.11.2019

[587] https://www.welt.de/vermischtes/article200979632/Kinderkrankheit-im-Kongo-Toedlicher-als-Ebola.html , *„Tödlicher als Ebola"* , veröffentlicht am 26.09.2019

[588] https://systematischgesund.de/gesundheit/impfen/kindersterblichkeit/ *"Masernimpfung erhöht Kindersterblichkeit dramatisch"*, 2.12.2019

[589] Th. Schmitz und S. Siebert, *Klartext Impfen – Ein Aufklärungsbuch zum Schutz unserer Gesundheit,* HarperCollins Germany GmbH, Hamburg, 2019

[590] A. Moritz, *Die geimpfte Nation: Wie Impfen der Bevölkerung schadet Warum ADHS, Autismus, Asthma und Allergien dramatisch zunehmen,* Narayana Verlag GmbH, 2018

[591] https://www.youtube.com/watch?v=dbRCARZlzhc , *„Dringender Weckruf 2: Halten Impfunbedenklichkeitserklärungen einem Praxistest stand?"* | 21.09. 2019, Minute 1:02 - 1:28

[592] https://systematischgesund.de/gesundheit/impfen/kindersterblichkeit/ als Video eingebettet (kla.tv/14793)

[593] там же, минута 1:46

[594] https://www.youtube.com/watch?v=tsArJHgBoCg , *„VAXXED | Trailer deutsch german [HD]"*, 03.03.2017

[595] Daniel Prinz, *Wenn das die Menschheit wüsste ...,* Amadeus Verlag GmbH & Do KG, 2017, Seiten 251ff

[596] http://www.s-und-g.info *„Österreich: Kein Job ohne Impfung – Vorbote allgemeiner" Impfpflicht?"*, zitiert in „Stimme Gegenstimme S & G", Ausgabe 15/2017, www.krone.at/oesterreich/graz-wer-nicht-geimpft-ist-bekommt-keinen-job-strenge-regelung-story-548460

[597] https://www.youtube.com/watch?v=nTgyakGAddM , „La Dra Rauni Kilde habla sobre la Conspiración de la Gripe Porcina" ("Dr. Rauni Kilde spricht über die Schweinegrippe-Verschwörung"), Am 31.08.2009 veröffentlicht

[598] https://www.amanita.at/interessantes/artikel?id=21&fbclid=IwAR3IfzvtTX-JdVyWRyt2EbrdWiRjS-rM72S_gIA2KZtbcIbGIDd_LkT2bRE *„Kriegszyklen & der Schweinegrippe-Völkermord"* (ohne Datum, jedoch aus dem Text kann man schließen, dass der Artikel aus dem Jahre 2009 stammt)

[599] https://www.youtube.com/watch?v=Z8jgOa1vw4w , *„Corona Virus - Fakten ! keine Verschwörung! Was ist die WAHRHEIT ? Coach Cecil"*, 02.02.2020, Min.16

[600] http://chronos-medien.de/texteinblicke6.html#seuchen , Interview mit der illustrierten Zeitschrift "BOX",

[601] https://www.zentrum-der-gesundheit.de/dezimierung-der-menschheit-ia.html *"Impfung - Dezimierung der Menschheit"* (aktualisiert: 06.03.2018)

[602] https://www.epochtimes.de/politik/welt/toedliche-menschenversuche-mit-hpv-impfungen-indische-aerzte-verklagen-bill-gates-a1291203.html, *„Tödliche*

Menschenversuche mit HPV-Impfungen: Indische Ärzte verklagen Bill Gates",
11.12.2015
[603] https://www.youtube.com/watch?v=Z8jgOa1vw4w , *„Corona Virus - Fakten !
keine Verschwörung! Was ist die WAHRHEIT ? Coach Cecil"*, 02.02.2020,
Min.20:30 – 22:40
[604] https://cgconsult.jimdo.com/2013/10/27/dezimierung-der-menschheit/ ,
„Dezimierung der Menschheit", 27. Oktober 2013
[605] http://www.umweltinstitut.org/themen/landwirtschaft/pestizide/glyphosat.html
„Glyphosat - Das meistverkaufte Pflanzengift der Welt"
[606] https://monsanto.com/innovations/biotech-gmos/articles/gmo-facts/
[607] https://www.zentrum-der-gesundheit.de/dezimierung-der-menschheit-ia.html
"Impfung - Dezimierung der Menschheit" (aktualisiert: 06.03.2018)
[608] Thomas Klein, *Fluor – Vorsicht Gift! Die schwerwiegenden Folgen der Fluo-
ridvergiftung, Hygeia-Verlag, 2012*
[609] https://news-for-friends.de/ *„Warum vergiften sie uns?"* 26. Mai 2018
[610] Thomas Klein, *Fluor – Vorsicht Gift! Die schwerwiegenden Folgen der Fluo-
ridvergiftung, Hygeia-Verlag, 2012*
[611] https://news-for-friends.de *„Warum vergiften sie uns?"* 26. Mai 2018
[612] https://www.youtube.com/watch?v=_8o4xgSVcyg
„Chemtrails Trojanische Wolken Doku (full length)"
[613] https://www.zdf.de/nachrichten/politik/die-welt-verbuendet-sich-milliarden-
fuer-corona-impfstoff-100.html , *„Corona-Geberkonferenz - 7,4 Milliarden gegen
das Virus"*, 04.05.2020
[614] https://www.youtube.com/watch?v=9inOYVK7Bj8 , *„Gates rechnet mit
700.000 Impfgeschädigten! Interview * Kommentar"*, 26.05.2020
[615] https://www.youtube.com/watch?v=083VjebhzgI , Interview Bill Gates im
ARD, 12.04.2020
[616] https://www.youtube.com/watch?v=Vaw_3F3Kq50 , *„RUBIKON: Im
Gespräch: „Ein Menschheitsverbrechen"* (Wolfgang Wodarg und Jens Lehrich)",
31.05.2020, Minute 8:50
[617] https://viennnna.blogspot.com/2020/05/die-*neuenmrna-impfstoffe*.html , *"DIE
NEUEN mRNA-IMPFSTOFFE - viennnna.blogspot.com"*, 24.05.2020
[618] https://www.sueddeutsche.de/politik/schweinegrippe-aufregung-um-zwei-
klassen-impfung-1.36055 Süddeutsche Zeitung: *„Aufregung um "Zwei-Klassen-
Impfung"*, 19.Oktober 2009
[619] https://www.youtube.com/watch?v=-rD9M-M8GIo Norman Investigativ
„Denver Illuminaten Airport - Ist an den Gerüchten was dran?", 30.10.2019
[620] https://www.youtube.com/watch?v=3MCaceXGYHw *„Die verschwiegene
Wahrheit über Gifte und Krebs"*, Veröffentlicht am 19.09.2018
[621] https://www.youtube.com/watch?v=6ccUAQHdUGo&t=4s , *„Vitamin B17
gegen Krebs - Die Wirkung von bitteren Aprikosenkernen"*, am 28.10.2012 veröffentlicht
[622] https://www.alternativ-report.de/2019/06/09/neue-studie-beweist-krebs-ist-zu-
100-prozent-eine-vom-menschen-gemachte-krankheit/ , *„Neue Studie beweist:
Krebs ist zu 100 Prozent eine vom Menschen gemachte Krankheit"*, 9.Juni 2019

[623] https://dieblauehand.info/chemotherapie-eine-mta-med-techn-assistentin-packt-aus/ Andrea Viertl: *„Chemotherapie – Eine MTA (med. techn. Assistentin) packt aus!"*, 10.7.2018

[624] https://www.youtube.com/watch?v=pwkLXPhOTQI&feature=youtu.be&t=782 *„KenFM im Gespräch mit: Lothar Hirneise ("Chemotherapie heilt Krebs und die Erde ist eine Scheibe")"*, Am 14.05.2019 veröffentlicht

[625] https://dieblauehand.info/chemotherapie-eine-mta-med-techn-assistentin-packt-aus/ Andrea Viertl: *„Chemotherapie – Eine MTA (med. techn. Assistentin) packt aus!"*, 10.7.2018

[626] там же

[627] Amazon.de: Aus einer Rezension von Uwe Hiltmann zum Buch: G Edward Griffin: „Eine Welt ohne Krebs: Die Geschichte des Vitamin B17 und seiner Unterdrückung" 2005

[628] https://dieblauehand.info/chemotherapie-eine-mta-med-techn-assistentin-packt-aus/ Andrea Viertl: *„Chemotherapie – Eine MTA (med. techn. Assistentin) packt aus!"*, 10.7.2018

[629] там же

[630] https://www.youtube.com/watch?v=HI7DOgj1sJI&t=261s *"Was Ihr über Krebs nicht wissen sollt..."*

[631] https://quer-denken.tv/biologische-krebsvorsorge-krebstherapie-i-linus-pauling-und-vitamin-c/ von Michael Friedrich Vogt in Querdenken-TV: *„Biologische Krebsvorsorge & Krebstherapie I: Linus Pauling und Vitamin C"*, 27. Mai 2017

[632] https://www.youtube.com/watch?v=DuidG6hNCrk&t=1726s *"Krebs - Das Ende einer Volkskrankheit Dr. Matthias Rath - Das Ende einer Volkskrankheit 20.10.2011"*

[633] там же

[634] там же

[635] https://www.youtube.com/watch?v=6ccUAQHdUGo&t=4s *„vitamin b17 gegen krebs - die wirkung von bitteren aprikosenkernen"*

[636] http://www.nebel.cc/OVG_Niedersachsen_AZ_11_LB_350_05.pdf

[637] https://www.youtube.com/watch?v=6ccUAQHdUGo&t=4s *„vitamin b17 gegen krebs - die wirkung von bitteren aprikosenkernen"*

[638] Markus Egert und Frank Thadeusz, Ein Keim kommt selten allein, Ullstein Buchverlage GmbH, 2018, Seite 148

[639] https://cc.bingj.com/cache.aspx?q=Amygdalin%2c+der+Inhaltsstoff+in+der+Bittermandel+und+in+Kernen+von+Aprikosen+und+%c3%84pfeln+ist+eine+zytotoxische%2c+Apoptose-induzierende+Substanz.+Daher+sind+grunds%c3%a4tzlich+auch+entsprechende+Wirkungen+auf+Tumorzellen+anzunehmen&d=4776888536274603&mkt=de-DE&setlang=de-DE&w=PjW2IopZMKR8R31YAZc5KCRaWG-9poaK , Dr. Ulrike König: *„Fragen aus der Praxis - 'Vitamin B17' bei Krebs? - Wie Amygdalin zu beurteilen ist"*

[640] там же

[641] https://www.youtube.com/watch?v=H0Whdt1DBpc&t=314s
"Aprikosenkerne gegen Krebs: Lebensgefährliche Naturheilkunde"
[642] https://www.youtube.com/watch?v=H0Whdt1DBpc&t=314s
"Aprikosenkerne gegen Krebs: Lebensgefährliche Naturheilkunde"
[643] *Gesundheit und Krankheit verstehen – Eine neue Medizin auf Basis der 5 Biologischen Narurgesetze – entdeckt von Dr. med. Mag. Theol. Tyke Geerd Hamer,* 11. Auflage, Verantwortlicher Autor: Björn Eybl, Traunstr. 23, A-4600 Wels:
[644] https://www.youtube.com/watch?v=6ccUAQHdUGo&t=4s
„vitamin b17 gegen krebs - die wirkung von bitteren aprikosenkernen"
[645] там же
[646] там же
[647] Brigitte Helene (Hrsg.), *Vitamin B17 – Die Revolution in der Krebsmedizin,* BoD-Verlag, 2012
[648] Peter Kern, Krebs bekämpfen mit *Vitamin B17 – Vorbeugen und heilen mit Nitrilen aus Aprikosenkernen,*   VAK Verlags GmbH, Kirchzarten bei Freiburg, 2008
[649] G Edward Griffin: *Eine Welt ohne Krebs: Die Geschichte des Vitamin B17 und seiner Unterdrückung,* Kopp Verlag, 2005
[650] https://www.youtube.com/watch?v=CzOl9XtfBJU   *"Hilft Methadon gegen Krebs? | Zur Sache Baden-Württemberg!"* veröffentlicht: 12.05.2017
[651] https://www.youtube.com/watch?v=y9zdr8FQTE0   *"Methadon in der Krebstherapie - Pro und Contra - der ganze Talk | stern TV (28.06.2017)"*
[652] там же
[653] Daniel Prinz, *Wenn das die Menschheit wüsste ...,* Amadeus Verlag GmbH & Do KG, 2017, Seiten 248f
[654] там же, Seiten 237ff und 249f
[655] https://www.youtube.com/watch?v=L2ziG1GKVsg&t=188s „16. AZK: „Digitalisiert in eine strahlende Zukunft – todsicher!" - Anke Kern | www.kla.tv/13437", veröffentlicht am 01.12.2018
[656] найдено в сети
[657]
https://www.facebook.com/dawid.snowden/videos/vb.345142656089183/1274342 572732838/?type=2&theater ||#208| *„Systematische Volksverdummung über die öffentlich rechtlichen Medien|",* 5.Juni 2019
[658] Joachim Sonntag, *„2025 - Der vorletzte Akt: Warum wir Heimat, Freiheit und Sicherheit verlieren",* CBX-Verlag München, 2019, Anhang 1, Seite 228
[659] Joachim Sonntag, *Deutschland im freien Fall – Wie die milliardenschweren Finanzeliten unsere freiheitliche Demokratie zerstören und unsere Politiker und öffentlichen Medien zu deren Werkzeugen wurden,* 2. erweiterte Auflage, BoD-Verlag, 2017, Seiten 50ff
[660] Alexander Unzicker, *„Vom Urknall zum Durchknall – Die absurde Jagd nach der Weltformel",* Springer Verlag Heidelberg Dordrecht London New York, korrigierter Nachdruck 2010, Seite 119f

[661] https://www.anonymousnews.ru/ , Holger Douglas: *„Biologe vor Gericht: Kritik an Gender-Theorien soll als Volksverhetzung bestraft werden"*
[662] https://www.legitim.ch/home/author/Jan-Walter , Jan Walter: *„Geheime Agenda - Der wahre Grund für 5G ist 1000 Mal schlimmer als die Strahlung!"* , 8. April 2019
[663]

https://www.facebook.com/search/top/?q=www.GMACAG.com&epa=SEARCH_BOX
[664]

https://www.youtube.com/watch?v=P9dc3Plo7MA&feature=share&fbclid=IwAR 20JzMaRVbxTaTLok4AYCaCROY27ceAYPsbSf7R0h43NLFKTD-PxHZAfHU , *„Der wahre Grund für 5G ist 1000 Mal schlimmer als die Strahlung"*, Am 12.04.2019 veröffentlicht
[665] Joachim Sonntag, *„2025 - Der vorletzte Akt: Warum wir Heimat, Freiheit und Sicherheit verlieren"*, CBX-Verlag München, 2019, Seiten 14ff und 102ff
[666] https://news-for-friends.de/wie-wird-die-agenda-21-weltweit-umgesetzt/?fbclid=IwAR2uFUSfj_8zESyEV2wn_-OU00kKYJfphcGGxkWOqhD-J-mJq6NYKy_hYYQ , *„Wie wird die Agenda 21 weltweit umgesetzt?"*, 7.April 2019
[667] http://www.wisnewski.ch/rezo-kulturrevolution-2-0/
[668] G. Wisnewski, *Verheimlicht, vertuscht, vergessen*, Kopp Verlag, 2018, Seite 46f
[669] https://www.youtube.com/watch?v=_G9GQvwsfT4 , „Grüner Hass: Hetzen Spaß-Youtuber die Jugend auf? - Gerhard Wisnewski im Gespräch", am 05.06.2019 veröffentlicht
[670] F. Fabian, *Die geheim gehaltene Geschichte Deutschlands – Was bis heute von Historikern verschwiegen wird*, Bassermann Verlag (innerhalb der Verlagsgruppe Random House GmbH, München), 2015
[671] https://www.youtube.com/watch?v=pD0t2M2cNc4 , „Das Ende der Parteien. Teil 1. Deutschland vor wunderbarem Neubeginn.", 06.01.2020
[672] https://www.youtube.com/watch?v=TNuhH6arYPw , „Das Ende der Parteien. Teil 2. Deutschland vor wunderbarem Neubeginn.", 06.01.2020
[673] Ulrich Mies (Hg.), *Der Tiefe Staat schlägt zu – Wie die westliche Welt Krisen erzeugt und Kriege vorbereitet*, Promedia Verlag, Wien, 2. Auflage 2019, Seite 33)
[674] https://www.youtube.com/watch?v=19asrm-S4i0&t=14s
„Horst Seehofer, erklärt warum Wählen sinnlos ist !!! Bei Pelzig 20.5.2010"
[675] Ulrich Mies und Jens Wernicke (Hg.), *Fassadendemokratie und Tiefer Staat – Auf dem Weg in ein autoritäres Zeitalter*, Promedia Verlag, Wien, 6. Auflage 2018, Seite 10f
[676] Ulrich Mies (Hg.), *Der Tiefe Staat schlägt zu – Wie die westliche Welt Krisen erzeugt und Kriege vorbereitet*, Promedia Verlag, Wien, 2. Auflage 2019, Seite 123

---

[677] Rainer Mausfeld, *Warum schweigen die Lämmer? – Wie Elitendemokratie und Neoliberalismus unsere Gesellschaft und unsere Lebensgrundlagen zerstören*, Westend Verlag GmbH, Frankfurt/Main, 2018, Seite 137
[678] там же, Seite 131
[679] Joachim Sonntag, *„2025 - Der vorletzte Akt: Warum wir Heimat, Freiheit und Sicherheit verlieren"*, CBX-Verlag München, 2019, Seiten 75ff
[680] Ulrich Mies (Hg.), *Der Tiefe Staat schlägt zu – Wie die westliche Welt Krisen erzeugt und Kriege vorbereitet*, Promedia Verlag, Wien, 2. Auflage 2019, Seiten 17f
[681] там же, стр. 13

ISBN 9783945794937

Мягкая обложка, 272 страницы, 1-е издание, 04/2019
CBX Verlag UG München,   15 €

Год "2025" – это заимствование из документа НАСА "Будущее сейчас!" Будущие стратегические вопросы и война НАСА – около 2025 года» и является синонимом Дня Х, когда постепенный процесс глобализации (в котором мы сейчас находимся) должен привести к захвату глобальной элиты. Глобализация, которая продвигается вперед со всем насилием, обязанностью быть хорошими людьми, репрессивными мерами против политически разных мыслителей и промыванием мозгов «Германия красочна», которую СМИ не могут остановить, - это просто дымовая завеса. Она предназначена для того, чтобы скрыть, что это такое: полный контроль над людьми и полное подчинение мира власти финансовой элиты – создание Нового мирового порядка (НМП).

ISBN 9783744809542

Мягкая обложка, 229 страниц, 2-е расширенное издание, 09/2017 BoD Verlag Norderstedt 9,99 €

Германия развивается гигантскими шагами от свободного социального государства к мультикультурному государству, в котором доминируют шаблоны / идеологии левого / зеленого мышления, поддерживаемые средствами массовой информации путем внушения «политкорректного» суверенитета средств массовой информации, описанного автором как «свободное падение Германии». Этот процесс происходит в тесном сотрудничестве с профсоюзами, властями, политическими органами, гражданскими инициативами, церквями, неправительственными организациями (НПО), общественными средствами массовой информации и индустрией беженцев на несколько миллиардов долларов. Это развитие событий, которое является фатальным для нашей родины, в значительной степени зависит от иностранных держав и является следствием того факта, что Германия не была суверенной с 8 мая 1945 года.